THE MOST NEEDED
ENTREPRENEURS
IN CHINA

中国最需要的
企业家

张勇 编著

中国商业出版社

图书在版编目（CIP）数据

中国最需要的企业家 / 张勇编著. -- 北京：中国商业出版社，2016.10
ISBN 978-7-5044-9603-4

Ⅰ．①中… Ⅱ．①张… Ⅲ．①企业管理－研究－中国 Ⅳ．①F279.23

中国版本图书馆CIP数据核字(2016)第236614号

责任编辑：陈鹰翔

中国商业出版社出版发行
010-83128286　　www.c_cbook.com
（100053　北京广安门内报国寺1号）
新华书店总店北京发行所经销
永清县晔盛亚胶印有限公司
*
720×1000毫米　16开　23印张　220千字
2016年10月第1版　2016年10月第1次印刷
定价：49.80元
****
（本书若有印装质量问题，请与发行部联系调换）

前 言

中国最需要什么样的企业家？这个问题正是我在1999年出版的《如何造就中国的微软》和2015年出版的《量子管理》中提到的问题。从总体上来看，虽然两本书的出版时间相差了十余年，但从本质上看，它的内容不仅没有随着时间的流逝而过时，而且对当下的中国更具有理论和现实的针对性。

企业家是企业的灵魂，企业家的素质状况决定了企业的发展状况。但是我国目前企业家的素质并不令人满意，高素质人才在企业家中的比重太低。根据我们的观察和分析，企业家在这一层面上的自我超越，表现在利益问题上要从单纯的自我利益冲动走向注重自我价值的实现，在社会地位问题上要由附属性转变成具有社会地位的企业家阶层，在自我修养上要从追求物质享受上升到精神的升华。

企业家的素质体现在企业和生活两个层面。企业家应该有自身的经济利益，这是首要的经营动力。但是企业家不能永远把自身的经济利益作为自己的唯一目标，最重要的是要追求自我价值的实现，即将企业不断的完善和发展，当成自己的首要目标。因为，当一个企业家把自身利益追求和自我价值实现放置于不同的位置时，其发展战略及管理方式等会有重大的不同，而只有企业家把自我价值实现放在第一位置，企业才会在发展战略及管理方式方面具有长远的内在驱动，具有不断完善自我和发展的冲动。

我们知道，历史上有很多杰出的企业家，一手创办了生机勃勃的企业王国，他们成功了。但是在第一代创业者离开之后，企业却走向平淡无奇，甚至衰败。反观像宝洁、3M这样的公司，尽管历史悠久，却一直推陈出新，引领着行业发展的方向。究其原因，是因为它们并不依赖一两个单打独斗的个人企业家，而是经年累月，在组织内部建立起了一套创新管理机制，德鲁克称之为"创业型管理"，他又把宝洁、3M这类公司称为"创业型企业"或者"企业家企业"。

在中国企业界，在企业的创业期，企业家主要体现为个人，或者是少数几个创业者。但到了发展期，企业家更多的含义是一个团队，尤其是企业的经营和管理团队，要使管理团队的每个成员都起到企业家的作用。处于成熟期的企业，企业家的团队思想主要体现为企业家身上所体现出的企业家精神。因为每个企业都有一种理念，有一种文化，企业家就朝着这个理念努力拼搏，时间长久就形成一种文化，企业家的成功就是靠他们有这种精神的支持。它要求在企业员工的行为中，普遍体现出积极进取的意识、创业的行为，只有这样，企业才能持续生存及发展。我们可以看到，一些长寿的公司，如西门子、飞利浦，人们已经不关心它们的企业家是谁，而关心它们还能不能不断创业和创新，可以说，正是这种精神推动这些公司能够长盛不衰。

当前中国企业界真正能够称得上企业家的不多，但是华为老板任正非绝对可以算作一个，一直以来任正非都被认为是中国民营企业教父，可见大家对于任正非的认可与追捧。这是一个需要企业家的时代,也是一个呼唤企业家精神的时代。阿里巴巴集团董事局主席马云在2009年一场国际演讲中就曾直言:"目前世界缺失的不是钱,商业社会缺失的是企业家的精神、梦想和价值观。"

任正非凭什么被称为中国民营企业教父,在任正非身上具有哪些企业家精神呢?作为企业的创业者和领导者能够从任正非身上汲取哪些养分呢?

我们试图通过和任正非的面对面采访来了解这位具有传奇色彩的企业家,但这几乎是一件不可能完成的任务。我们都知道任正非是一位非常低调的企业家,他从来没有接受过任何一家媒体的采访,没有接受过任何社会职务,没有公开进行过任何演讲,在外界看来任低调得有些极端。因此任正非对我们来说充满着神秘色彩,正是他的神秘也吸引着越来越多人的关注和兴趣,市场上和网络上关于任正非的书籍和文章非常多,我们一方面从这些资料进行研究和整理,另一方面我们也从华为员工和管理层来了解这位华为领袖。

企业中一千个人可能就要有一千个目标。所以,我们需要有人把不同的个人目标推动成为一个企业成长的目标。所以,一个企业领导人应该有魅力,应该有组织能力。但是企业领袖不是一个个人行为,而是一个公司行为,这是企业领袖的核心问题。因此,如果你想成为企业领袖最重要的,你要倡导一个可以持续生存、发展、具有国际竞争力的企业,而不是单单地塑造个人的形象。我们每一个企业领导人必须记住,如果历史将来能够记住你,那并不是因为你做人的魅力,而是因为你所创办的事业，这个事业改变了人类的生活和生存方式。或者说，是你所创立的商业模式，改变了企业运作的方式，使得大量的企业在模仿你。

另外，企业领袖是一种团体的行为，不是个体的所为，所以中国能否产生世界级的企业领袖，不是因为单个的英雄，而是整个中国企业家团队是否能够成长，是否能够在世界的舞台上传递起来，连起来，打造一个形象。所以，我们更需要合作。

企业家是需要个性的。如果讲中国企业家有什么优势，我想我们的后发优势是第一点，这和中国人的天性有关。后发优势是我们可以借鉴、学习别人的经验教训。即使借鉴了我们还得自己搞。但是我们现在确实可以从别人一切经验教训、一切骗局中吸取教训，使企业家有更大的空间。在这方面，我倒觉得我们作为一个后进的、刚刚开始搞市场经济的国家，确实在国际学习上要及时，使大家有效地竞争，使好的东西更快地发展，使我们的成功率更高一些。我们曾经崇拜韩国、日本、美国企业，现在我们要广泛地向他们学习，从他们成功的经验、失败的教训中获取我们的营养，就会使我们成熟得更快。

在互联网盛行、大数据营销、共享经济的推动下，现在的企业家比较重视看得见的这些资金炒作、营销、市场炒作，反而企业家风范、企业家精神和企业核心价值观这一块，没有广泛探讨。这些价值观和文化不见得都出自西方的思想，东方也可以推演出来，东方人也在讲以人为本，人性关怀。而一个美国人讲出来，反而感觉好像是在讲中华文化，但他又是从西方提炼出来的。最后，你会发现，其实这与东西方无关，跟他是中国人还是美国人无关，而是和好的企业有关，和企业家有关。拿我自己来说，在创业的道路经历了无数次的生死考验，但每次转折都是一次文化冲击，是获得很多文化的积累，让我融入了很多不同的东西。我很幸运，有这么多文化形态冲击过我的大脑。但我的价值很笃定。我只能用自己的方式把产品卖掉，卖多少跟我的能力成正比。

基于此，为了让更多的人了解这个原理，本书就从实际出发，理论加案例进行分析，希望本书的出版能够给广大的企业家带来些许收益。

目　录

第一章　企业的领袖人物是企业家

> 企业家的作用不仅仅在于向社会提供物质财富的层面，企业家更深层次的精神应该体现在创造社会价值上。企业家是否有社会责任感，才是新时代衡量企业家精神的标准。真正的企业家精神是什么？新时代的企业家需要有什么精神？稻盛和夫认为合作精神、敬业精神，必不可少，但更重要的是冒险精神、创新精神，还有社会责任感。

什么是企业家 …………………………………… 3
企业家的功能 …………………………………… 11
企业家的套利方式 ……………………………… 19
企业家的责任 …………………………………… 26
企业家精神 ……………………………………… 35

第二章　中国需要创新精神的企业家

创新是企业家的本质特征，是企业家精神的灵魂。从一定意义上说，企业家之所以成为企业家，很大程度上取决于他们的创新精神。

创新是企业家的精神灵魂……………………47
企业家的成功离不开创新……………………57
创新是企业家的标志…………………………68
创新就是要敢于打破常规……………………75
创新是现代企业的核心竞争力………………84
建设创新型企业………………………………96
应用互联网思维进行创新……………………103
共享经济时代的企业家创新…………………114

第三章　中国需要敢于冒险的企业家

> 冒险是优秀企业家的天性。创业和企业发展本身会存在很多风险，如果缺乏冒险精神，没有甘冒风险和承担风险的魄力，就不可能成为企业家。企业创新要么成功，要么失败，企业家没有别的第三条道路。

冒险是企业家精神的天性………………………… 125
企业家需要怎样的冒险精神……………………… 129
冒险精神是后天培养的吗………………………… 135
冒险的本能………………………………………… 145
冒险中的巨利……………………………………… 150

第四章　中国需要敬业的企业家

> 对敬业精神概括最恰当的莫过于南宋哲学家朱熹:"敬业者,专心致志以事其业也。"作为企业的领导者,一定要专注于事业,致力于企业发展,化压力为动力,把自己有限的生命,投入到为企业、为社会、为人民创造福祉的事业中,才是一个标准的企业家风范。正如《周易》云:"天行健,君子以自强不息。"

敬业是企业家精神的动力……………… 159
企业家敬业的价值……………… 164
敬业还须精业……………… 171

第五章　中国需要终身学习的企业家

> 企业家们的快节奏、高压力的生存状态，就要求这种学习跟他们的经营和生活有紧密的关系，并且有种机制保障在有限时间段内学习的深度、广度和警示度，以及身体力行活出这种学习和醒见，落到生活工作的实处，即"共同体管理模式落地应用"上。

学习是企业家精神的关键……………………177
企业家需要终身学习……………………………183
学习永无止境……………………………………188
学习要有灵感……………………………………195
建立学习型组织…………………………………200

第六章　中国需要执著的企业家

> 坚持是企业家精神的本色。经营企业是一件非常辛苦的事情，经营企业也会面临大大小小的困境，辛苦面前，困境面前是知难而退还是迎刃而上，作为企业家没有退路，坚持是企业家必须面临的唯一选择，没有持之以恒的坚持精神很难成就一番事业。

执着是企业家精神的本色……………………209
企业家需要一种执着追求的精神……………213
企业家应该像工匠一样执着…………………217
执着使企业家走向成功………………………221

第七章　中国需要诚信的企业家

> 诚信是一个人乃至一家企业生存的根本。诚信的意义不仅在于一笔交易的成败赚赔，而在于它标志着一个企业的品质。

诚信是企业家精神的基石……………………233
诚信是企业的核心竞争力……………………237
诚信会带来确实的好处………………………242
企业家应该推动社会诚信化…………………248
让诚信成为企业的优秀品质…………………253
务实诚信同样是企业家精神…………………257
弘扬诚信厚德企业精神………………………263

第八章 中国需要责任感强的企业家

> 责任是企业家的使命。企业家既要担负经济责任,也要担负社会责任。做企业,首先必须创造效益,没有效益就没有企业,没有效益也就没有企业家。同时,企业家要有强烈的社会责任感,为改善民生作贡献。一个有责任感、有担当和风险承担能力的企业家,才是一个合格的企业家,才能得到社会的认可和支持。

企业的社会责任……………………………… 269
企业家的社会责任…………………………… 271
企业与企业家的社会责任…………………… 276
企业家的社会责任感………………………… 279
企业家精神的顶峰是实现理想与社会责任…… 284

第九章 中国企业家的社会价值

> 社会价值在现阶段的中国是一个融合了经济学、社会学以及重大现实关切的综合的概念,企业家的社会价值首先体现在他们作为冒险家、市场调节人、生产要素的最佳组合者等方面,同时也体现了他们能够在适应市场的变化、调节供求矛盾、促进社会资源配置等方面,民营企业家与其所处时代之间微妙复杂的关系,以社会价值作为核心衡量的标准,展现了中国民营企业家的形象和表现,背后折射出的是整个社会的观念及价值取向。

企业家的价值体现……………………………293
企业家的独特地位……………………………301
缔造企业核心竞争力…………………………307
中国缺乏真正的企业家………………………313
中国发展离不开企业家精神…………………318

第十章　中国企业家的精神文化

> 真正的企业家是一群有目的地寻找创新的源泉、始终与时俱进，并能把握机会进行开拓的人；他们以发现价值、实现价值和创造价值为使命。更高境界的企业家则志存高远，终其一生追求伟大的事业，努力谋求立功、立德、立言。企业家的价值观和目标层次远远超于生意人和经理人。而企业家精神，是一种冒险和担当精神，是敢为天下先、敢于第一个吃螃蟹的精神。"创新、冒险、执着和担当"是企业家精神的灵魂。

企业家的团队精神是企业长盛不衰的保证……… 323
独特个性是企业独树一帜的法宝……………… 329
合作是企业家精神的精华……………………… 335
让企业家的梦想更远一些……………………… 342
做个永葆激情的企业家………………………… 346
激发和保持企业家精神文化…………………… 350

第一章
企业的领袖人物是企业家

　　企业家的作用不仅仅在于向社会提供物质财富的层面，企业家更深层次的精神应该体现在创造社会价值上。企业家是否有社会责任感，才是新时代衡量企业家精神的标准。真正的企业家精神是什么？新时代的企业家需要有什么精神？稻盛和夫认为合作精神、敬业精神，必不可少，但更重要的是冒险精神、创新精神，还有社会责任感。

什么是企业家

"企业家"(entrepreneur)一词源于法语entreprendre,意思是中间人或中介。到了中世纪,"企业家"指的是演员和负责大规模生产项目的人。到了17世纪,"企业家"指的是与政府签订固定价格合同、承担盈利（亏损）风险的人。最早论述这一概念的是法国经济学家里夏尔·坎提隆（Richard Cantillon，1680-1734）。在他的论述中,"企业家"就是在市场中充分利用未被他人认识的获利机会并成就一番事业的人。坎提隆在其著作《商业概论》中认为,企业家的职能是冒着风险从事市场交换,即在某一既定价格下买进商品,在另一不确定的价格下出卖商品。企业家所获得的是不确定收益。

在坎提隆之后，另一位法国经济学家、作家萨伊(Jean Baptiste Say，1767-1832)将"企业家"一词推广使用。当时,萨伊作为新闻记者经常访问英国,在那里,他熟悉了经济学家亚当·斯密和托马斯·马尔萨斯的作品。在亚当·斯密的著作《国富论》中,没有对资本的所有者和对企业进行组织和经营的管理者或"承办者"进行正式的划分。萨伊注意到资本家和"承办者"的作用与职责是不同的,即使在这两种角色集于一身的情况下也是如此。萨伊不满意以前使用的"承办者"（undertaker）和"促进者"（promoter）这样的词语,于是创造了一个新的表达方式"企业家"（entrepreneur）。萨伊在1800

年时曾经这样说过，企业家"将资源从生产力和产出较低的领域转移到生产力和产出较高的领域"。在这里，我们看到萨伊不仅把"企业家"与所有权分离开来，而且，他将提高生产力和产出的职责赋予了企业家。

最早将企业家作为独立的生产要素提出并进行研究的是英国经济学家阿尔弗雷德·马歇尔（Alfred Marshall, 1842-1924）。马歇尔在其著名的《经济学原理》（1890年）中系统论述了企业家的作用。他认为,一般商品交换过程中，由于买卖双方都不能准确预测市场的供求情况，因而造成市场发展的不均衡性，而企业家则是消除这种不均衡性的特殊力量。企业家是不同于一般职业阶层的特殊阶层，他们的特殊性是敢于冒险和承担风险。

美籍奥地利经济学家约瑟夫·熊彼特（Joseph A. Schumpeter, 1883-1950）对企业家的研究最有影响力，他发展了马歇尔的理论。熊彼特在1912年出版的《经济发展理论》一书中指出，企业家就是"经济发展的带头人"，也是能够"实现生产要素的重新组合"的创新者。熊彼特将企业家视为创新的主体，其作用在于创造性地破坏市场的均衡（他称之为"创造性破坏"）。他认为，动态失衡是健康经济的"常态"（而非古典经济学家所主张的均衡和资源的最佳配置），而企业家正是这一创新过程的组织者和始作俑者。通过创造性地打破市场均衡，才会出现企业家获取超额利润的机会。

熊彼特首次突出企业家的创新性，但是他认定企业家是一种很不稳定的状态。他认为，一个人由于"实现新的组合"而成为企业家，"而当他一旦建立起企业，并像其他人一样开始经营这个企业时，这一特征就马上消失"。因此,企业家是一种稍纵即逝的状态。按照他的定义,一个人在他几十年的活动生涯中不可能总是企业家,除非他不断"实现新的组合",即:不断创新。简言之,创新是判断企业家的唯一标准。

近年来,一批优秀的企业家在中国崛起,并走向世界,以他们的创新和奋斗,为中国经济注入无穷活力,成为推动发展的重要群体,也为千千万万创业者树立了榜样。中央关于"十三五"规划的建议就明确提出,激发企业家精神,激发创新创业活力。

企业家在国内成为一种正式社会身份的时间并不算长,伴随着改革开放后市场经济的探索与前行,民营企业已经从当初"不入流"的经济成分,壮大为推动中国经济发展的重要力量。作为市场中最活跃的经济主体,企业的作用日益凸显,企业家身为组织者的角色也不断得到认可。党的十八届三中全会提出,让市场在资源配置中起决定性作用,从理论上进一步明确了市场的关键性定位,也为企业家的成长与发展提供了强有力的支持和良好的契机。

关注企业家,不仅是因为优秀企业家取得的骄人业绩,更在于企业家展现出来的精神特质与内涵对全社会的积极影响。尽管没有统一的定义,但在各种对企业家精神的阐释和理解中,必然包括理性、务实和勇于创新、冒险等突出特点。在创新成为驱动发展的核心动力的当下,企业家精神所焕发出的光彩已经远远超越了商业领域的范畴,某种意义上,企业家留给社会的精神财富甚至超越了他们所创造的有形资产。

企业家对市场有着天然的敏感度,对效率有着近乎苛刻的追求,这些品质促使企业家在最快的时间内对市场行情的变化做出反应,做出最有利于企业经营的选择。每一个企业家的微观决策形成了一套资源调节与配置的枢纽体系，合力寻求提升社会整体运行效率的最优解，最终实现社会财富的累积与增长。

创新是社会前进的不竭源泉，企业家则是在最大限度上发挥出创新潜能的群体。从一个异想天开的疯狂点子，到开花结果的实际应用与推广，甚至进一步颠覆人类生产生活方式和认知界限，企业家付出智慧与心血的辛勤创业，诠释了"创新"的成功样式，这样的例子在经济史上层出不穷，为人所津津乐道。

企业家不仅生产产品，他们更是文化和价值的塑造者与推动者。某种意义上，制造与供应公共产品的企业家，全方位影响着一段时期内的社会话题和审美趣味。作为占有更多社会资源的群体，企业家的个人修养与行为对企业乃至行业的风气也具有非同一般的示范意义，企业文化也构成了社会文化环境的重要一环。

社会需要弘扬企业家精神，但并不是要制造一个特殊的企业家阶层，本质上，企业家既不低人一等，也没有凌驾于其他社会群体之上。社会应当尊重企业家，对他们的成功与贡献不吝赞美，更重要的是，要充分认识到企业家作为创新主体的重大价值，为企业家的成长和发挥创造良好环境，全社会形成鼓励创新的良好气氛。

在互联网时代，创新就意味着进步，传统的商业思维很多已经不适用于这个时代，所以颠覆创新是这个时代的必然趋势。云来创始人谌鹏飞认为，颠覆已不再来自于同一行业的竞争对手，颠覆者的商业模式甚至完全不同于传统公司；颠覆者也不再遵循传统的颠覆路径。今天，整个产品线，甚至整个市场都可能在一夜之间被建立或毁灭。颠覆者随时可能异军突起，眨眼间就无处不在。一些技术看起来和你的业务毫不相关,但大爆炸式颠覆者能将这些技术组合在一起,开发出价值主张远高于传统类型的新产品。在新型颠覆者的眼中,传统公司甚至不是他们的竞争对手,因为他们满足客户需求的方式完全不同。

放眼望去,国内诸多互联网界大佬企业,几乎每隔一段时间就会推出一种新产品,以此来满足时代的进步,人们的需求,这是创新。而最近段时间,火爆的各种应用,软件,产品,却完全让人们对某一行业,或是某一习惯产生了翻天覆地的看法,原来这样也可以,是这个时代给人们最大的感受,这是颠覆。

所以在这个移动互联网新时代,颠覆创新是发展的必然趋势。唯有这种颠覆性思维,让更多的不可能变成可能,才能让我们的生活品质得到更大的提高。

在企业界,特斯拉创始人Musk与联想集团的CEO杨元庆的对话可以说是最具精髓、最有看点的,也是被大家认为是传统商业思维和互联网思维的碰撞。特斯拉短短几年的崛起与联想多年的沉淀,一个是颠覆了传统汽车行业,一个是依靠自己多年实力,继续发展。这其中领航人的思维固然重要,从柳传志到杨元庆,他们有很大一部分相像,而Musk的颠覆思维,注定从一开始就与众不同,这也引起了大家对互联网时代的颠覆思维的关注和讨论。

首先让我们先来了解下特斯拉,特斯拉作为一个汽车行业的颠覆者,把传统的使用汽油等混合动力的汽车,变成了可以充电,且环保的电动车。相信在这之前,没人会想到过,凭借充电的电动车可以做得如此之好,市场前景如此之广。所以在特斯拉之前,没有任何一家公司敢于做这一尝试,而Musk明确的颠覆互联网思维,奠定了特斯拉现如今的地位。虽然之前有过多次的失败,但是Musk并没有放弃,曾经一度到破产边缘的他，最终还是靠坚强的意志走了下来。引用一段Musk的原话："我倒不是说一定要破坏，搞颠覆性的创新，但是有一些很重要的东西是需要实现的。为了达到这个目的，一定要有些颠覆的话，我是会做的。比如汽车界，最重要的一点是要转型，由以前的稳定性变成快的，这个可能还并不是说真正特别革命性的。真正能够鼓励我的是，要进行颠覆性创新的时候，我才会去做必要的颠覆、必要的破坏。"

转过头看联想，联想多年的沉淀，注定联想在传统商业领域可以称霸一方，传统的商业思维并没有错，但是时代在进步，科技在发展，所以如果不转变思维，不能适应这个时代的思维就会被淘汰。记得对话中，杨元庆与Musk谈到客户这一关键点，特斯拉的客户不是很多，就3万多。但是联想到底有多少忠诚客户？能够持续激活的客户有多少呢？相信杨元庆自己也不知道。虽然Musk和杨元庆的思维不同，但均认为创新和颠覆是这个时代所需要的。

在国内也有很多这样敢于颠覆创新的企业，比如最近很火的打车软件，滴滴打车和快滴。还有商务型的办公本E人E本等，这些都颠覆了传统的固定思维，然后无一例外都很成功。在滴滴和快滴出现之前，出租车司机都是自己找客户，自己找生意，这样的思维自从出租车出现的那天起就有了，而且已经固定化。但是滴滴和快滴的出现，完全颠覆了这个行业，现在只要坐在车里，接接电话就有了乘客，相信这样的生活是以前的人不敢想像的。而E人E本也是一样，把苹果公司的娱乐本，做成了纯正的商务本，用来办公，方便，灵活。相信这对很多习惯使用Ipad的商务人士，是一种很好的创意。

基于此，我们就可以问这样的一个问题：中国需要什么的企业

第一章 企业的领袖人物是企业家

家？答案是肯定的。那么，在中国的企业界，有没有具备创业精神的企业家呢？答案也是肯定的。

中国的环境里其实不缺钱，不缺市场，很多时候也不缺政府的支持，我们最稀缺的资源就是企业家精神，我们所有的资本增值归根到底，或者社会财富的创造要依赖于我们卓越、优秀的企业家精神。企业家精神不是用钱能买到的！创新，是企业家的精神灵魂，冒险是企业家精神的天性，合作是企业家精神的净化，敬业是企业家精神的动力，学习是企业家精神的关键，职责是企业家精神的本色，诚信是企业家精神的基石——这一切的一切，都注定了——企业家精神是我们最稀缺的资源。

比如，企业家精神中最重要的要素是：开创精神、冒险精神、拼搏精神和牺牲精神。因为有开创精神，企业家才会领导大家开拓新的市场、拓展新的业务领域、迈向新的发展层面；因为有冒险精神，企业家才敢在大家犹豫不决的时候拍板决定，挑战新的困难、迎接新的机遇；因为有拼搏精神，企业家才愿和大家一起不屈不挠、废寝忘食地进行调查研究、讨论分析寻找企业发展的新机遇；因为有牺牲精神，企业家才能在得当管理、有效领导的基础之上给人才以铺垫，为企业的未来思索良方……当然这些本应是职责所在，但是我们却经常发现企业的领导层不思进取、墨守成规、平庸工作，让企业错失良好的发展机遇，在很大程度是这样的企业家不具备上述的精神，它忽视了作为企业家应该在精神的指导下形成更好的业绩。

对于企业家，社会给了"它"太多太多的要求，要有诚信、有眼界、有阅历、有担当，还不能缺乏信仰……对于企业家精神，有着各式各样的答案，但唯独没有"标准答案"。经济学家许小年认为，国有企业仅有管理者没有企业家。很多国有垄断企业的存在，本质上是财富的再分配，而不是财富的生产与创造。然而，如今民营经济的发展却遇到瓶颈、停滞不前，这导致企业家精神的萎靡与流失。其实，所谓品牌何尝不是企业家精神开出的花、结出的果。有了企业家精神，何愁没有更多更好的品牌？而没有了企业家精神，品牌又毛将焉附？

在经济全球化条件下，企业不分国界，不分大小；企业是可以跨时代的。每一个国家、每一个时代，都呼唤属于自己的企业家。处于转轨时期的中国，迫切需要一大批顺应时代潮流的企业家。而要造就这样一支企业家队伍，最重要的是要与时俱进地培育和弘扬符合时代要求的企业家精神。这就意味着，中国的企业家要善于抓住机遇，具有强烈的创新精神和开拓精神；要善于团结社会和他人，将个人的企业家精神转变成一个团队的企业家精神；要忠于事业，时刻保持创业的激情，等等，这些都是在中国快速变化的环境中保持不断成功的关键。

其实，尽管多年来大家一直围绕着市场经济和企业家精神两点在论证，但所谓的市场和企业家精神至今在中国也未被真正接受。总而言之，在困难重重的经济低迷时期，希望企业家们有韧性，能屈能伸，不能在企业水涨船高的时候沾沾自喜，当经济低潮出现时就怨天尤人；有责任心，企业家除了为股东创造价值之外，还要履行企业社会责任；有眼光，适时地从混乱和萧条中寻找成长的良机。

企业家有很多种，但企业家精神却有着共性，结合《褚橙你也学不会》中主人公褚时健的人生经历，我们认为，企业家精神主要体现在以下三个方面：

一是远见和魄力。这即体现在褚时健选择在哀牢山种植冰糖橙的远见（经营与环境匹配），也体现在他75岁的高龄仍敢于挑战自我、举债创业，远见和魄力是企业家区别于普通人的原点，因为大多数人鲜有勇气承担风险去创业。

二是坚毅和韧性。王石用"低谷反弹能力"定义了这种在前进中遇到困难、并从困难中重新站起来的精神。驱使褚时健一路走来的也正是这种精神，不管是少年丧父家道中落、青年被打成右派，以及从晚年顶峰跌入低谷——入狱、丧女，都未能打倒这位企业家，也如他自己所说的"只要自己不想趴下，别人是无法让你趴下的"。

三是认真和务实。除了案例中所描述的褚时健在褚橙种植过程中的各种认真之外，鲜为人知的是，在成为"亚洲烟王"之前，他还曾成功经营过造酒作坊和制糖企业，跨越了四个行业，而且做一件成一件。这一切无不与他做事情的认真、钻研有着密切关系。

企业家的功能

企业是以盈利为目的，从而进行知识创造开发、各类模型设计、经营方案策划、产品制造经营，为社会提供产品和服务的经济组织。

与当下许多高冷的企业家不同，潘石屹乐于展现自己，增加个人价值。无论是其微博上展现的健身跑步，还是对PM2.5的关注，甚至最近频频出现的互联网，都让人不断猜想联翩。

早在1988年潘石屹去美国的时候，他就感慨道："未来的十年全世界受互联网的冲击肯定很大，不懂我们要学。"而在2014年的夏天，他又到美国住了两个月，参观了苹果和Facebook，同样感慨颇多。他甚至在微博中表示，互联网真像"小妖精"一样吸引我们去靠近她。走近后才体会到她的魅力。

潘石屹还出现在2014年的世界互联网大会上的一个闭门会议，并发表了主题演讲，强调"互联网即未来"的观点，认为抓住了互联网就是抓住了未来。"未来的新世界秩序，就是建立在互联网的基础之上。"

现如今，潘石屹又频频拜访智能硬件和互联网企业。SOHO中国推广部的同事为他一一拜访租户，唯一需要确定的标准就是互联网公司。

刘春在微博上调侃道，"潘石屹像首长一样频繁视察各互联网公司，他想干什么？难道是司马昭之心？请任志强诸同志密集关注。"潘石屹的回答则是看望租客，顺便学习互联网。

但同为做房企的任志强并不赞同转型互联网。在任志强看来，"中国有13亿人口，如果每年有1%的增量需求就是1300万。这就是房子的基本需求。"

任志强的这番说法被潘石屹认为是老和尚念经，而且是念了15年的经。"现在地产商应该思考的是如何把已经建好的房子充分利用起来，所谓转型就是要提高效率、节约成本，减少中间环节，为社会提供更好的服务，而不是简单地提'拥抱'互联网或者'颠覆'传统行业。"

而任志强更是直白回击，房地产商的特点是不动，互联网的方向是动,所以不要把把互联网的功能都移植在房地产上,这是最蠢的。归根结底,互联网就是把人变懒。

不论别人怎么说,潘石屹一心要转型,毅然决然地去追逐互联网这只"小妖精"。

无论是拜访触控科技的陈昊芝,一起研究锤子手机;还是拜访百合网,看到专门分析交友的软件、模型、大数据;还是研究互联网健身公司"酷玩部落"充满活力的产品,顺便跳绳;亦或是研究P2P的贷款流程;潘石屹都充分展示了其对互联网公司产品和服务的好奇心和学习态度。

而在谈及向互联网企业学习的原因,潘石屹表示,这些公司可能有的失败有的成功,甚至70%都不存在了,但只要里面有几家公司能够成功,我们的世界就会发生根本性的变化。今天看来最赚钱的是银行,而在5年以后,银行就会跟今天的钢铁煤炭业一样,受到很大的冲击。再过5年10年,中国都靠互联网,各行各业都会有最根本的变化。在他看来,连谈对象结婚都能搬到互联网上,还有什么不能互联网?

对于SOHO和潘石屹来说,"触网"或许是继"售转租"转型之后的又一大变革。

早在2011年,潘石屹就尝试和新浪乐居合作,网上竞卖房源,并在微博上宣告租售平台上线,他甚至表示,要将所有的房源都放在网上来卖,因为这样可以让客户了解更多信息,把房子的定价权彻底交给客户,用公开透明的信息来建立和形成健康的定价机制。

之后,2012年,潘石屹宣布SOHO中国从"开发-销售"转型"开发-持有",并表示,以后公司的盈利将主要来源于租金收入,到2017年租金年收入将超过40亿元。但事实上,2014年上半年,SOHO中国

47.5亿元的营业收入中，仅有3.45%来自租金收入。实现这一目标着实任重道远。

与此同时，2014年楼市整体下行，房地产业转入低迷，各行各业都在向"互联网"寻求变革，SOHO的深度互联网试水势在必行。

高成本和去库存，一直是房地产的两大"痛点"。这也是潘石屹一直关注的问题："咱们说传统行业，都是些效率很低的、成本很高的行业。通过互联网，就会把成本大幅降低，消化效率提高。住宅开发商也琢磨如何用O2O的模式把房子利用起来。汽车平台考虑能不能把汽车利用起来。现在美国通过共享经济，出租私家飞机的很成功。我能不能把每平方米的办公室都利用起来？"

美国的创业环境是非常开放、平等的，很多创业型互联网公司聚在一起，互相分享，没有丝毫官僚气息，所有的人都是自由的，可以随时与旁边的陌生人交流和分享，做游戏、喝咖啡、做运动等等。

这些都给了潘石屹转型的灵感，他认为，中国同样也需要这样的环境，让创业型互联网企业可以聚在一起，探讨合作的可能，进行跨界合作，或者可以经常聚聚会。于是，他回国后迅速筹划了O2O短期租赁办公空间的SOHO 3Q项目。

SOHO 3Q项目正是切入了这个主要面向短期办公租赁与个性化租赁的市场。

用户只需登录SOHO 3Q的官网，就可自由选择租用办公室的时间和大小，可以只租一个星期或一个月，一个办公桌或一间房，支付确认后，只需携带手机与个人电脑便可以直接去办公。而且与如今市面上流行的服务式办公室不同的是，SOHO 3Q将所有环节都搬到了互联网上，是线下与线上的双向结合，从选房、订房、签约到付款交易，

每个环节都可以通过官网或手机APP完成。

潘石屹毫不讳言地说，75%以上的租户都是互联网企业，而在之前，同一栋楼里面，20%的企业属于同一行业来说，也极为罕见。

对于互联网企业，尤其是创业公司来说，互联网变化太快，就需要节约一切时间，并随时灵活调整团队。在两只老虎CEO姚欢的设想中，办公室最好是可以不必担心水电、装修等，而且可以灵活掌握租赁时间，先做项目，试验项目是否能够成功，如果3个月项目做大了，就可以顺利搬进大的办公室，如果失败了，则不用浪费太多时间和精力。

因为在潘石屹看来，这算一件一举两得的事情。一是，完全可以利用SOHO自身多年的优势，把资源都整合在一起，跨界合作，探讨更多的可能性。二是，把空下来的时间拿来聚会，喝咖啡，做游戏，跑步，参加各种线下活动，面对面线下交流，何乐而不为？

他甚至还一直强调，一定要在3Q项目中为自己设置一张办公桌，以方便向大家学习，随时办公。"分享是互联网精神的精髓。无论怎样的互联网企业都是千方百计把人的话、艺术品、交易数据等给大家公开。而且分享不仅是线上的，也是线下的。

在SOHO 3Q里面不仅仅是互联网公司，还应该是各种企业的大聚集，这些公司之间可以互相服务，有需要投资的，有做投资的，还有中间方，还有彼此的客户，都在一起，整体价值才能出来，如果说都是开网站的，或都是李开复徐小平等投资者，没有市场，互相是竞争关系，肯定不能成功。商业就是要有食物链，才能成功。凡是单一孵化器、高科技、服务类，都不会成功的。"潘石屹说道。

项目运行过程中，潘石屹发现，现在互联网公司的需求非常具体，可能有些是设计师所想不到的，所以就需要先把项目推出来，然后根据互联网创业公司的需求慢慢去适应。甚至在项目推出的最后1秒，潘石屹还把原来决定推出的6层变成3层。因为在他看来，互联网变化太快，一定要考虑需求然后推广。之后该项目还将从目前的6000平米扩展到3万多平米。

由此可见，在商品经济范畴，作为组织单元的多种模式之一，按照一定的组织规律，有机构成的经济实体，一般以盈利为目的，以实现投资人、客户、员工、社会大众的利益最大化为使命，通过提供产品或服务换取收入。它是社会发展的产物，因社会分工的发展而成长壮大。只有把企业定义搞清楚了，战略管理、企业文化等问题才会清楚。现在对企业的研究越来越模糊，闹不清楚什么是企业。发展形势变化了，传统意义上的企业已经消亡，无论从形态还是本质上看，亟须突破传统概念上的企业定义的思维定式。

第一，企业是一个契约性组织。

第二，企业是一个市场性组织。随着企业越来越市场化，过去，企业作为契约性组织由上级负责；现在，企业是市场性组织，人对市场负责，市场化程度的高低决定了企业盈利能力的高低。

第三，企业是学习型组织。过去认为企业是制造产品的，现在看来，企业是制造思想的。企业内部有两条价值链，一是意识形态价值链，由信息和知识到能力，再到思想。二是物质形态价值链。

第四，企业是一个家教性的组织。把企业文化称为一种资本，企业也就被称为一种经营方式。企业强调文化，越来越成为一宗教性组织，必须在核心理念价值观上统一。

第五，企业是一个虚拟的组织。现在大家都讲虚拟生产，虚拟营销，虚拟运输，虚拟分配，一切都虚拟化了，越空的企业越厉害。

第六，企业是一个无边界的组织，过去认为企业是有边界的，后来发展了，企业成为无边界的，再后来，企业既有边界又无边界，边界模糊，一切都模糊化。现在看来，一个企业边界，按照边际成本乘以边际收益来看，许多企业边际成本小于边际收益，或者边际成本为零。边际收益不变，那么边际成本、边际收益递增的规律发挥主导作用，即边界可以无限大，这对于企业的运作意义是很大的。

第七，企业是一个系统性的组织。现在的企业分成两条线：一条线是产品和服务，第二条线是使企业具有持续竞争力的保障系统。一般讲，国外成功的大企业都是系统化运作，讲究系统性。

第八，企业是网络化组织。价值链组织对于一个企业来说还不够，他不一定形成一个圈环。成为网络组织，使企业成为链主，企业和网主企业就要对价值链的运作整合，这样企业就可以成为一个联合体。对于中国企业来讲，该融入这个网络，融入更大的价值网络、更多的价值网络。

第九，企业是全球性组织。过去企业根据木桶理论决定于最短的那根怎么提高利润，把最短的那根补齐，企业总在经营劣势。现在新木桶理论出现了，也就是说短的那一块不做了，就做最擅长的那一块，每个企业都经营优势，就像每个人做自己最感兴趣的事。成本很低，效率很高。由木桶理论发展到新木桶理论，每个企业根据全球定位，你做一段，我做一段，全球集成，融入全球化过程中。最终的企业就是全球化组织。

第十，企业是体系性的组织。最终把企业打造成一个体系，也就是让平凡的人做出不平凡的事。具体到一个人很平凡，但成为一个体系就很厉害。通过打造这个体系，使管理达到最高境界，即没有管理；使战略达到最高境界，即没有战略。就像高速公路一样。这样一来，企业的作用就很明显：一是企业作为国民经济的细胞，是市场经济活动的主要参加者。二是企业是社会生产和流通的直接承担者。三是企业是推动社会经济技术进步的主要力量。

综上所述，我们可以这样简单地说，企业家就做两件事：第一是发现不均衡，第二是创造不均衡。我这样说有点学术性，但不难理解。所谓均衡就是说所有资源都得到最有效的利用，货已畅其流，物已尽其用，人已尽其才，已经没有赚钱的机会，每一个企业得到的收入全部要支付成本，包括土地成本、资金成本、人力成本，没有经济利润可言。当然，你可以有会计利润，可以不给自己付工资，把自己本来应得的工资变成会计利润，但是没有经济利润。

当然，现实的经济通常不可能处于这样的均衡状态。所谓"发现不均衡"，就是你能发现经济中赚取经济利润的机会，然后通过盈利机会的利用，纠正市场不均衡，使资源得到更好的配置。随着这种机会被越来越多的企业家利用，你的利润和盈利机会慢慢消失，以后又发现新的不均衡。所谓"创造不均衡"，是指这个市场已经很饱和，但是你能不能创造一个不均衡？也就是通过创造新的产品、新的技术，打破原来的均衡，找到新的市场，找到新的客户？当然这两个功能经常混在一块，不是截然分开的。从这两个方面我们来理解中国企业家过去做了什么，未来应该做什么。

第一章　企业的领袖人物是企业家

企业家的套利方式

在2015年，是传统企业的转型元年，也是互联网企业沉淀元年。政治、经济、社会、文化、技术，做企业的要面对的几乎所有变量，都在这一年发生了激烈的变化。不管是传统企业还是互联网企业，都不能掉以轻心，都需要俯下身来、沉下心来扎扎实实地把企业的基本面做好。

所以，我们关心的不是谁压倒谁，而是传统企业家与互联网企业家之间的学习竞赛，大家互相学习，共同进步。大象要学习跳舞，风口上的猪也要努力自己长出翅膀，这是两个时代之间的赛跑，更是对中国企业家领导力的熔炉式的大挑战。是化为灰烬，还是铸就不坏金身，企业家们如何看待这场变局，如何应对这场挑战，决定了十年后、二十年后他们在这个研究报告中的位置。

中国企业家私人董事会领教工坊研究并发布了2015年度"互联网时代最有影响的企业家"研究报告。该研究报告从三个方面评价互联网时代企业家的影响力：

1.企业家百度指数，权重40%；

2.企业实力，包括营业额、净利润和市值，权重30%；

3.企业家和领导力专家专业评价，权重30%。

我们分别获得三项指标，经过标准化处理后的计算总分，作为判断该企业家在互联网时代影响力的依据。

2015年度报告的百度指数采用2014年下半年至2015年上半年（截止2015年6月）月平均百度指数，反映企业家个人在互联网上的影响力；企业实力主要根据最近一个会计年度营业额、净利润和市值三项指标计算，其中上市企业采用企业年报公开数据，未上市的企业数据由独立第三方专业数据挖掘团队提供；专业评价由领导工坊组织民营企业家（非评选名单内企业家）和领导力专家分别独立完成，共六项指标：

1.诚信正直，谨守价值创造的本分；

2.财富分享，让员工分享经营成果；

3.感召变革，探索和拥抱新生事物；

4.创新不断，引导本行业发展方向；

5.凝聚力强，团队非常认同本企业；

6.执行到位，业绩持续有力的增长。

在本次发布的企业家影响力百强榜尤其是20强中，我们可以看到互联网大背景下，传统行业企业与互联网企业的学习竞赛异常激烈。互联网企业异军突起，不仅有比传统行业更高的成长性，更以巨大的话语权和价值观优势在中国企业界发挥了重大影响。

而传统企业也从最初的怀疑，到犹豫，到最后的决绝，或主动或被动地走在了业务和组织的双重转型的道路上。当然，企业之间的较量从来都是马拉松，不是百米冲刺。暂时的领先，不管是互联网企业家还是传统企业家，都不代表他们有任何可懈怠的资本。而更重要的是我们需要关注企业家如何实现套利。

第一章　企业的领袖人物是企业家

我们已经知道，在互联网时代，企业家要做两件事：第一是发现不均衡，第二是创造不均衡。

首先我们讲一下发现不均衡。不均衡意味着有盈利的机会，所以发现不均衡就是"套利"。所有不均衡大致可以归结为三类：第一类是跨市场的不均衡；第二类是跨时间的不均衡；第三类是产品市场和要素市场之间的不均衡。

1.跨市场的不均衡。所谓跨市场的不均衡，也就是同样的产品在不同的地方价格不一样。

随着"互联网+"的触角延伸至各个方面，"分享经济"的市场空间不断被拓展。分享经济既能激活闲置资源、提高资源配置效率，也能让参与者收获分享红利、实现多方互利共赢。

在国外，具有代表的分享经济模式是Uber和Airbnb，前者提供出行车辆服务，后者提供旅游租房服务。截至目前，Uber已覆盖全球60个国家和地区的310个城市，估值超过500亿美元，成为全球估值最高的非上市公司。而Airbnb旗下拥有的租住房间也远超国际酒店巨头希尔顿。

在国内，分享领域不断拓展，从在线创意设计、营销策划到餐饮住宿、物流快递、交通出行、生活服务等，分享经济已经渗透到几乎所有的领域。

领团科技着眼于构建未来全球共享经济大平台，开放了约你App最前沿的移动互联网科技，基于约你App的现成技术以最低的成本、最快的速度为客户开发独立品牌的App。这些云App不仅具备用户在自己擅长领域的核心盈利模式，还可以在发现页面找到领团共享的服务。这些服务都是其他领团云App客户共享出来的，用户在这里的消费都会为自己品牌的App带来创收。而且客户还可以将自己的服务共享出去，整个平台的用户都可见并在其他App里完成支付消费，收入会来自整个平台。

就像Uber共享了车，Airbnb共享了房那样，领团云共享了所有的服务。

领团科技董事长王启亨表示，"分享经济"的理念，在Uber、Airbnb这样的企业已经带来了服务思维的转变和用户体验的升级，让人们的生活发生了巨大的变化。Uber与Airbnb是App内的共享经济，超越App内独享的共享经济才是世界的未来，领团云App未来支持跨语言和无网社交，让共享经济全球无处不在。

就在这种跨市场的不均衡发展中，不同的企业家在市场当中传递信息，使资源得到更好的配置，纠正了市场的不均衡。但是我们注意到，当你发现市场不均衡，赚的钱越多，就越有人眼红，就会有越多的人跟进；随着时间的推移，赚钱变得越来越难，最后达到均衡时，就无钱可赚了。

2.跨时不均衡。所谓跨时不均衡，就是你预测某种东西未来会出现稀缺，价格会上涨，而现在这个东西很便宜。此时，你购买这些东西，囤积起来，到未来卖掉它。这叫跨时套利，也就是投机。

跨时套利很大程度上取决于企业家对未来的判断。如果你判断失误，不仅不能赚钱，反倒会亏损。设想在春天的时候，你发现由于病虫害或气候因素会导致小麦夏粮减产。那么，你可以选择以较低的价格购进小麦，等秋天以较高的价格出售。如果你的判断是正确的，你就可以赚好多钱。

例如在共享经济时代，共享经济是闲散资产、碎片时间和互联网技术聚合下结出的美丽果实。正是互联网的飞速发展，极大提高了信息的流通效率、改变了供给方与需求方之间的信息不对称现象，使得个体对于个体的资源提供成为可能。因此，共享经济是互联网时代的直接产物，也是互联网所代表的开放、连接、共享精神的完美体现。

我有一个苹果，我给了你，我就没有苹果了。但我有一个好的想法或者有价值的信息，我给了你，我仍然还有这个想法，还有这条信息。

当文明进步翻篇到信息时代，比特世界兴起。互联网诞生于1969年，如今快要半个世纪过去了，全球已经有一半人口浩浩荡荡迁徙进比特世界，这也给我们带来了翻天覆地的变化。今天，对我们而言，越来越有价值的不是嘴里啃的面包、身上裹着的衣服，而是信息。信息的一大特性是：不会因为分享而减少，却可能因为分享而增多。

比特世界的这种气质，又返回来悄然改变原子世界。

还有好多例子我这里不讲了。当然今天最主要的跨时套利活动发生在金融市场上。跨时套利对平稳市场非常重要。套利行为使得预期价格的上升变成现实价格的上升，鼓励人们节约消费，这样也就增加了未来的供给，使得未来的价格比没有套利活动时低。投机者承担了风险，利用自己的比较优势赚钱！

3.产品市场和要素市场之间的不均衡。如果你发现市场上好多人没事情干，好多资金没有用处，而市场上好多东西供不应求，你则只要把这些要素组织起来生产出供不应求的产品，就能赚钱。这就是要素市场和产品市场之间的套利。这样套利的企业家就是生产的组织者。

要素市场的均衡价格和产品市场的均衡价格决定有什么不同？

首先，要素市场的需求方是厂商，厂商使用要素生产产品，获得收益；而产品市场的需求方是消费者，厂商提供商品，从中获得收益。其次，要素市场的供给方是居民户（消费者），居民户提供劳动（工人）、资本（资本家）、土地（地主），而产品市场的供给方是厂商。要素市场的价格决定：工资、利息、地租、利润的决定，也是企业收益的分配。产品市场的价格决定：需求量、供给量、利润。

基于上述观点，我们提出企业竞争力可以分为要素市场竞争力、产品市场竞争力、企业运营效率竞争力，这三种竞争力分别从投入、产出、转换三个角度测量了企业的竞争力。在企业竞争力的三个方面，"要素市场竞争力"及"企业运营效率竞争力"是企业竞争力更为重要的两个方面。

企业的核心竞争力，不是关系与资源，不是专利技术，也不是虚拟经济，而应该是终端用户对产品或服务品质的信赖与依赖。

在供给侧层面实现产业集中，还需要去打造真正的企业核心竞争力。眼下中国的企业做核心竞争力，很多时候是为资本服务的，是围绕着资本的需求转圈圈的。

在第一个阶段的时候，资本市场关注企业的是关系与资源能力，关系与资源能够帮助资本实现一个垄断的市场份额和快速复制做大。早期中国的营养保健品市场，保健品在当时几乎就是一种糖水制品，一些企业把加了糖和少量营养成分的水当做营养品去卖。为什么能畅销呢？因为人在贫弱的时期身体基本处于一种病态，糖水对于身体也就是一种营养补充。在保健品没有标准没有检测认证的阶段，哪个企业如果通过关系把糖水放进药店去卖，那么它的可信度和竞争力就非常神奇了。还有资源，如果企业能够通过关系拿到一个矿山，或者在

第一章 企业的领袖人物是企业家

土地划红线的时候能够圈到一块土地,这种垄断性资源也对资本很有价值。

第二个阶段,资本市场关注什么呢?他们看重企业的自主知识产权成果。资本之于功利是血性的,它总是希望利用垄断获取暴利。但是从技术创新对于人类社会贡献的角度,所有的研究专利如果是用来垄断和固化自己的个体利益为目的,是值得商榷的。那就是说中国古代四大发明如果有专利保护,今天全球的人都不能用。人与企业的终生价值,一定是研究的任何一项高新的技术,能够得到最大化的普及和应用,去服务于更多的人类。这才是科学进步应当追求的目标。其实也没有人最终能够改变技术的普及应用这个事实。从这个角度,专利技术也不应当成为一个企业的核心竞争力。有很多科技型创业者,创着创着就倒闭了,为什么会倒闭?因为他首先心胸就很狭窄,他觉得他的专利就是用来控制别人、不让别人生产、不让别人和自己竞争,是用来垄断的,显然这样的目的性是不可取的。

第三个阶段,资本市场喜欢什么样的企业?虚拟经济。在完全自由开放的市场经济体系下,虚拟经济能够更加快速和肆无忌惮地横冲直撞,挣热钱的速度更快、规模更大。虚拟经济最重要的破坏,是破坏我们的大众创业本质,现在这一代年轻人已经没有几个还想踏踏实实做基础性的实体制造业了,满大街的创业者希望建一个网站、开发一种程序模式就能一夜暴富。而真正解决中国当下的各种问题,需要通过基础产业的夯实,没有基础产业支撑的任何一种经济,都会产生巨大的负面影响。

很显然,一个企业的真正核心竞争力,上面三种资本关注和喜欢的都不是,它应该是终端用户对产品或服务品质的信赖与依赖。做好品质这个核心,并且把这个核心建树为统一的行业标准典范,才是企业竞争的王道。商场里,决定品牌销量的不是柜台、不是价格、不是导购,是清清楚楚知道自己想买什么样品质和价值产品的用户。

一个国家的经济核心竞争力,是这个国家拥有什么样核心竞争力的企业。当下时兴的虚拟经济、共享经济听上去都很美丽,但是经济发展也要遵循循序渐进的规律,不能一口吃成个虚胖子。衣、食、住、行,倘若能够在供给侧一面实现相对产业集中,倘若能够在这些基础民生保障领域具备扎扎实实核心竞争力的可持续创新型企业,才配得上去披上更多的美丽外衣。

企业家的责任

企业家的首要责任是建立成功企业,创造股东价值。归根结底,创业和创新,是扩大就业、税收和解决社会问题(如贫困等)的根本之途。企业家是中国经济长期可持续发展的真正动力。因此,我们必须尊重、爱护和鼓励企业家,尤其是在中国的青少年中倡导和弘扬将使中华民族长盛不衰永葆活力的企业家精神。

企业家一定要有责任感。联想要做秉公守法的模范、诚信的模范;联想也在改革中为很大一批人承担了改革成本,而联想正是改革的受益者。无论从哪方面来说,企业家有责任来帮助保持社会稳定,不仅是为了别人,也是为了自己。所以,企业家价值观有一些共同的东西，就是企业大发展之后，要为整个社会发展做贡献的概念。经济全球化，确实使企业的经济价值得以实现，实现社会价值也就成为必然的命运。但中国企业家对社会的支持尤其重要，因为，在更早的全球化历史中，中华民族充满屈辱，在全球化格局中长期处于不利地位。中国人口那么多，不能回避民族复兴这样的命题。其次，这是改革开放的转型期，中国企业家群体肩负着责任。他们是改革的先锋和受益者，应该积极推动社会共同富裕。

我想，一个优秀的企业家必须是一个遵守法律的企业领导人，胸无大志的企业无所谓，但是如果你想成为百年老店，在你离开后，企业仍然存在，你应该是一个守法的企业家。企业家要重视信誉。20世纪90年代初，强生的产品太广，被个别的人偷换药后，引起几人死亡的时候，有技术检验证明这不是产品质量问题，但是强生把所有这种产品回收，损失几亿，但树立了负责任的形象，我们中国的企业应该认真总结。企业家必须讲求社会责任。企业生存是要赚钱的，但是赚钱并不是企业存在的唯一理由，企业在讲究利润的同时，要注重你的社会形象、社会责任。

在一个正常的社会中，每个人都有其特定的社会角色和社会职责，无非内涵各有不同。政治家的责任是治理好这个国家，企业家的责任是创造更多的财富和就业机会，传媒人的责任是让不同的声音都能无障碍传播，而知识分子的责任则是永远地站在世俗的对面——有的时候不惜为正义反对的权利，为公正而反对霸权。

上世纪90年代初，因家里的晨兴集团在苏州兴建铜版纸厂，我就到世界各地参观了一些先进的造纸商。有一天在苏格兰视察工厂，那位厂长先生告诉我，因为用水很多，纸厂就建在河边。造纸后的污水经过处理，回流河道时比上游进来的水还要干净，所以下游的鱼比上游的更多。这件事给我相当启发。这方面中国起步晚一些，提高有关方面的意识尤为迫切。

回到企业第一个责任乃是赚钱。唯有成功的企业，才能持续地做以下几件事：交税，创造就业，为社会提供必须或想要的产品与服务。企业还会牵动经济发展，为社会进步创造先决条件。30年前的中国很穷，很多社会事业都不能开展，今天情况就不一样了。

做好了以上的事，企业就算是尽了对社会的基本责任，社会也不应该强加于他们其他的要求。在今日瞬息万变的商业社会里，竞争愈来愈激烈，若然企业被迫做太多公益事业，就很难在全球竞争中不被淘汰，更遑论制胜。这是社会人士——特别是没有商业经验之人——要认清楚的客观事实。

再者，唯有积累了大量财富的企业家才能在国际社会上较有发言权。

企业家的社会责任是什么？

除了为公司赚钱，为社会创造财富之外，企业家的另一个社会责任乃是，要树立正面的社会形象，做一个被人尊敬的企业家。中国社会在未来的十数年里，若能产生一大批受人敬重的企业家，那么国家的前景就是秀丽的。反过来说，若然生意人都是被社会唾弃的，那么社会矛盾必定日深，政府被迫插手，最终对国家不好，对自己也不利。因为社会失去了和谐，老百姓充满了怨气，暴力之事就容易出现；失去了合宜的营商环境，商人成了社会公敌，企业就难以持续发展，有钱人还要为自己的生命财产担忧，那就相当可怕。

因此，就是为了自身利益，企业家也必须尽力成为被人尊敬的人。这样，钱有了，社会声誉也有了，自然就活得比较快乐，也能使社会更加和谐。如此一个较平顺的社会，也就为企业继续创富提供了最好的环境，实在是多赢的局面。也就是说，做被人尊敬的人不只是企业家在社会上立身处世所必须的，对自身利益而言也是如意算盘。

正如西谚所言，别人对你的尊敬是需要自己努力赢得的，不是要求别人就有的。有不少事企业家要自发地去做，才能够取得广大群众的支持与尊敬。在行业外，要叫人知道你是有思想的，大至全球小至社区的某些重要议题，你都是有识之士，是有见地的人，并且是有社会良知，对社会有责任心的；在行业内，不只能赚钱，并且是有创新性的，能够处于龙头地位，就更具有影响力。

无可否认，有些行业是比较容易被人尊敬的，就如商业银行家（不是投资银行家），大制造业首脑等，从事高科技的也不错。一般来说，做服务性行业的较不容易被人敬重。这关乎公众对行业的认知与观感，是比较难以说清的问题。除了少数例外（就如1997年之前的香港），做房地产的在全球各地都是较不受尊重的。为此，若然房地产商能够做到被众人尊敬，那个社会就是相当进步的了！

还有一点是非常明确的，那就是企业家还该用赚来的钱回馈社会，多做造福社会的事。你叫它慈善事业也好，公益事业也可以。但在这方面，有一些原则是社会应该明白的。我个人认为，社会上对企业捐献不能有过高要求。如上文所言，企业的目的与责任都是赚钱，为股东谋最大金钱利益。无论私人企业还是上市公司，生意的拥有权都是属于股东的，赚来的钱也是股东们的，我们必须尊重私有产权。社会所期望的，应该是任何模式的企业之拥有者，也就是股东，在慈善与公益事业上多多捐献。

一般来说，上市公司的管理层运用公司的资源投入公益事业时，只该做对企业发展，包括对公司形象有好处的公益活动，捐献数字相对企业规模也不能太大，做得足够合宜就可以了。

也就是说，公益事业不是企业的社会责任，而是企业家的社会责任。今日中国经济发展还算是初阶，除了私人企业之外，不少上市公司还有一位或是数位主要股东，在公众眼中，捐钱成了所有股东，特别是上市公司大股东，应该自己选择的社会责任。

对一位企业家来说，没有另一个世界比他创造的企业更为重要，也没有另一种标准比盈利更让他有成就感——我们很难将一个有社会责任感、正义感，而公司却濒临破产的企业家称为"卓越的商人"。因此，马云强调"只关心自己和公司"是对的，在中国特定的政商环境下，这一定程度上也是当下中国企业家内心的真实写照。

但问题在于，"把自己喜欢的事情做好，这个世界就会好起来"，这背后致命的逻辑缺陷是你不一定能做自己喜欢的事，即便可以做，也不一定能在种种约束下做好。假如体制不完善，法律不健全，任何"埋头做事就好"的想法都是一厢情愿。体制的束缚已成为制约中国经济和中国企业进一步发展的最大障碍，但企业家显然无法承担推进完善体制和健全法律的责任。

企业家在绝大多数时候有可以量化的利益诉求，而公共知识分子生存的价值则要抽象得多。正因如此，他们的存在价值便体现出来，使其更能超越利益而推动社会和国家向更公平合理的方向发展。

由此我们看到，企业家和知识分子是社会职责和价值理念天然不同的两个阶层，我们无法苛求企业家完全变身为知识分子。但是，在一定程度上，企业家与知识分子又必须互相倚助，在"让世界变得更好"这个意义上,这两个阶层的目标是一致的。

然而,企业家阶层与知识分子阶层的隔阂、误解乃至对立到今天虽有缓和但仍嫌不足,彼此也从未有过真正意义上的对话和理解,这也使推进变革的力量显得分散而微弱。中国企业家们应意识到:一切社会的进步需要包括每一个人在内的努力争取。即便是企业家,即便你的主要职责是经营企业,也要意识到,作为一个公民,今日努力争取到的每一项权利和自由,也将让你的企业获益。

"这是一个颠倒混乱的时代,倒霉的我,却要负起重整乾坤的责任。"哈姆雷特的自白放至此处,倒颇能道出中国企业家的处境——避免世故地埋首于自己的"企业家本分",而能够在企业经营与公共身份表达中求得平衡,将是当下对中国企业家最大的考验。

社会发展到互联时代,企业家的社会责任也发生了变化,时也提出了更高的要求。这正如一位企业家说:"我们每个人都是互联网的受益者,尤其是移动互联网技术更为企业社会责任模式带来巨大改变。比如电商平台,能让很多人就业,本身就体现了一种社会责任。"

近年来,作为新兴产业生力军的互联网企业,一方面驱动创新,让用户共享更多优质产品,另一方面结合自身业态,不断推动社会责任建设人人参与。

上海市长杨雄曾接到一封市民来信。写信的老人抱怨:老年人打车总不招待见。很快,这个问题就交由上海市交通委受理。老人出行难,一难就是许多年。怎么解决这个老大难问题?上海市交委想到了专做网约车的滴滴公司。

有实时数据、预约平台、司机信息,让老年人"出行更美好"在技术上很快得到解决。上海各大医院、市场、老年住户较多的社区附近陆续出现了许多"滴滴车站"。老年乘客可以通过老人召车专线、在车站电子屏选取出发和到达地完成呼叫，并在这些固定站点等待接送。而这些司机将获得一定的奖金奖励。据悉，2016年已有500个站点在上海落地。

对此，滴滴政府事务副总经理凌亢表示："这种结合自身业务的做法更多地体现了互联网特色，相对于传统企业，'互联网+'可以更精准"。目前，滴滴还在与北京、三亚两地政府、医院开展合作，为老幼孕残人群在人流密集区的出行提供帮助。

2015年10月，深圳很多网民收到了来自QQ全城助力公众号的紧急寻人推送：一家两男孩结伴出门后失踪，3天都没找到。其实，这是腾讯调动了便于客户投放广告的移动互联网用户地理信息技术。通过大数据计算，可以将走失信息推送给那些身处相关区域的网民，让更有可能看到男孩的人行动起来。最后，这条启事转发超10万次，并成功地通过3名网友提供的线索，找回了兄弟俩。

"企业可以从利润中让渡一部分给社会，这种共享能创造更大的社会价值，实现双赢。"清华大学公共管理学院王名教授认为，把社会责任与企业专长结合起来，利用市场和技术的推动作用达到共享。

要实现这种共享，"需要搭建把用户、企业、公益组织都连接起来的网络平台，让每个人感到社会责任'与你有关、在你身边'"。在微信捐步数活动中，只要用户任意一天走路超过1万步就能参与捐资兑换。5000步可兑换1元公益基金或者等额物品。你还可以看到是哪家企业代你出资捐赠。上线当晚，微信捐赠的总步数就达到了16.3亿步，捐赠次数11.6万。而兑换来的钱已经不断流向各类精挑细选的公益组织，为贫困山区的儿童送去鸡蛋、牛奶，为孤独症孩子抢得黄金康复期……

对此，清华大学新闻与传播学院副教授曾繁旭认为，互联网企业在履行社会责任的同时，也提供了平台。"过去，很多人觉得中国老百姓社会责任热情不高。其实不是不高，而是没有透明度高的平台，热情没有得到有效释放和汇集。这些年迅速发展的网络平台营造了社会责任氛围，让这一切有了'众包'的可能"。

除了互联网巨擘，小微企业在社会责任建设中也能引爆共鸣吗？安存科技是一家专门从事电子数据保全的网络科技公司。创始人徐敏介绍，2008年，还是律师的他发现，很多义乌小商品企业在网上交易时发生纠纷，打印出来的网络订单交给法院时得不到认可。"不少法官说，无法确定是否有人对下载的证据进行了篡改。我就想，能否帮助大家保全虚拟世界里数据的'原始面貌'呢？"

没想到，这场数据保卫战一打就是7年。现在，安存科技一方面与公证处、法院等司法部门合作电子证据取得的技术方案，积极参与环保部门关于污染数据的监测；另一方面，在支付宝等平台提供商务劳务、出国留学等公证在线服务，用户则无需来回奔波。"政府现在强调要让信息多跑路，群众少跑腿。这就是一种尝试。"

2015年10月，安存科技还发起了"荷塘小学"，全球招收了29位小微企业创始人或总经理，用3年时间，以公益模式培训企业家精神，尤其引导他们重新认识社会责任："互联网+"时代，再小的个体也有自己的力量。培训前，"荷塘小学"与学员们签订了一个口头协定：未来如获成功，这些学员要帮助那些需要领路的创业者，社会责任意识也要共享。

技术的突破要求政府、企业和社会之间跨界合作，无论大小，将各方力量打通。

阿里巴巴与中国残联发布"残疾人服务地图"，提供7类助残机构近3万个服务组织的地图查询，包括康复、教育、就业等，并为有工作能力的残疾人开放专门的淘宝云客服岗位。对用户来说，淘宝通过增设商家捐赠功能开展"公益宝贝"活动。每出售一件商品，商家可自行选择是否捐赠及具体金额。这种伴随企业发展的方式，即使很小的卖家都在做。与其说捐赠，不如说是企业经营的一种方式。于行业而言，阿里沿着社会责任内生于商业模式的思路，积极促进就业、努力建立互联网空间的诚信体系。这种基于企业商业模式的社会责任建设，让共享"朋友圈"越来越大。

对此，阿里巴巴企业社会责任总监顾潇认为，阿里自诞生起，就秉持"让天下没有难做的生意"，根本上也是为了解决社会问题。这样的经营理念，自然而然地内生出了现在的企业社会责任理念。"像淘宝农村电商，就是基于内部数据系统的外延设计，也更加有利于精准扶贫。"顾潇认为，这可以让小生产对接大市场，为农村注入经济活力，改善农民生活。

曾繁旭指出，互联网企业有时会选择社会弱势群体进行社会责任建设，但不少与自身主业无关，甚至不符合企业战略。"如何选择与自身产业链相关的领域，企业需要进行梳理"。

企业家精神

一个多世纪以来,中国企业家的命运随着国运大势的变化而经历了一波三折。他们在进行各种经济活动的同时,也对中国的经济发展和社会进步做出了重大贡献。

19世纪末20世纪初,大批有识之士兴办实业,为城市带来了新的生产方式、新技术和新市场,促进了社会生产力的迅速发展,开创了中国民间资本历史上的一个黄金时代。他们还承担起一定的社会责任,通过成立城市自治团体,积极参与社会公共事务,推动了城市社会的近代化。

1937至1949年,在国民党官僚资本和日本殖民资本统治之下,中国的民族企业家们在逆境中用坚韧的经商之道和坚定的爱国行动,奠基了中国的现代工业,也留下了实业救国的精神。

1949至1978年,民族资本及企业家队伍走上了社会主义道路。虽然在传统计划经济体制下,国有企业经营者的职责是完成政府主管部门下达的各种指令性计划,还没有完全意义上的市场竞争属性,但是企业家的光荣与梦想已经开始了缓慢而坚定的建设进程。

1979年,中国经济体制发生了重大改革,中国成为转型经济大国,多种所有制经济开始同台竞技,各领风骚。在经济建设的大潮中,涌现出了一批为中国的企业改革做出突出贡献的杰出人物,他们解放思想、锐意改革、艰苦创业、大胆实践，成为突破旧有体制、建立社会主义市场经济体制的中坚力量。

国有企业经营者开始具有独立企业家的身份和地位，在"实践是检验真理的唯一标准"思想的指导下，通过制度创新，勇敢而巧妙地突破约束，实现了企业的跨越式成长。在丰富的创业机会面前，民营企业家的创业激情、创业能力也被激发出来，他们"摸着石头过河"，也在不同行业取得了令人瞩目的成就。

可以说，中国企业家是中国市场经济的探路者、拓荒者、倡导者、先行者、实践者，为中国市场经济的建立和完善做出了不可磨灭的贡献。

21世纪，社会主义市场经济体制的日益完善可以预期，中国的企业家群体将在下一轮的经济增长中发挥更大的作用，中国经济的发展也将进入真正的企业家时代。

何谓企业家精神？

企业家精神，是一种创新意识：新思路、新策略、新产品、新市场、新模式、新发展；企业家精神，是一种责任：敬业、诚信、合作、学习；企业家精神，是一种品格：冒险精神、准确判断、果断决策，坚韧执着；企业家精神，是一种价值观：创造利润，奉献爱心，回报社会；企业家精神，是一种文化修养：广博的知识，高尚的道德情操，丰富的想像力。

每个企业都有一种理念，有一种文化，企业家就朝着这个理念努力拼搏，时间长久就形成一种文化，企业家的成功就是靠他们有这种精神的支持。聚焦企业管理八大领域，快速提升CEO自身领导力及管理能力，铸就企业家精神，籍此达到推动企业成长的目的。

从"企业家精神"这个术语的内涵上分析,精神首先是一种精神品质,"精神首先是一种思想形式,是一种驱动智慧运思的意识形态,"但"精神不完全是仅仅表明个人意识状况或过程的心理的、主观的概念,精神相对于意识,它似乎应该是对意识的一种价值抽象。"企业家精神也是表明企业家这个特殊群体的所具有的共同特征,是他们所具有的独特的个人素质、价值取向以及思维模式的抽象表达,是对企业家理性和非理性逻辑结构的一种超越、升华。企业家群体独有的显著的精神特征就和其他群体特征区别开来,人们日常也把它看作是成功的企业家个人内在的经营意识、理念、胆魄和魅力,并以此标尺可以识别、挑选和任用企业家。

企业家使经济资源的效率由低转高,"企业家精神"则是企业家特殊技能(包括精神和技巧)的集合。或者说,"企业家精神"指企业家组织建立和经营管理企业的综合才能的表述方式,它是一种重要而特殊的无形生产要素。例如,伟大的企业家、索尼公司创始人盛田昭夫和井深大,他们创造的最伟大的"产品"不是收录机,也不是栅条彩色显像管,而是索尼公司和它所代表的一切;沃尔特·迪斯尼最伟大的创造不是《木偶奇遇记》,也不是《白雪公主》,甚至不是迪斯尼乐园,而是沃尔特·迪斯尼公司及其使观众快乐的超凡能力;萨姆·沃尔顿最伟大的创造不是"持之以恒的天天平价"而是沃尔玛公司——一个能够以最出色的方式把零售要领变成行动的组织。西方发展到19世纪,人们将企业家具有的某些特征归纳为企业家精神,在英文术语使用上,企业家和企业家精神常常互换。

长期以来,企业家的概念通常是从商业、管理及个人特征等方面进行定义。进入20世纪后,企业家概念的抽象——企业家精神的定义就已拓展到了行为学、心理学和社会学分析的领域。而在当今西方发达国家，企业家转到政府或社会组织工作非常普遍，也不断提出和实施用企业家精神来改造政府服务工作和社会管理工作。

真正的企业家以企业为本位，创造财富，完善自我！但做企业的人是分层次的，我们知道，资本家就是赚钞票的，他的社会责任很淡，除了钱就是钱。然后是实业家，实业家都是以社会责任感为本的，有社会责任感，向国家缴税，解决了很多人的就业；真正的企业家思维定势是为了社会的，做任何事情没有明显的社会效益是不会做得好的，因为懂得资本家是做加法的，实业家是乘法的，企业家是做加减乘除的。

希望永远在明天。只要企业家精神不滑坡，办法总比困难多。我们更懂得脚不能达到的地方，眼睛可以达到；眼睛不能达到的地方，心梦可以达到。我们在不断的憧憬美好的未来，我们懂得对未来真正的慷慨，是把所有给予现在。

彼得·德鲁克承继并发扬了熊彼特的观点。他提出企业家精神中最主要的是创新，进而把企业家的领导能力与管理等同起来，认为"企业管理的核心内容，是企业家在经济上的冒险行为，企业就是企业家工作的组织"。

世界著名的管理咨询公司埃森哲，曾在26个国家和地区与几十万名企业家交谈。其中79%的企业领导认为，企业家精神对于企业的成功非常重要。全球最大科技顾问公司Accenture的研究报告也指出，在全球高级主管心目中，企业家精神是组织健康长寿的基因和命门。正是企业家精神造就了二战后日本经济的奇迹，引发了20余年美国新经济的兴起。那么，对于中国企业界来说，到底什么是真正的企业家精

第一章 企业的领袖人物是企业家

神呢?

中国的现代化,肇始于19世纪中叶。这不仅包括人们日常所关注的器物和制度层面。也包括夹在这两层之间的社会。现代意义上的商业与商业文明,也开始于这一时期。第一代的中国"企业家"们,如胡雪岩、雷履泰等,都是出色的管理大师。但在面对公众时却面目模糊。他们对自己的定位就是一名"晋商"或者"徽商",那么社会也就认为他们仅仅是商人。

19世纪末、20世纪初以荣德生、张謇为代表的新一代企业家则显示出完全不同的气度。他们都不仅仅是企业家,从创业之初就自认是社会的砥柱:除了投资实业以外,他们造桥铺路,建立公园,兴办教育、参与城市规划、区域经济规划甚至是社会保障规划的制定。他们为"实业救国"、"教育救国"的主张到处奔走。1922年,北京、上海等地的报纸联合举办民意测验,张謇当选"最受敬仰之人物"。如果张謇和荣德生们还是和他的前辈胡雪岩、雷履泰一样,仅仅以创办一家成功的商号为目标,我无法想像他们能获得社会如此的承认与尊重的。

在中文中的"企业家精神",被大大局限了。因为英文中的entrepreneurship的含义要比中文中的"企业家"广泛得多。就好像"奋进号航天飞机"的"enterprise",在中文中如果被翻译成"企业号",就与NASA的本意有偏差。

一个社会总是有一些传统、规范和模式,而认识到这些模式的问题,重新组织要素,并成功为社会创造价值,这就是企业家精神。

人的天性保守:当人们已经熟悉了某种程序或方法,而这种程序和方法已经被历史证明是有效的;要鼓励人们采用新的,未经实践证明的方式就会受到心理上的抵制。有时候，客观上采取新的方式可能并不存在困难，人们也会觉得难以接受——无论是说服人们跟随一次创业冒险、一次管理变革，还是不喝酒、不吃鱼翅、不行贿这些改变社交文化的努力。

企业家精神之所以在现代社会中如此重要，主要是因为社会分工越来越细化，专业知识越来越完备。在任何领域的创新都需要团队合作。一个发明家在自家阁楼里鼓捣出来的东西，已经很难震撼世界了。

现代科学研究早就已经过了一个教授带着两三个助手就能完成发明和发现的时代。任何一个运转良好的实验室，对内需要大规模的合作与沟通、对外则要面对各利益相关方。科学研究的前途甚至比新产品、新服务的市场前途还要不确定。发现某个研究方向的价值，说服整个团队往这个方向前进，遇到问题及时调整，同时还要游说政府、企业等资金方提供持续支持。

社会领域的创新也是如此，一个慈善项目想要获得公众的支持与参与，无论是公关、管理、游说，都需要企业家精神。

短短30年间，中国的民营企业从零开始，以40%的社会资源，完成了60%的GDP，承担着80%的就业。企业家们已经是这个社会稳定与发展的砝码。建国头30年，无论是城市化还是现代化的进程都被打断了。而后30年，城市化与现代化则被大大压缩。上一轮现代化中两代企业家完成的蜕变，现在几乎被压缩在一代人的时间里。

企业家们最重要的能力是说服。说服人们相信你所画下的美好蓝图，说服人们自愿跟随你前进。企业家除了要相信自己是值得人们尊敬的，更需要以企业家的方式为社会提供价值。七八十年前，我们的

第一章　企业的领袖人物是企业家

前辈们提出了"实业救国"的口号，他们更以实际行动说服人们相信这一理念，并获得了社会的尊重。现在，轮到我们思考，该如何实现我们这一代人对社会的责任？

企业家精神是当下所稀缺的：中国的改革就是一个最需要企业家精神的课题。这不仅需要领导人发现体制目前所存在的问题，还需要他们能在目前价值如此多元的社会里，团结起足够多的共识，甚至在体制内调和各种相互矛盾的利益关系，以推动改革向更深层次发展。邓小平的"摸着石头过河"就是最大的企业家精神。他的"50年不变"，"不争论"，就是在妥协，在动员，在说服。

而这都是企业家们最擅长的领域：远见、规划、管理、组织、协调、说服、动员、妥协。以国情而言，如果不把我们这些才能贡献给社会，仅仅是拿出一些钱来做"慈善"，谈不上是真正的"企业社会责任"。

所以，企业家对社会发挥影响力，真还不能向学者、向明星学习。一个集团军司令没必要跟武林高手比武。企业家向这个社会输出的正能量，恐怕就是现代的管理制度，组织机构，沟通技巧。越来越多的中国人开始投身非营利的社会组织，以推动他们认为有价值却不太可能挣钱的事业。在这些事业中，企业家们能做的就是发挥我们在组织、动员、说服上的经验，为"社会资本"存款。

企业家做公益项目，在管理上就要以企业的标准衡量。企业家们自己相互组织，更要走出乡党的小圈子，从农业社会的地缘亲缘所维系的熟人关系，转变成以共同职业、理念和使命为纽带的组织——因为企业本身就是以理念和使命结合在一起的共同体。而企业家组织本身，更应该明确这个组织绝不能仅仅是"搞关系"、"盘资源"的平台。

　　这也是我对中国企业家论坛这个组织的期待之一：从一个熟人网络走向共同理念的人的平台。比如，除了邀请经济学界的专家之外，我们是不是能邀请其他学术界，甚至政界的朋友？无论是带领实验室，还是带领改革，这些在其他领域工作的精英们，所展现的都是真正的企业家精神。

　　要说企业家精神首先要看起企业家的概念。

　　企业家就是具有先进理念、经营管理思想及战略头脑；具有冒险精神与创新精神，不断开拓新的经营领域；具有经营管理才能，能适应各种市场变化，获得引人注目的经营业绩的企业中高层领导者。

　　相对于管理者和领导者，企业家是具有理性管理技巧和有效领导能力的人。

　　企业家精神是一种基于责任心、事业心基础上的不怕困难、永不满足、永不停息的奋斗精神和首创精神。

　　企业家的精神表现有以下内容：

　　内容一：创新精神。

　　创新，是企业家的灵魂。与一般的经营者相比，创新是企业家的主要特征。企业家的创新精神体现为一个成熟的企业家能够发现一般人所无法发现的机会，能够运用一般人所不能运用的资源、能够的找到一般人所无法想像的办法。

　　企业家创新精神的体现：

　　引入一种新的产品；

　　提供一种产品的新质量；

　　实行一种新的管理模式；

采用一种新的生产方法；

开辟一个新的市场。

内容二：冒险精神。

一个企业经营者，要想获得成功，成为一名杰出的企业家，必须要有冒险精神。对一个企业和企业家来说，不敢冒险才是最大的风险。

企业家的冒险精神主要表现在：

企业战略的制定与实施上；

企业生产能力的扩张和缩小上；

新技术的开发与运用上；

新市场的开辟和领土；

生产品种的增加和淘汰上；

产品价格的提高或降低上。

内容三：创业精神。

企业家的创业精神就是指锐意进取、艰苦奋斗、敬业敬职、勤俭节约的精神。主要体现在：

积极进取；

克服因循规守旧的心理；

企业家的顽强奋斗；

敬业敬职的职业道德；

勤俭节省的精神风貌。

内容四：宽容精神。

企业家的宽容精神是指企业家具有宽容心，愿意与人友好相处，愿意与他人合作的态度和精神。主要体现在：尊重同行和下属；尊重人才；善于使用人才，敢于起用人才；虚怀若谷，善于听取别人意见，尤其是批评自己的意见；发扬民主精神，避免独断专行。

第二章
中国需要创新精神的企业家

创新是企业家的本质特征,是企业家精神的灵魂。从一定意义上说,企业家之所以成为企业家,很大程度上取决于他们的创新精神。

创新是企业家的精神灵魂

创新，是企业家的灵魂。企业家的创新精神体现为一个成熟的企业家能够发现一般人所无法发现的机会，能够运用一般人所不能运用的资源、能够的找到一般人所无法想像的办法。

从产品创新到技术创新、市场创新、组织形式创新等等。

在互联网时代，技术的创新、单点突破的创新已经不再是企业在竞争中致胜的法宝，或者说这些都是个体或者小企业崛起、弯道超车的武器，但是却不能保证企业的长盛不衰。互联网时代能够保证企业长盛不衰的是，对于新技术的整合，并创造出属于未来的新的生活方式和社会文化。

这就是诺基亚衰亡、微软疲软的原因，也是苹果、谷歌在竞争中胜利的原因，也是特斯拉崛起的原因。这也能够解释，为什么特斯拉有魄力开放所有技术专利。

互联网时代，技术创新和突破的速度超乎人们的想像，而任何事物多了就会贬值，技术创新也是一样，那新时代最重要的价值是什么？是对于当下技术的掌控和未来生活的远见。乔布斯伟大之处不在于技术创新，而是为全人类带来了全新的生活方式。

如果中国的互联网企业不学会这一点，那只能是一茬一茬的山寨别人、互相模仿、恶性竞争、如野草般兴起衰亡的企业，包括腾讯、阿里巴巴和百度。

百度的李彦宏说："创新是什么？是你做了好几年大公司还不觉得好，这才是创新！"在极客公园创新大会上，当主持人问到一个创业者都很关注的话题——中国大互联网公司对创业创新的模仿山寨甚至打压时，李彦宏的看法比较不同寻常。

以下为李彦宏的观点节选：

所谓"三座大山"，如果你想做一个他们已经很擅长做的事，这是不合理的。美国也是一样。Facebook之所以起来，不是因为谷歌没有模仿，而是谷歌看不上Facebook，觉得也没什么技术含量，就是大学生之间为了找女朋友做的，就是在学校里做做，看不上，所以Facebook就起来了。同样，谷歌做的时候雅虎也觉得搜索没有什么好做了，微软那会儿也觉得互联网不就是另外一种形式的软件吗？都是非常不一样的才能起来。

我相信中国的互联网也是一样的，你做的东西一定是那些大企业看不上的（才是创新）。所谓创新，就是你认为是对的，你认为是有前途的，但是大多数人不认为有机会。如果我做的东西被大家伙看上之后他一做我们就没机会、（或者）你做一个东西如果大家都觉得好，就没什么意思了。你做好几年了，他还不觉得好，这才是真正的创新。

所以说，一个企业最大的隐患，就是创新精神的消亡。

创新精神的实质是"做不同的事，而不是将已经做过的事做得更好一些"。所以，具有创新精神的企业家更像一名充满激情的艺术家。企业家创新精神的体现：引入一种新的产品；提供一种产品的新质量；实行一种新的管理模式；采用一种新的生产方法；开辟一个新的市场。

本田公司创始人大久保睿塑造的"本田精神"就特别强调创新精神,他把"本田精神"归结为三大观点:"人要有创造性,决不模仿别人;要有世界性,不拘泥于狭窄地域;要有被接受性,增强相互的理解。"

索尼公司创始人盛田昭夫强调"永不步人后尘,披荆斩棘开创没人问津的新领域","干别人不干的事"。他在《走向世界》一书中把开拓新技术称为"求生存的手段"和"企业生存之路"。萨特沃尔顿创造了沃尔玛,他的成功在于他倡导新观念,重视试验和革新。

他建立具体的组织制度,以推动革新和进步。他把权力下放到部门经理手中,使他们可以按照自己的意愿管理自己的部门;他建立了奖励制度,对那些提出创新建议的员工给予奖励;他还组织创新竞赛,鼓励员工进行创新试验,使员工在鼓励变革与创新的氛围中工作。

沃尔顿把接受新理念的精神传给了自己的继承人,使公司在他去世后仍得以长盛不衰。

日新月异、发展迅猛的当代知识经济环境中,创新是企业的一个中心课题,创新精神是企业家精神中最突出的组成部分;而企业家创新精神的最大作用,是营造企业的创新机制和创新氛围,发挥企业团队的创造力,带动企业创新。

新东方创始人俞敏洪说:"创新一个东西全世界从来没有出现过,所谓的创新,我们两个都爬上了珠峰,但我爬上去戴了一个梯子,再往上走几步,因此我爬的比你还要快,是一种模仿以后加入了中国的特色而已。"俞敏洪曾在第四届创业家年会上发言说,中国的创新在这个时代，需要四大要素。

以下为俞敏洪观点节选：

中国的创新在这个时代，需要四大要素。第一要素政府的不干预。前两天我跟徐小年在一起交流，中国做一件事情就行，不要自己搞科技基金，把科技基金交给我们，交给私人来搞，中国的创新就出现了。中国的科技基金交到这么多人手里，重大的创新项目怎么可能一年就出来。世界上数学奖、诺贝尔学奖的获得者，是有某一个基金的支持，一支持就是20年。中国政府对创新的支持力度是不够的，方向是不太完整，或者说是正确的。

第二个要素，需要一批真正创新的人。创业家们可以问一下自己，你们到底是不是真正创新的人，你们是不是把乔布斯的传记读完了，你们是不是像他那样对创新有着充满热爱的东西，还是说创新仅仅是你们的一个噱头而已。创新不是那么难的事情，创新你只是想做生意、赚钱，还是说真正想使自己的公司成为创新的企业、不断发展的企业，这是两个完全不同的概念。中国人喊着创新，因为中国人喜欢赶时髦，我相信沃尔玛的创办，他并没有想到成为一个创新的企业，但他把小店一点点地做，最后变成一个大型超市。创新不是你想的，是通过你的热爱做起来。如果把公司做大以后，赚钱的话，你就不具备创新的基因。

第三个要素——钱。中国现在面对创新和新的企业发展，钱正在变得格外重要起来，我跟雷军交流了一下，中国现在的基金已经很多了，雷军给我来了一句话，现在远远不够，尽管有几千家基金在试点。

所谓的钱是什么概念，中国需要雷军这样的人，中国需要像他这样有眼光，擅于把钱扔出去的人。我们做了一个事情，看上自己顺眼的人就投，至于说有没有财务报表根本不管，原因是我们觉得，如果说人有钱了，他的能力可能就会翻倍。能力翻倍了，事情就做出来。我们的口号是投一百家，只要有一家成就行。原因是我们投出去的，真的是100家，90家赔，但剩下的10家赚到的钱是我们投出去的5~10倍。

我到硅谷的时候，硅谷人告诉我，整个这两条街，最多的就是两家公司，一个是投资，硅谷1500家，整个小门面就是一个投资公司；第二家公司就是律师事务所，帮助你起草合同，让双方成交。

所以第四个要素——政府政策的支持。真正有创新的人才，像乔布斯这样的人；真正愿意给钱的冒险家，像雷军这样的人。我觉得第三个风气在中国正在形成，如果连我这样的人都想成立一个基金来支持创业者的话，中国支持创业者的钱的来源氛围开始形成，当然都还不完整，这是我个人的一个总结。

熊彼特关于企业家是从事"创造性破坏（creative destruction）"的创新者观点，凸显了企业家精神的实质和特征。一个企业最大的隐患，就是创新精神的消亡。一个企业，要么增值，要么就是在人力资源上报废，创新必须成为企业家的本能。但创新不是"天才的闪烁"，而是企业家艰苦工作的结果。创新是企业家活动的典型特征，从产品创新到技术创新、市场创新、组织形式创新等等。

德鲁克对创新与企业家精神的研究始于20世纪50年代中期。经过30余年的研究和实践，他于1985年出版了《创新与企业家精神》。在该书中，德鲁克回到了萨伊对企业家的定义，同时又发展了熊彼特的理论。他用了整整一章的篇幅来定义企业家和企业家精神。在德鲁克看来，"企业家"（或"企业家精神"）就是：（1）大幅度提高资源的产出；（2）创造出新颖而与众不同的东西，改变价值；（3）开创了新市场和新顾客群；（4）视变化为常态，他们总是寻找变化，对它做出反应，并将它视为机遇而加以利用。

综上所述，在德鲁克眼中，"企业家"（或"企业家精神"）的本质就是有目的、有组织的系统创新。而创新就是改变资源的产出；就是通过改变产品和服务，为客户提供价值和满意度。所以，仅仅创办企业是不够的。一个人开了一家餐馆，虽然他冒了一点风险，也不能算是企业家，因为他既没有创造出一种新的满足，也没有创造出新的消费诉求。但同样在餐饮业，麦当劳的创始人雷·克罗克却是杰出的企业家，因为他让汉堡包这一在西方很普遍的产品通过连锁的方式进行标准化生产，大大提高了资源的产出，增加了新的消费需求，影响了人们的生活。

在一个以工商经济为主题的社会里，企业是当之无愧的社会主体。我们关注富人的财富品质，其实是关注这个日益成熟的市场环境里的企业家精神，因为我们相信企业家精神的成熟，会带动整个社会对财富认知态度的成熟，会推动经济秩序的规范，会带来中国经济永久的持续的活力。

无疑，创新精神是最值得推崇的企业家精神之一。真正具有创新精神的企业家带给这个时代的悸动远不是那些小富即安及过于功利的商人所能比拟的。这仍然是一个非常需要英雄的时代，我们相信财富英雄的示范效应能给社会带来信心和活力，因而，我们怀着复杂的心情与大家共享《中国大陆百富榜》上这些崇尚创新的富豪们的故事。因为，在这个克隆思想、假货禁之不尽的时代，我们希望创新精神能够融入未来创业者的血液中。这正如万达集团董事长王健林所说：

万达能发展到今天，我觉得最核心的原因就是万达敢于创新。可以说万达22年的发展史，其实就是一部创新史。就是敢为人先，想别人不敢想的事，做别人不敢做的事。

有些人问我"对创业者有什么忠告"，我告诉他最大的忠告就是敢于创业。你不敢创业就不可能成功。

万达走到今天，创新走了四步棋，搞旧改、跨区域、创模式、搞文化。万达1988年成立的时候，房地产行业是国家严格控制的，为了活下去万达一开始是从棚户区改造开始做起的。通过创产品创新万达迈出了第一步。

当时房子是没有客厅和卫生间的，万达就设计了一个明厅，设计了一个洗手间。还装上了宽敞的铝合金窗，上了一道防盗门。现在看来都是平常的事情，当时都是创新。后来，万达在销售时，又找电视台赞助了一部电视剧，插入万达的广告。这样一个月时间内，1000多套房子销售一空。这一单赚了800万元。更重要的是从中尝到了一个甜头———搞旧城改造。万达是全国第一家搞旧城改造的企业。

1992年万达开始跨区域，那时在广州成立了一家公司。当时南北方市场有差异，很多北方企业不敢去南方做生意，但万达去了。尽管在广州开发没有赚多少钱，但重要的是鼓励了万达企业走出去的勇气。万达从1998年就开始在全国扩张了。万达成为中国第一家走出地域、异地发展的房地产企业。

经过十几年发展，到2000年前后企业规模接近百亿元，在全国几十个城市都有项目，有很高的知名度。但一个员工身患癌症，令我开始思考企业如何稳定、持续发展的问题。因为那时社会保障还没建立,员工保险都没法上。我得考虑为弟兄们将来做一点保障,不至于病不能治、老无所依。

于是万达开了三天务虚会,讨论如何实现万达长期稳定发展。讨论来讨论去,最后得出结论,还是要做一个类似"收租"的物业。但是万达之前做了一些小的"收租"物业并不成功,因为租金回收一直是一个不好解决的问题。有鉴于此,于是万达决定不能搞小物业,一定要搞大的,向世界500强公司收租子。

作出这个决定之后,在2000年万达推出第一代产品,搞了第一个购物广场,但是"单店"规模偏小。2002到2003年的时候,万达开始搞"组合店",几个楼组合在一起,有电影院、超市、百货等不同业态的服务。但那个时候,这些楼之间并无有机的联系,也没有商业设计。后来直到2004年,万达才摸到了诀窍,成立自己的规划院,前期进行了很好的商业设计,设计好之后先去找商家谈判,有了主力店的前期进入,先租后建,就是现在所谓"订单商业地产"模式。这样就规避了浪费、无效、谈判的不对等问题。这个模式创出来到今天一直领先。

2005年万达又提出一个新的概念"城市综合体",万达城市综合体的核心内容有6个方面,包含酒店、写字楼、公共空间、购物中心、文化娱乐休闲设施、公寓楼等。这是万达在全球的首创。这个模式的创造和创新,使万达获得了绝对的市场优势。

有了这个优势,万达在市场上就有了议价权。地方政府提供的条件好、地价便宜、地理位置好,万达才去,否则就不去。这样使得企业获得了超常规的发展,速度奇快,而且现在势头越来越猛。万达的速度令外国人瞠目结舌,不可思议,创造了世界商业史上的奇迹。

2003年,万达又决定做电影院线。找了几家国内的广电集团谈,都不理想。万达就找到时代华纳,2004年开始合作。但在前两年华纳管理阶段却亏损很大。2006年万达接盘过来之后,通过研究、学习、创新,当年就扭亏为盈。几年下来,一不小心就做到了行业第一。现在已经做了70多家影城,银幕总数超过600块,大概每块屏幕是行业平均收入的三倍,是国外同类型院线的八到十倍。按照这个速度发展下去,几年以后万达可以做到亚洲最大、全球前六七名。当然这跟万达广场综合影响力、综合聚合能力有关,是多种原因促成的。

万达二十多年走下来其实就是走了四步,但这四步每一步都在创新,都是巨大的进步。下一步万达的发展就是要国际化,争做国际万达、百年企业。

在所有创新之中,我自己觉得商业模式的创新是最重要的。比技术创新、管理创新、营销创新等更为核心的,就是商业模式的再造和创新。创造一种新的模式很简单,标准化很重要。比如有很多人卖咖啡,但是星巴克把卖咖啡做成标准化,一个品牌、一个口味、一个模式。全部标准化,就做成功了。

任何一项生意,都要把商业模式的再造和组织模式的再造研究好,有创新,这样才有更大的空间。

企业家的创新精神体现为能够发现一般人无法发现的机会,运用一般人不能运用的资源,找到一般人无法想像的办法。因此,企业家是不墨守成规的,不死循经济环轨道的,常常创造性地变更轨道。这种变更具体体现为引入一种新的产品、提供一种产品的新质量、实行一种新的管理模式、采用一种新的生产方法、开辟一个新的市场等。一位法国学者曾这样描述对具有创新精神的新型企业家:他们很像勇士，能迅速做出决定，具有不寻常的精力和毅力，满怀非凡的勇气和果断的魄力；他们奋不顾身地冲向广阔的经济战场，开辟一片又一片创新的领域；他们以一种广泛、灵活的应变能力和行动准则指导企业运行；他们有青年人的好奇心、发明者的创造欲、初恋者的新鲜感、亚神经质般的敏感性以及建设者和破坏者兼备的变革意识；他们双眼紧盯着国内外的各种信息，紧盯着市场需求，大脑中急骤地将外界的信息重新组合构造出新的创新决策。

成功的企业家无不具有创新精神。本田公司创始人大久保睿塑造的"本田精神"就特别强调创新精神，他把"本田精神"归结为三大观点："人要有创造性，决不模仿别人；要有世界性，不拘泥于狭窄地域；要有被接受性，增强相互的理解。"索尼公司创始人盛田昭夫强调"永不步人后尘，披荆斩棘开创没人问津的新领域"，"干别人不干的事"。他在《走向世界》一书中把开拓新技术称为"求生存的手段"和"企业生存之路"。萨特·沃尔顿创造了沃尔玛，他的成功在于他倡导新观念，重视革新、试验和不断改进。他建立具体的组织制度，以推动革新和进步。他把权力下放到部门经理手中，使他们可以按照自己的意愿管理自己的部门；他建立了奖励制度，对那些提出创新建议的员工给予奖励；他还组织创新竞赛，鼓励员工进行创新试验，使员工在鼓励变革与创新的氛围中工作。沃尔顿把接受新理念的精神传给了自己的继承人，使公司在他去世后仍得以长盛不衰。英特尔公司创始人摩尔的"自己淘汰自己"的理论，也体现了他的创新精神。英特尔公司创立于1968年。摩尔自上世纪70年代初就给自己构筑了打破陈规、创新求进的商业模式——不断改进芯片的设计，以技术创新满足计算机制造商及软件硬件产品公司的更新换代、提高性能的需求。摩尔提出，计算机的性能每18个月翻一番，只有永不停顿，不断创新，自己淘汰自己，才能获得高额利润，并将获得的资金投入下一轮的技术开发中去。摩尔不断创新的理论被人誉为"摩尔定律"。

总之，没有企业家的精神，企业便不能打破僵化、过时的东西，开创企业乃至社会生产和生活方式的新局面；没有企业家的创新精神，既不可能产生企业的核心技术专长，也不可能产生企业高效率的组织形式、管理方法和先进制度，更不可能产生新的市场机会。

企业家的成功离不开创新

在经济全球化的今天，更加需要大力弘扬以创新为核心的企业家精神，提高创新意识，增强创新能力，在产品创新、机制创新、技术创新、管理创新、服务创新、文化创新和观念创新方面有新的突破。

创新是距离成功最近的路。然而，创新之路很难走，以至于很多人认为，创新是相当神秘、相当可遇而不可求的东西。的确，仅仅有创新精神是不够的，还需具备创新的能力。

虽然有人称马化腾是业内有名的抄袭大王，而且他是明目张胆地、公开地抄。但他的"抄袭"只是创新的前奏，目的在于创新。

在互联网产品创新方面，马化腾曾向广大合作伙伴发出公开信，从七个维度解释了应遵循的法则，这七个维度分别是"需求度、速度、灵活度、冗余度、开放协作度、创新度、进化度。"这也是马化腾带领腾讯近20年来互联网实践的体会。以下是他的观点节选：

需求度：用户需求是产品核心，产品对需求的体现程度，就是企业被生态所需要的程度。

大家可能认为说用户有点老生常谈，但我之所以在不同场合都反复强调这一点，是因为最简单的东西恰恰是做起来最难的事情。

产品研发中最容易犯的一个错误是：研发者往往对自己挖空心思创造出来的产品像对孩子一样珍惜、呵护，认为这是他的心血结晶。好的产品是有灵魂的，优美的设计、技术、运营都能体现背后的理念。有时候开发者设计产品时总觉得越厉害越好，但好产品其实不需要所谓特别厉害的设计或者什么，因为觉得自己特别厉害的人就会故意搞一些体现自己厉害，但用户不需要的东西，那就是舍本逐末了。

腾讯也曾经在这上面走过弯路。现在很受好评的QQ邮箱，以前市场根本不认可，因为对用户来说非常笨重难用。后来，我们只好对它进行回炉再造，从用户的使用习惯、需求去研究，究竟什么样的功能是他们最需要的？在研究过程中，腾讯形成了一个"10/100/1000法则"：产品经理每个月必须做10个用户调查，关注100个用户博客，收集反馈1000个用户体验。这个方法看起来有些笨，但很管用。

我想强调的是，在研究用户需求上没有什么捷径可以走，不要以为自己可以想当然地猜测用户习惯。比如有些自认为定位于低端用户的产品，想都不想就滥用卡通头像和一些花哨的页面装饰，以为这样就是满足了用户需求；自认为定位于高端用户的产品，又喜欢自命清高。其实，这些都是不尊重用户、不以用户为核心的体现。我相信用户群有客观差异，但没有所谓高低端之分。不管什么年龄和背景，所有人都喜欢清晰、简单、自然、好用的设计和产品，这是人对美最自

然的感受和追求。

现在的互联网产品已经不是早年的单机软件,更像一种服务,所以要求设计者和开发者有很强的用户感。一定要一边做自己产品的忠实用户,一边把自己的触角伸到其他用户当中,去感受他们真实的声音。只有这样才能脚踏实地,从不完美向完美一点点靠近。

速度:快速实现单点突破,角度、锐度尤其是速度,是产品在生态中存在发展的根本。

我们经常会看到这样几种现象:

有些人一上来就把摊子铺得很大、恨不得面面俱到地布好局;

有些人习惯于追求完美,总要把产品反复打磨到自认为尽善尽美才推出来;

有些人心里很清楚创新的重要性,但又担心失败,或者造成资源的浪费。

这些做法在实践中经常没有太好的结果,因为市场从来不是一个耐心的等待者。在市场竞争中,一个好的产品往往是从不完美开始的。同时,千万不要以为,先进入市场就可以安枕无忧。我相信,在互联网时代,谁也不比谁傻5秒钟。你的对手会很快醒过来,很快赶上来。他们甚至会比你做得更好,你的安全边界随时有可能被他们突破。

我的建议就是"小步快跑,快速迭代"。也许每一次产品的更新都不是完美的,但是如果坚持每天发现、修正一两个小问题,不到一年基本就把作品打磨出来了,自己也就很有产品感觉了。

所以,这里讲创新的灰度,首先就是要为了实现单点突破允许不完美,但要快速向完美逼近。

灵活度：敏捷企业、快速迭代产品的关键是主动变化，主动变化比应变能力更重要。

互联网生态的瞬息万变，通常情况下我们认为应变能力非常重要。但是实际上主动变化能力更重要。管理者、产品技术人员而不仅仅是市场人员，如果能够更早的预见问题、主动变化，就不会在市场中陷入被动。在维护根基、保持和增强核心竞争的同时，企业本身各个方面的灵活性非常关键，主动变化在一个生态型企业里面应该成为常态。这方面不仅仅是通常所讲的实时企业、2.0企业、社会化企业那么简单。互联网企业及其产品服务，如果不保持敏感的触角、灵活的身段，一样会得大企业病。腾讯在2011年之前，其实已经开始有这方面的问题。此前我们事业部BU制的做法，通过形成一个个业务纵队的做法使得不同的业务单元保持了自身一定程度的灵活性，但是现在看来还远远不够。

冗余度：容忍失败，允许适度浪费，鼓励内部竞争内部试错，不尝试失败就没有成功。

仅仅做到这一点还不够。实际上，在产品研发过程中，我们还会有一个困惑：自己做的这个产品万一失败了怎么办？

我的经验是，在面对创新的问题上，要允许适度的浪费。怎么理解？就是在资源许可的前提下，即使有一两个团队同时研发一款产品也是可以接受的，只要你认为这个项目是你在战略上必须做的。很多人都看到了微信的成功，但大家不知道，其实在腾讯内部，先后有几个团队都在同时研发基于手机的通讯软件，每个团队的设计理念和实现方式都不一样，最后微信受到了更多用户的青睐。你能说这是资源的浪费吗？我认为不是，没有竞争就意味着创新的死亡。即使最后有

第二章 中国需要创新精神的企业家

的团队在竞争中失败,但它依然是激发成功者灵感的源泉,可以把它理解为"内部试错"。并非所有的系统冗余都是浪费,不尝试失败就没有成功,不创造各种可能性就难以获得现实性。

开放协作度:最大程度地扩展协作,互联网很多恶性竞争都可以转向协作型创新。

互联网的一个美妙之处就在于,把更多人更大范围地卷入协作。我们也可以感受到,越多人参与,网络的价值就越大,用户需求越能得到满足,每一个参与协作的组织从中获取的收益也越大。所以,适当的灰度还意味着,在聚焦于自己核心价值的同时,尽量深化和扩大社会化协作。

对创业者来说,如何利用好平台开展协作,是一个值得深思的问题。以前做互联网产品,用户要一个一个地累积,程序、数据库、设计等经验技巧都要从头摸索。但平台创业的趋势出现之后,大平台承担起基础设施建设的责任,创业的成本和负担随之大幅降低,大家可以把更多精力集中到最核心的创新上来。

对我个人来说,2010年、2011年、2012年以来,越来越意识到,腾讯成为互联网的连接者也就是帮助大家连接到用户以及连接彼此方面的责任、意义和价值更大。在这个过程中,我们要实现的转变就是,以前做好自己,为自己做,现在和以后是做好平台,为大家而作。互联网的本质是连接、开放、协作、分享,首先因为对他人有益,所以才对自己有益。

对腾讯来说,我对内对外都反复强调我们作为平台级企业一定是有所为有所不为。现在肯定还有许多不尽人意的地方,我们也希望通过各种渠道,听听大家对如何经营好开放平台的意见和建议。这绝不是一个姿态，而是踏踏实实的行动力。一个好的生态系统必然是不同物种有不同分工，最后形成配合，而不是所有物种都朝一个方向进化。

在这种新的思路下，互联网的很多恶性竞争都可以转向协作型创新。利用平台已有的优势，广泛进行合作伙伴间横向或者纵向的合作，将是灰度创新中一个重要的方向。

进化度：构建生物型组织，让企业组织本身在无控过程中拥有自进化、自组织能力。

我越来越多地思考一个问题：一个企业该以什么样的型态去构建它的组织？什么样的组织，决定了它能容忍什么样的创新灰度。

进化度，实质就是一个企业的文化、DNA、组织方式是否具有自主进化、自主生长、自我修复、自我净化的能力。我想举一个柯达的例子。很多人都知道柯达是胶片影像业的巨头，但鲜为人知的是，它也是数码相机的发明者。然而，这个掘了胶片影像业坟墓、让众多企业迅速发展壮大的发明，在柯达却被束之高阁了。

为什么？我认为是组织的僵化。在传统机械型组织里，一个"异端"的创新，很难获得足够的资源和支持，甚至会因为与组织过去的战略、优势相冲突而被排斥，因为企业追求精准、控制和可预期，很多创新难以找到生存空间。这种状况，很像生物学所讲的"绿色沙漠"在同一时期大面积种植同一种树木，这片树林十分密集而且高矮一致，结果遮挡住所有阳光，不仅使其他下层植被无法生长，本身对灾害的抵抗力也很差。

要想改变它，唯有构建一个新的组织型态，所以我倾向于生物型组织。那些真正有活力的生态系统，外界看起来似乎是混乱和失控，其实是组织在自然生长进化，在寻找创新。那些所谓的失败和浪费，也是复杂系统进化过程中必须的生物多样性。

创新度：创新并非刻意为之，而是充满可能性、多样性的生物型组织的必然产物。

创意、研发其实不是创新的源头。如果一个企业已经成为生态型企业，开放协作度、进化度、冗余度、速度、需求度都比较高，创新就会从灰度空间源源不断涌出。从这个意义上讲，创新不是原因，而是结果；创新不是源头，而是产物。企业要做的，是创造生物型组织，拓展自己的灰度空间，让现实和未来的土壤、生态充满可能性、多样性。这就是灰度的生存空间。

互联网越来越像大自然，追求的不是简单的增长，而是跃迁和进化。腾讯最近的组织架构调整，就是为了保持创新的活力和灵动性，而进行的由"大"变"小"，把自己变成整个互联网大生态圈中的一个具有多样性的生物群落。

创新有时表现为灵光一现，有时则是深思熟虑的结果。怎样才能创新呢？关于创新的心理学、思维学分析不计其数。实际上，各学科都在试图告诉人们，创新能力是可以而且是应该能培养的。中国企业家的创新故事给了我们这样一些启示：

启示一：创新是以进取为动力的。

启示二：不全是因为喜欢创新才去创新，不创新等于等候不久将至的失败。

启示三：创新可能获得倍增的利润，也可能承受失败的代价，创新需要坚忍不拔。

启示四：企业的创新需要制度来保障。

启示五：企业的创新是有无数层次的：体制创新、策略创新、营销创新、技术创新、产品创新……每一种创新都可能带来财富，但是一定要等待合适的时机。

我国经济发展进入新常态，正从要素驱动转向创新驱动，更加依赖人的因素。推动大众创业、万众创新，充分激发社会活力和创造力，关键在于培育企业家精神。

企业家精神的核心在于创新。长盛不衰的企业大都十分注重创新，即使在处于市场主导地位时也不止步，而是主动推进各方面变革、创新，以获得持续的竞争优势。相反，有的企业没有始终坚持创新，导致一度领先的核心产品成为进一步创新的障碍，最终被市场淘汰。当今世界，激发企业家精神已成为政府管理经济的重要内容。有的国家为了扶持创新型企业，通过注资介入重组、然后退出将其交给市场等方法，推动组织变革和技术创新，以达到推动经济持续增长的目的。

培育企业家精神、向创新驱动转变，离不开改革的推动。伴随改革开放进程，一大批企业成长起来，一些企业弯道超车，从技术跟随、模仿走向技术合作、改进，再到自主创新、引领。其中，企业家精神对这些企业发展发挥了不可替代的作用。但应看到，我国在企业家精神培育和维护方面还存在诸多问题，如法治建设和知识产权保护滞后，传统重农抑商、小富即安等观念仍然存在。同时，政府和社会各方面鼓励和支持创新的体制机制还不健全、氛围还不浓厚。

近年来，我国对培育企业家精神越来越重视，出台了一系列政策措施鼓励科技人员创办企业，鼓励高校和科研院所的专业技术人员创新创业，支持大学生创业。在相关政策效果日渐显现的过程中，我们意识到，形成良好的创新氛围非常重要。美国斯坦福大学鼓励学生创新，孵化创业企业，造就了"硅谷"神话，其成功要诀正是形成了鼓励创新的良好环境。

美国管理学家德鲁克在《创新与企业家精神》一书中提出"企业家社会"的观点，认为"我们需要一个企业家社会，在这个社会中，创新与企业家精神是一种平常、稳定和持续的活动，成为社会、经济和组织维持生命活力的主要活动"。但从我国的现实看，有关调查显示，从2000年到2014年，企业经营管理者认为"缺乏鼓励创新的社会环境"的比例从36.8%上升到41.3%，认为"创新风险与收益不对称"的比例从24.7%上升到40.2%。可见，深化改革、营造鼓励创新的社会环境依然任重而道远。

2002年，英国《经济学人》曾宣告说"偶像的黄昏"来了，它是对的，从此许多人也认为我们不再需要偶像。但是，走到现在的四年之后，我们强烈地发现，我们还是需要偶像，需要具有超凡能力的新的商业领袖。正当我们无法界定所需要的新的商业领袖具有什么样的特质之时，彼得·德鲁克先生1985年写就的《创新与企业家精神》给了我们一个很好的视角，让我们能够寻求真正意义上的新的商业领袖。

在商业史上，拥有远见的企业家早已提出过零星的创新性思维。甚至我们可以这样认为，经济繁荣与社会发展正是企业家创新性思维转化为行动的结果，正如德鲁克先生书中所言：本书认为在过去的10~15年间，在美国出现的真正的企业家经济是现代经济和社会史上最具深远意义和最鼓舞人心的事件。

这种现象本身引发了德鲁克先生的思考：什么是创新与企业家精

神？何时以及为什么进行创新与企业家精神的实践？

事实上，商业本身已经进入了一个自我探索、理论和实践结合的领域，德鲁克先生提出创新和企业家精神是为了探讨人们的行动和行为。在过去的几十年中，复杂的理论、严谨的分析不断启发人们对这一问题的辩论和研究，与人们一样，德鲁克先生坚信创新与企业家精神的重要性，以此为前提，他更注重于创新与企业家精神的实践。事实上，他将创新与企业家精神视为企业高层管理者的工作的一部分。这是德鲁克先生的着眼点。

创新是实践的创新。德鲁克先生在本书中告诉人们："创新是有目的性的，是一门学科。"所以在本书中，他首先向读者展示了企业家应该在哪里以及如何寻找创新机遇。随后，又探讨了将创意发展成为可行的事业或服务所需注意的原则和禁忌。在这部分的分析中，德鲁克先生认为：创新是企业家特有的工具。他们凭借创新，将变化看做是开创另一个企业或服务的机遇。创新可以成为一门学科，供人学习和实践。企业家必须有目的地寻找创新的来源，寻找预示成功创新机会的变化和征兆。他们还应该了解成功创新的原理，并加以应用。我想到一个例子：孟加拉经济学家尤努斯，他创造性缔造的"微贷"事业正在以成功的商业运作在全世界范围内消灭贫困。尤努斯的项目已经遍及100个国家，累计为400万穷人放贷53亿美元。2004年，尤努斯甚至向26 000位乞丐放贷，每人9美元，这些钱可以让一个乞丐开始贩卖糖果等小生意，而不是沿街乞讨。2005年，尤努斯被评为1979年以来全球最具影响力的25位经济领袖之一。尤努斯的创新实践正是德鲁克先生理论的一个全新例证。

企业家精神是创新实践的精神。对于如何成功地培育出企业家精神,是德鲁克先生重点讨论的第二个问题。德鲁克先生从现存企业、公共服务机构以及新企业三个方面来讨论企业家管理。这三类企业也正好涵盖了目前我们能够理解的所有组织机构的特性,现存企业会更多地从商业角度出发,注重那些与企业息息相关的社会问题,对于社会问题的长期关注,可能会从根本上重新定义"公司"的根本目的。公共服务机构,更多地是从社会问题本身出发,将企业的管理技能运用在社会目标的实现上,它们通常具有更强大的道德力量。

最后是新企业。一如其在所有主要的企业家时期所表现的一样,新企业将继续成为创新的主要载体。托马斯·爱迪生说过:"如果所有人都能真正做到力所能及的事情,结果会使我们自己震惊。"

企业家战略是创新市场的战略。如何成功地将一项创新引入市场是企业家战略的核心。德鲁克先生告诫我们:创新是否成功不在于它是否新颖、巧妙或具有科学内涵,而在于它是否能够赢得市场。不具有创新市场的能力就会被远远地抛在后面,这是人们的共识。但问题的关键不在于是否理解,而在于别人已经开始运用全新商业理念的时候,我们却处于被动的状态,因此在判断是否具有创新能力时,我们需要看到的是用什么样的方式进入市场。

在互联网时代,营造鼓励创新的社会环境,应从以下几方面着力:首先,从法律层面保护企业家的权利、认可企业家的贡献,为企业家开展创新活动提供法律保障,使其创新活动得到必要的物质和精神回报。其次,建设诚信文化,构建诚信制度体系,培育尊重合法致富的商业文化和价值观念。再次,加强创新服务,提供创业沃土。建立要素集成的创业一条龙服务平台,由相关机构为创业者提供各项服务,使创新创业过程由创业者从发明创造到企业运营一个人的"马拉松"转变为环环相扣的"接力赛",将创业者从租赁场地、寻找合作伙伴、试生产等繁琐事务中解脱出来,全身心投入到创新创业的核心环节。最后,通过税收优惠等措施对初创期的企业给予支持,帮助它们度过现金流周转压力最大的阶段。

创新是企业家的标志

企业家对于社会的发展至关重要,因为他们是创新的催化剂。通过把热情与技能、决心结合在一起,他们将思想转变为了成果。通过洞察潜在的市场、寻找尚未被满足的需求,然后调动想像力、精力和创造力,他们设法满足了各种需要。甚至,通过创造性地把时间、金钱以及大多数人们组织在一起,他们又使灵感转化为实用的效益和经济活力。

德鲁克告诉我们"企业家"(或企业家精神)与什么无关:(1)企业家(或企业家精神)与企业的规模和性质无关。无论是大企业还是小企业,无论是私人企业还是公共部门(包括政府部门),无论是高科技企业还是非科技企业都可以有企业家,也可以具备企业家精神。(2)企业家(或企业家精神)与所有权无关。无论是企业所有者,还是职业经理人,还是一个普通职员,都可以成为企业家,并具备企业家精神。(3)企业家与人格特性无关,他们不是"专注于冒险",而是"专注于机遇"。在书中,德鲁克用他惯用的辛辣讽刺口吻说道："企业家精神之所以具有'风险'，主要是因为在所谓的企业家中，只有少数几个人知道他们在做些什么。大多数人缺乏方法论，违背了基本且众所周知的法则。"

一位知名企业的老总说过，发明很少是完全创新的，多数还是在别人的基础上多想一点。往前多走一步，就有了比别人更多成功的机会。

小贩卖辣椒，菜市场里随处都是。但是，一对夫妇却别出心裁：把红辣椒串成串来卖。结果，不到半天，就卖了两三百公斤。辣椒还是那个辣椒，这对夫妇为何卖得好？从经济角度看，用时下流行的一句话说：提供了"增值"服务。成串的红辣椒，不仅可满足吃的功能，晒干后还有观赏的功能，甚至还能满足精神需求，象征生活红红火火、吉祥如意。

其实，这种"增值"服务，只是在做生意时往前多想了一步，多走了一步，效果就大不一样。普通的玻璃茶杯里面添了一件泡茶的工具，就变成了茶道杯，身价陡升；电扇加上制冷的功能，价格成倍上升；便笺纸加上一点粘接剂，就变成了时尚的即时贴……

创新是苹果成功的秘密武器，然而苹果的创新也并非平地起高楼，他只是比别人多想了那么一点。

不管是1984年，苹果推出128KRAM、512KRAM内存的Macintosh电脑（Mac是全球首款使用图形用户界面驱动的个人计算机，该技术是我们今天看到的所有PC个人电脑界面的基础）；还是1985年，乔布斯被踢出苹果公司后创立NeXT电脑公司，并设计若干软件（演变成苹果今天仍在运行于Mac, iPhone, iPodtouch以及iPad的OSX），都体现了其对未来及人类需求的超人洞察力、超前的理念和实现想法的卓越创新手段。更绝的是，1986年，他从《星球大战》的导演乔治·卢卡斯手中买下皮克斯动画工作室，于1995年推出《玩具总动员》动画大片大卖，最终获得超过6亿美元的账面利润。不仅如此，苹果公司先后推出的iPod、iPhone、iPad系列产品更是凝聚了乔布斯团队硬件创新的精华，产品既酷且炫，将现代手机的工业设计技术与极简艺术进行了近乎完美的结合，让其他竞争对手只有模仿与追赶的份儿。

企业兴盛需要开拓，永不衰败必须创新。"开拓创新"就是要探索新思路、开辟新领域；做到人无我有、人有我新、与时俱进。

"蒙牛乳业"连续多年获得中国成长最快企业称号。有这么大的进步，与蒙牛老总牛根生的经营智慧有关。我曾与朋友受该公司邀请，和牛根生一起探讨公司下一步的发展之路，同时也探究了蒙牛能够这样快速发展的原因。

牛根生再三讲述了这样一个观点："任何人、任何企业要发展得快，必须学会开拓新思路。"

牛根生曾经在另外一家著名乳品企业任职，后来他离开了那家单位，从零开始，5年就做到了100亿元的销售额。能做到这样的业绩，除了他独特的经营理念外，还与他引进了著名的财团有关。这一财团就是摩根集团，世界上最有名的财团之一。由于摩根的加盟，蒙牛不仅以最快的速度发展，而且还在香港顺利上市。

如果没有这种在资本运作等方面"开拓新思路"的做法，蒙牛不可能有这么快的发展速度。

马云和阿里巴巴虽没有重大的科学发现，却在中国创造了新的商业模式和商业奇迹，是当之无愧的中国创新企业家之首。

在一场原定名为《创新的源泉》的讲话中，马云坦言无法给出创新的定律，因为创新不是设计出来的。而他自己的一次次创新经历也是被"逼"出来的。以下是他的观点节选：

我从不使用咨询公司，也很少理会学者的说法，因为他们的理论都是事后归纳出来的。创新绝对不是提前就设计好，按图索骥地一步步走下来。创新没有理论，也没有公式，就是一个个地解决问题。我相信，天下有一千个问题，就有一千个回答。

1994年底，我在美国上网时发现当时的互联网上没有任何关于中国商品的信息，当时就有了稀里糊涂的想法，有一天能够把中国企业的信息放到网站上去，让老外查，让老外去帮中国企业做事情。回到杭州，我咨询了许多老师，他们都反对。我又请了我在夜校的24个学生在家里讨论，经过两个小时的讨论，23个人反对的，只有一个人说你要试试就试试看，我就决定试试看。到工商局注册公司的时候，我花了一个多小时解释互联网公司是什么，工作人员却说这个在字典里没有，于是我就建了杭州第一家电脑资讯服务公司。我的创业正是从这家公司开始的。当时，聪明的人都不愿意到我的公司来，只要不是走路太残疾的人都被招来了。上市之后，我发现加入公司的聪明能干的人都自己创业去了，或是被猎头公司请走了，相反是那些不"聪明"的人留在公司里，跟我们坚持这么多年，反而我们成功了。如果你说我做成功了，就是因为坚持。

从一开始，我们就定下了通过电子商务帮助小企业的战略，今天看来这是成功的。如果你要问我，阿里巴巴怎么这么厉害，怎么这么早就预测到电子商务？我要告诉你，其实当时我们没有其他路可走。当时的网络经济模式只有三种：做门户网站，没钱没资源；游戏网站，我不想要小孩子们泡在游戏里；所以我们只能做电子商务。

支付宝，现在看来也是一个很成功的创新，但在我这里，也是被"逼"出来的。

当年，淘宝做得很热闹，但是没办法交易，中国的网上诚信现状倒逼我们必须解决支付的问题。但是，这个事儿得国家发牌照，我们做还是不做？大的国有银行不愿意涉足这个领域，但是他们不做，花旗银行、汇丰银行这些外资银行就会做。那年我参加会议的时候，听一位领导人讲："什么让你创新和做出对未来的决定？那是使命。"所以我告诉同事们，我们做"支付宝"，但是我会每个季度向央行等有关部门报告我们到底怎么做的。要做得干净，做得透明。

支付宝的模式其实也谈不上创新，甚至很愚蠢，就是"中介担保"，你买一个包，我不相信你，钱不敢汇过去，就把钱放在支付宝里面。收到包后，满意了中介就把钱汇过去，不满意就通知中介把钱退回去。和学者们谈到这种想法时，他们说："太愚蠢了，这个东西几百年以前就有。早就淘汰了，你干吗还要做？"但是我们不想去创造一种新的商业模式，只不过是为了解决很现实的问题，至于它在技术上有没有创新，那不是我们关心的话题。经过几年的"盲人骑瞎虎"，到今天为止，支付宝的用户已经突破5.6亿人。

我从来不谈"模式的创新"，因为我无法在我旗下每个公司创业第一天就规划给它成型的样式。我觉得我们的模式是"需求"出来的：根据客户需要来调整自己，甚至他要什么，我们就调整成怎样。很多人说我很聪明，计划得很好，但我不是计划好的，只是看好方向，然后走下来。

经济学家熊彼特在102年前出了一本书，叫《经济发展理论》，首次提出企业家的功能是创新。他把企业家创新分为五类：引入新的产品，引入新的技术，开辟新的市场，发现新的原材料，实现新的组织形式。这五类创新模式也可以包括现在讲的商业模式创新，其核心是创造新的组合。

无论哪方面的创新，我想最重要的一个问题是：人们为什么买你的而不买别人的？这可以分解成两个方面：一是怎么提高你给消费者创造的总价值。消费者不是傻子，没有价值的东西是不会买的。创造价值需要劳动，但价值不是由劳动决定的，而是由消费者的边际效用决定的，他愿意为你支付的价格绝不会超过你为他创造的价值；二是如何降低成本。因为只有降低成本，才能降低价格。通俗地讲，一是物美，二是价廉。消费者喜欢买你的东西，无非就是这两个方面的原因。如果你不能做到物美，至少要做到价廉，当然，最能赚钱的是既物美又价廉，所有的创新都应该围绕这两个方面进行。

从这个角度，我曾区分出三类企业家：

第一类企业家能够看到消费者自己都不明白的需求，这是创造需求的企业家，是最伟大的企业家。他们不仅创造产品，其实也在创造产业。可以说所有人类历史上，特别是过去200年里，对商业和经济的发展做出最大贡献的就是这类企业家。他们一定是在创造别人没有想到的东西，例如，现代微软的比尔·盖茨、苹果的史蒂夫·乔布斯，100年前的爱迪生、福特等，都是这样的企业家。

第二类企业家满足现在市场上已经表现出来的需求，如人们喜欢吃可口的东西，喜欢经济实用的车等。如果你能更好地满足人们的需要，你就可以赚钱。

第三类企业家按订单生产，技术规格都是别人规定的，保质保量生产出来就行。这类企业家通常是第一类和第二类企业家的供应商，并不直接服务于消费者。

全世界第一类企业家是极少数的，第二类、第三类企业家居多。中国第一类企业家就更是凤毛麟角。未来我想可能会不一样。其实现在已经出现了第一类企业家，就是创造出消费者没有想到、而拿到以后高兴得不得了的东西，像马化腾这样的人就属于这类企业家，他的微信就是这样的产品。

而要做这一点，最重要的就是对人性的理解。其实伟大的企业家都是对人性有深刻理解的人，如果没有对人性的深刻理解，马化腾不可能做出微信这样的产品。

企业家要对人性有深刻的理解，市场调研是需要的，但这是对一般企业家而言。我们必须认识到，最伟大的企业家做的事，这个市场根本没有，你根本没有办法做市场调研。

创新是连续的过程，而不是突然跳出来的。从这个意义上讲，创新也包括模仿，或者说模仿与创新之间并没有严格的界线。中国企业家过去所做的创新基本上是模仿式创新。但真正的创新是没有可模仿对象的，只能靠想像。所以，企业家的想像力很重要。

与前面讲的发现不均衡所带来的利润不一样，创新的利润曲线是这样的：创新一开始利润是负的，所有新产品开始都是亏损的，听说京东商城现在都没有赚钱；但随着市场扩大，就开始赚钱了，利润不断上升。但是到一定的时点后，模仿你的人越来越多，你赚钱的能力就越来越小。

所以，会创新的企业家总在产品还在赚大钱的时候，就开始投资于下一个可能赚钱的创新。只有不断创新，才有持续的利润可赚。还是用马化腾的例子。他在QQ仍然高涨的时候推出微信，而微信在一定

程度上就是替代QQ的，甚至是打败QQ的。企业家有这种意识的话就可以有持续的创新能力。有一些企业在自己产品销售最好的时候满足于欣赏自己的利润，以为可以"一招鲜吃遍天"，结果过一段时间利润可能就消失了。

创新就是要敢于打破常规

企业家从事创新，而创新是展现企业家精神的特殊手段。创新活动赋予资源一种新的能力，使它能创造财富。事实上，创新活动本身就创造了资源。人类在发现自然界中某种物质的用途，并赋予它经济价值之前，"资源"这种东西是根本不存在的。那时，每一种植物皆为杂草、每一种矿物皆为岩石而已。100年前，从地下渗出的石油以及铝土矿（即铝的原材料）都还不是资源，当时，它们只是令人讨厌的东西，因为它们让土壤贫瘠。过去，青霉菌也是一种有害的细菌，而不是一种资源。当时的细菌学家在做细菌培养的时候，必须费很大功夫才能保护培养菌免受它的侵害。到了20世纪20年代，伦敦的一名医生——亚历山大·弗莱明（Alexander Fleming）发现，这种"有害的细菌"就是细菌学家苦苦寻找的细菌杀手。从此，青霉菌才成为一种有价值的资源。

社会和经济领域的情况亦是如此。在经济领域中，没有比"购买力"（purchasing power）更重要的资源了。而购买力则是创新企业家的创举。

美国著名管理大师杰弗里说:"创新是做大公司的唯一之路。"没有创新,公司管理者肯定会毫无作战能力,也根本不会有继续做大的可能。创新即打破常规,突破思维定势的束缚,创造机遇,找到新招。

传统企业互联网化的核心是"收入"由"销售收入"转向"运营收入",这是"销售导向思维"向"运营导向思维"的转变,但转变思维何其难,所以更像是一场革命,一场传统企业的"商业思维"革命!

越是成功的企业家,可能越是没有感受到互联网对他所在的传统行业带来的"冲击",因为他的成功"掩盖"了危机。

而此刻的支付宝,竟然一夜之间成了所有基金公司的"最具未来领袖气质的同行"!这就是互联网带来的新风向:跨界颠覆。另外一个高富帅案例是雷军用互联网的方式做"小米",从手机行业(通信)切入,横向扩展到电视(家庭娱乐),所到之处必得用户"尖叫"。还有一个草根的案例是麦刚、李明远和杨伟庆投资的"黄太吉煎饼",一分钱营销和广告费用也没花。

一时间,所有的传统行业都在谈论互联网将会如何改变他们的命运,如果再不及时拥抱互联网,恐怕就要被互联网淘汰(或者说,被积极拥抱互联网的同行所淘汰)。

可新的问题又来了:究竟该如何拥抱互联网?所谓的互联思维又究竟是什么?

我觉得,传统企业互联网化最重要的是要首先从思想认知,互联网带来的新商业思维的核心是"运营"而不是"销售",这两者有着根本性的不同。

——运营关注"用户"而销售关注生意；

——运营重视"服务"而销售重视契约；

——运营注重"长远"而销售注重眼前；

——运营传播"文化"而销售贩卖商品；

——运营依赖"营销"而销售全靠广告；

——运营主导"运营"而销售主导销售！

如果您一直在反思，那么看完上面几条，应该有所感悟了。如果您还似懂非懂，那么请继续看看互联网思维的一些精髓：

1.免费

这是很多互联网公司之所以建立"运营体系"的核心，因为大部分互联网公司都是建立在"主营业务免费"的基础之上，用户不会为其核心业务直接买单，这是互联网公司不得不建立运营体系，一方面想方设法留住用户关注度，另一方面寻求其他途径获得利润，比如广告、游戏、虚拟道具等。

对于传统企业来讲，其产品或者服务的边际成本不可能像互联网公司那般趋近于零，所以很少有人把主营业务免费提供给用户。不过小米也告诉整个行业，他在以成本价销售产品，并不希望通过手机硬件利润赚钱。

2.速度

互联网算是竞争极其残酷的行业，应为技术门槛低，山寨成风，任何一家今天还活着的互联网公司都要感谢当年创始人拼命三郎的精神。在互联网领域，速度就是生命。天下武功，唯快不破！

对于传统企业来讲，被山寨的速度可能不像一个网站那么快，但是手机产业的山寨水平其实并不输给互联网公司。所以，今天可以说任何行业都在与速度赛跑，那些跑的慢都被人们遗忘了。

3.极致

什么叫极致？就是完美至极！互联网人打磨产品的精神是追求完美的工匠心态，这点不亚于乔布斯。不过这也要感谢激烈的竞争环境。不做到极致没有人尖叫，没有尖叫就没有传播，没有传播就没有营销，没有营销就没有未来。

营销的初衷是"营造销售的氛围"，基于互联网的各大社交平台提供了免费的营销传播通路，这是天赐良机！但用户只愿意传播那些真正令他们尖叫的产品，那些超越用户想像两倍的产品会最大面积得到免费传播。在互联网上，花钱的广告远不如免费的口碑值钱。

4.迭代

既要追求速度，又要追求完美，这不是矛盾吗？是啊，产品经理通常都很纠结，每天在抓耳挠腮做着"取舍"。而互联网上成长起来的新一代，对于互联网精神打造的产品所与生俱来的"瑕疵"也具有极大的包容性。

他们的注意力都放在了那些让用户"尖叫"的功能、性能和特质上，而忽略了其他不足的地方，那些出众的点赢得了用户的感动，也让用户由衷地相信，下一版会好的。所以雷军的小米手机在经过几个版本的迭代之后，终于接近我对小米第一个版本的期待了。

5.用户

互联网思维主导下的产品是非常注重用户体验的，优秀的产品经理都在专研如何通过产品这个载体与用户"神交"，虽然互联网企业坚持认为用户不是直接给你钱的"消费者"，但是用户对你的关注和评论决定了企业的生死。

对于传统企业来讲，更加应该重视用户体验，每一个用户本质上都可能成为产品的"使者"。为了达到这个目标，我们需要将用户体验从原来的产品品质提升到一个更加广义的层面，从用户第一次听到你的产品开始到最后的维修或者退货，中间100多个体验环节，每一个单点都值得优化和提高。

6.质变

互联网企业最美妙的事情就是当用户达到一定规模之后，突如其来的"变质"，QQ从一个聊天工具先是变成了一个社交平台，再成为一个媒体巨头，然后变成了一个娱乐帝国；十年之后，同样是在腾讯，微信又一次从一个聊天工具变成了社交平台，然后又成为了一个媒体平台、产品客服平台，之后又称为了游戏平台，然后增加了支付，突然成为了无所不能的交易平台，开始触动了阿里巴巴电商生态的奶酪。

量变带来质变，这就是用免费或者成本价销售产品带来用户规模之后的一种新的可能性，这种质变会影响到周边一些其他传统产业，这就是互联网的魅力。就像两个武林高手一直在拼杀对峙，旁边一个小娃娃在观战；某一天，打着打着，两个高手转身一看，那个小娃娃已经变成一个巨无霸，并且对他俩虎视眈眈，这个时候他们终于停手了，商量如何一起对付这个当年的小毛头……

这就是互联网思维的精华！

看到这里，你真的打算拥抱互联网了吗？你接下来打算怎么办？

1.产品——将原来的主营商品改造成"体验式服务"的"载体"，然后免费或者按照成本价提供给用户？

2.团队——将那些跟不上时代的销售裁掉或者转岗到运营部门负责资源整合，试图通过跨界合作找到盈利点？

3.营销——将广告部门和营销部门合并，同时将营销预算调整为"0"，招募年轻干将，看看如何能不花钱把营销做好？

这样就可以了吗？未必！

不改革是等死，改革是找死。我还真不知道该如何建议这些传统企业家呢。

要不都把企业交给接班人，自己改做天使投资，扶持一个彻头彻尾的"互联网思维主导的年轻团队"，去颠覆上一家公司所在的整个行业。

这也算是一个不错的办法！

当正面走不通的时候，尝试进行逆向思维，从反面走一走看，说不定一下子就走通了。

逆向思维法有以下三大类型：

1.反转型逆向思维法

这种方法是指从已知事物的相反方向进行思考，产生发明构思的途径。

"事物的相反方向"常常从事物的功能、结构、因果关系等三个方面作反向思维。比如，市场上出售的无烟煎鱼锅就是把原有煎鱼锅的热源由锅的下面安装到锅的上面。这是利用逆向思维，对结构进行反转型思考的产物。

2.转换型逆向思维法

这是指在研究问题时，由于解决这一问题的手段受阻，而转换成另一种手段，或转换思考角度思考，以使问题顺利解决的思维方法。

如历史上被传为佳话的司马光砸缸救落水儿童的故事，实质上就是一个用转换型逆向思维法的例子。

由于司马光不能通过爬进缸中救人的手段解决问题，因而他就转换为另一手段，破缸救人，进而顺利地解决了问题。

3.缺点逆用思维法

这是一种利用事物的缺点，将缺点变为可利用的东西，化被动为主动，化不利为有利的思维发明方法。

这种方法并不以克服事物的缺点为目的，相反，它是将缺点化弊为利，找到解决方法。

例如金属腐蚀是一种坏事，但人们利用金属腐蚀原理进行金属粉末的生产，或进行电镀等其他用途，无疑是缺点逆用思维法的一种应用。

总之，逆向思维方法就是大违常理，从反面探究和解决问题的方法。很多时候，对问题只从一个角度去想，很可能进入死胡同，因为事实也许存在完全相反的可能；有时，问题实在很棘手，从正面无法解决。这时，假如探寻逆向可能，反倒会有出乎意料的结果。

在创业初期，联想有个部门负责人向一位客户销售60台电脑，如果成功了，可是笔大生意。但是，他用尽了办法，对方就是迟迟没有答应。于是，负责人请总经理柳传志亲自出马，和他一起去攻下这个客户。

和客户一见面，这位负责人就开始滔滔不绝地介绍公司和产品的优势，希望以这些来说服对方。5分钟过去了，客户脸上已经出现了不耐烦的表情，而柳传志的脸色也越来越难看。最后柳传志干脆打断了他的话："你先别说了，还是我来介绍吧！"

柳传志采用的是一种完全不同的介绍的方式，他十分谦虚地承认联想是一家新公司，还有许许多多的不足。然而，正因为是一家新公司，才更加应该注意对客户的服务，全心全意把客户当成"上帝"……

奇迹出现了！柳传志表现的这种低姿态，竟然得到了对方的认可。他一介绍完，对方就说："很好，就凭您这种态度，我决定要这批产品了！"

拼命宣传达不到效果，采用低姿态的诚恳态度，反而却获得了成功。可见，在解决问题时，假如你运用逆向思维，反倒容易成功！

蒙牛的诞生、发展和不断超越，就得益于牛根生的逆向思维方式所发挥的巨大影响和作用力，正是他的创造性思维成就了蒙牛。如果用一句话来解释牛根生的成功和蒙牛的超速成长，那就是：思路决定出路。

1999年蒙牛成立之初，牛根生在蒙牛品牌营销上的两个经典策略就体现了两个逆向思考：

1.甘拜下风的"内蒙古乳业第二品牌"策略。当初蒙牛确立这样的品牌定位和宣传创意，显然是牛根生运用"打个颠倒"的换位思考方式，充分权衡了对伊利的复杂感情，以及今后伊利可能采取的种种打压和围攻的可能性，因此打出"向伊利学习"的大旗作为掩护，暗度陈仓，蓄势待发。

2.在伊利把"草原概念"扔掉，品牌定位为"心灵的天然牧场"的时候，牛根生也是反其道而行之，"为人所不为"，突出蒙牛的"草原出身"，让蒙牛成为"草原品牌"的代表，在消费者心里树立了一个新的品牌形象。

第二章 中国需要创新精神的企业家

2003年"非典"时期，一般人认为，正常的消费受到"非典"的影响，广告投入成了一种单纯的烧钱活动，很多商家因此纷纷撤下了正在播放的广告。而蒙牛却反其道而行之，

不但不撤广告，甚至在央视一套及全国15家卫视联播中加大了播出密度。他们的思维是：因为"非典"将人们堵在家里，电视成为联系外界的主要窗口，正是品牌传播的好机会，别的商家都撤了广告，正好可以更加突出蒙牛品牌的宣传效果。结果也正如他们预期的那样，蒙牛品牌在全国范围内更加广泛的深入人心，蒙牛产品也得到了市场的丰厚回报。

现在的蒙牛总部办公大楼旁竖着这样一个企业文化牌："超乎常人想像的关怀，是明智；超乎常人想像的冒险，是安全；超乎常人想像的梦想，是务实；超乎常人想像的期望，是可能。"体现了牛根生既善于打破常规，而又理性、务实的创新思维特点。

牛根生说："要想知道，打个颠倒。不管螺丝怎么设计，正向拧不开的时候，反向必定拧得开。山重水复，此路不通的时候，换换位，换换心，换换向，往往豁然开朗，柳暗花明。"

正像韦尔奇思考战略致力于向"反大众化的方向"思考一样，牛根生在品牌经营和营销上也非常善于运用逆向思维实现出其不意的效果。牛根生以逆向思维为思考的起点，在维度上扩展并延伸到发散思维和横向思维，形成了自己独特的创新特质，用他的话概括就是善于"三换思维"——换位思考、换心思考、换向思考，并且运用到蒙牛的创业和经营实践之中。可以说，蒙牛取得的超常规发展其实就是牛根生创新思维的成果体现。

世界万物似乎都有常规，但常规并不等于永久不变的的定律。在

你打破常规、颠倒思路时，往往能收获"柳暗花明又一村"的惊喜，一条新的通往成功的路就在你的面前。

创新是现代企业的核心竞争力

现代企业竞争的本质是什么？是核心竞争力，而核心竞争力中最不可或缺的元素就是创新，什么是创新？在市场经济环境下，创新就是寻找和竞争对手之间的差异点，并且这个差异点能够为企业带来新的增长点和利润点。

长城汽车的魏建军将一个乡镇小厂发展成现代化国家级大型企业，成为国内首家在香港上市的民营汽车企业，创新研发经济型SUV车型，树立了中国汽车在国际舞台的新形象。

乔布斯有"破坏大师"美誉。他对任何产品、任何创意、任何管理方式、任何经营行为都有一种天生致疑和打破常规的性格。他的内心好像有一种奇怪的力量左右其思想，天马行空的创意和构想总能得到绝对的执行。

乔布斯相信最简单的设计。"苹果电脑的鼠标只有一个键，iPhone也只有一个键。当他的团队多次告诉他一个键做电话不可能，他说：'我的电话只要一个键，figure it out！'。今天iPhone的单键设计就是这么来的。"

事实上，苹果在全球都遭遇到了模仿者和抄袭者，但苹果的领头人乔布斯却不屑一顾,他讽刺说:"那些产品就算是人家送你一台,你也不会拿来用。"

如今,谈及风靡全球的苹果公司产品,人们总会想起那个特殊的标识:一个被咬掉一口的苹果。苹果在古希腊神话里是禁果,但它象征着智慧,亚当和夏娃正是偷吃了苹果之后才开始思考的。而这个被咬掉了一口的苹果,也象征着苹果公司的企业文化与设计理念:创新,违反常规,与众不同,富于生命力。

这就是乔布斯,他总有一些东西是竞争者无法拷贝的。而乔布斯之所以能够始终领先的原因就在于他敢于打破常规,想别人所想不到的及不敢想的。

在变幻莫测、充满竞争的市场经济中,企业家的思维定势带来的经营后果,有时是异常惨重的。

美国著名企业家亨利·福特在1913年受屠宰流水作业的启发,设计了汽车装配流水线,能过标准化零部件和高架供应线,大批量生产统一规格的黑色"T"型车。这一在福特脑中酝酿了整整10年的创新思维,诞生了管理史上著名的"福特制"。它开创了一个新的工业生产技术时代,也使福特成为一度占有68%世界汽车市场的"汽车大王"。但是,福特在陶醉于他创新思维所取得的巨大成就的同时,也在大脑中埋下了"思维定势"的种子,居然公开宣称,福特公司从此以后只生产黑色的T型车。

当美国汽车市场渐趋饱和,早期购车人需要更新车辆,对汽车的档次、性能、外观有了更高要求时,福特的"思维定势"使他大吃苦头。美国另一著名企业家、通用汽车公司总裁斯隆看到福特产品单一、款式陈旧这一致命弱点设计制造出不同价格档次的汽车,并且首创了"分期付款、旧车折旧、年年换代、密封车身"的汽车生产四原则，一举击败福特，登上了世界第一汽车制造企业的宝座。斯隆的思维创新击败了福特由思维创新退化而来的思维定势。

美国著名管理专家彼德·杜拉克有句名言：不创新，就死亡。可见，创新是企业自下而上发展的第一内在动力。在经济全球化到来的今天，创新更是企业能否参与国际竞争的身份证。而要想获得创新成功往往需要打破常规的束缚，进行思维创新。

西门子是一个老品牌，起码有100多年的历史。有经济学家做过统计，50年前的世界500强，70%已经在现在的500强中消失了。因此，一个企业能够成为"剩者"，已经不容易，而这个百年的"剩者"还能做到这样长盛不衰就更难得。企业做久了容易做出定式，容易墨守成规。很多企业之所以由盛而衰，都是没能从企业过去的成功中走出来，背负了成功的包袱。时代变了，而自己没有跟着变，最终将被淘汰。

而西门子能够始终站在跨国公司的前沿，保持上升势头，很重要的一点就是及时调整产品定位。德国的企业和产品过去给人的印象一般比较保守，属于做工精良、款式老旧的类型。但西门子却提出了"精粹、时尚、生活"的品牌理念，提出"灵感点亮生活"。企业的标识颜色也从比较沉重的墨绿色、灰色，改为鲜艳、年轻的橙色、天蓝色。这样的变化看起来不大，其实有丰富的暗示：西门子将年轻化。

随着科技的发展和市场逐渐趋于规范化和规模化，产品在功能上的同质化现象越来越严重，企业和企业之间在产品、技术、成本、设备、工艺等方面差异性也越来越小，技术壁垒的优势在逐渐下降，从某种层面上而言，市场的竞争越来越表现为细节的竞争，如何在激烈的竞争中保持竞争优势，不断创新，这就需要我们在实际的工作中关注每一个细节，谁最关注细节，谁也就找到了创新之源。

很多时候，我们都把创新理解成产品功能的创新，其实创新包含很多方面，在管理学中创新主要包括产品创新、工艺创新、市场创新、要素创新和制度创新等五个方面，所以我们无论身处什么样的岗位，都具备创新的条件，创新并不难，人人也都可创新，前提是用心观察，用心思考，于细微之处见不凡。

如果说苹果懂得哪一种成功之道，那就是"关注细节才能带来长远回报"。

例如，谷歌的Android操作系统，现在可能卖得很好，但在使用了一段时间之后，大多数消费者就会发现Android与苹果的iOS操作系统相比缺乏一些闪光点。这点差距并不会让消费者觉得Android操作系统不太好用，事实上，可以说Android和iOS一样好用，但这点小小的差距确实会让一些消费者禁不住怀疑谷歌为什么就不能再做得更好一点。在大多数情况下，苹果却多努力了一点点，但就是这一点点的努力使得苹果成为了最大的赢家。

苹果的创新都是从小处开始的：

背光键盘：对于一个熟悉键盘的人来说，盲打不是什么问题，但是对于不太熟悉的人，那简直就是噩梦。Mac全系列的笔记本电脑都采用了背光键盘。Mac笔记本电脑内置的光线感应器能检测到环境光线的变化，自动调整键盘和显示器的亮度。

多点触控板：从OS X Lion操作系统开始，Mac操作系统开始全面支持一种新的操作方式多点触控方式。用户可以运用 Multi-Touch手势控制电脑,当用户用手指向下滚动触控板或Magic Mouse(支持多点触控的无线鼠标),用户的文档随即向下移动,用手指向上滚动,网页即会向上移动;手指向左轻扫,照片也会向左移动。

Magsafe充电器:经常用笔记本电脑的人肯定遇到过这样的场景在一个人非常多的地方,笔记本电脑连接着充电器,忽然一个人走过,把充电器的电源线踢到了,笔记本电脑应声落地。苹果为了解决这个问题,发明了一个叫Magsafe的充电器。Magsafe的接头是磁性的,它只是通过磁力固定在电脑上,稍微一用力接头就会和电脑分离,这样就避免了拉扯电线把电脑一同拉扯的问题。

企业持续发展需要不断创新。何谓创新?海尔集团总裁张瑞敏在谈到创新时说:"创新不等于高新,创新存在于企业的每一个细节之中,而且这些创新均已在企业生产、技术等方面发挥出越来越明显的作用。虽然每一个细节看上去都很小,但是这儿一个小变化,那儿一个小改进,就可以创造出完全不同的产品、工序和服务。"

事实上,海尔集团在细节上创新的案例可谓数不胜数,仅公司内单以员工命名的小发明和小创造每年就有几十项之多,如"云燕镜子"、"晓玲扳手"、"启明焊枪"等。企业不断推出新产品,使企业可以持续发展。新产品,更多时候是企业不断地在旧产品基础上改进,在细节上不断磨练,使产品更贴近消费者、更人性化、更有人情味,正所谓"于细微处见精神"。海尔发展到今天,就是强调细节的结果。

上海地铁一号线是德国人设计的,看上去没有什么特别的地方,直到中国设计师设计的二号线投入运营,有了比较后,才发现了一号线许多细节处理的良苦用心:一号线每一个出口处都设计了三个台阶，要进地铁口，必须踏上三级台阶，然后再往下进入地铁站，因为德国设计师注意到上海地势低，设计三个台阶就把雨水倒灌的问题解决了。一号线出口处都设计了一个转弯，看起来也是多此一举，二号线就处理成直行，但就是一号线的这个转弯细节，让冷暖气节省了很多，降低了很大的营运成本。

上个世纪70年代，凯玛特是美国零售业的老大，与凯玛特同一年创立的沃尔玛还只是凯玛特的四十五分之一，但如今，凯玛特申请破产保护，沃尔玛却成全球500强老大。也正是在细节上凯玛特都略逊于沃尔玛，最终导致了凯玛特悲剧的产生，如沃尔玛专注于商品经营，做"小买卖"，凯玛特却搞多元化，盲目收购；沃尔玛自己与自己较劲，控制各方面开支，凯玛特与沃尔玛较劲，使公司"大出血"；沃尔玛配货平均每天一次，凯玛特平均5天一次，两家在20多个细节上的差异，导致了最终的结果。

管理大师彼得·杜拉克说："行之有效的创新在一开始可能并不起眼。"而这不起眼的细节，往往就会造就创新的灵感，从而能让一件简单的事物有了一次超常规的突破。杜拉克认为，创新不是那种浮夸的东西，它要做的只是某件具体的事。企业要真正达到推陈出新、革故鼎新的目的，就必须要做好"成也细节，败也细节"的思想准备。否则，所谓的创新只能是一句空话。所以，创新不一定是"以大为美"，但却绝不能掉以轻心于企业活动中的既不相同却又相互关联的每一个细节。

虽然每一个细节看上去都很小，但是这儿一个小变化，那儿一个小改进，则可以创造出完全不同的产品、工序或服务。如果说创新是一种"质变"，那么这种"质变"经过了"量变"的积累，就自然会达成大的变革和创新。而这种质变却是简单的，让人一看就懂：原来是这样，我怎么没有想到。老子早就说过："图难于其易也；为大于其细也。"企业的经营、产品的创新只有重视细节，从细节入手，才能取得有效的成果。

当然，光有创新还不够，创新是为了达到更好的品质。当两家龙头企业合并成为一家独大时，很可能在安逸中忘了进步，甚至不知不觉开始后退。产品没有好的变化，服务不如从前，再大的企业到最后都会变成没人要的垃圾。

在追求品质的问题上，就不得不提到日本文化中的匠人精神。在日本文化中，匠人最典型的气质，是对自己的手艺拥有一种近似于自负的自尊心，并为此坚持不懈、不惜代价，但求做到极致完美。

不管是生产电器，还是种植苹果，或者是煮一碗拉面，日本企业正因为坚持对品质的追求，一家企业、一个小摊铺才能抵抗外界攻击，稳稳地经营百年千年。为什么日本马桶盖那么火，其核心竞争力就在于品质。

王石曾说，亚洲最好的工匠文化在日本，那种精益求精的执着，值得学习。

回到合并上来说，两家企业简单站在一起，不算是真正意义上的合并。他们必须拥有共同的理想，坚持创新，坚持品质，才有可能在合并漩涡中掌握自己的命运，拉长公司寿命。

在互联网领域，中国还不是一个创新市场。从互联网出现至今，中国尚未走出通过照搬或者"山寨"国外创意的阶段。从门户网站，到阿里巴巴的电商、百度搜索，再到人人网、微博、O2O等一系列互联网产品，几乎都是从国外，尤其是从美国模仿生成。

对产品有一定灵敏度的创业者，在吸取新鲜产品信息后，能够比较容易去克隆出一个中国版本，然后迅速推广到市场，再进行不断修正升级。比如说美团网创始人王兴，就是一个典型的中国式互联网创业者。他创立的校内网、海内网、饭否网，直到美团网，都是以最快的速度把国外的流行软件加以改造，搬到国内市场运行。

从一开始，国内创业者做的事情就不是去调研消费者需求，创造出新产品，而是研究国外市场的新产品，然后模仿改良，加入本土化因素，变成自己的创意。有种说法认为，率先模仿也是一种创新。我对这种观点持保留态度。

反观美国互联网市场，就会发现很大的不同。美国的互联网市场领先者，通常是以创造者和发现者的身份出现，简单的模仿、跟随、拷贝，并不会被用户认可，得不到市场承认。

然而，中国市场的资本和用户，似乎不太在意产品是否是绝对原创。美国互联网创新者赢就赢在发展比别人快，创意比别人新。他们追求的是创新垄断，想尽办法创造新需求，而很少考虑联手合并达成规模垄断。当然，并不是说美国就没有模仿者。但相较而言，模仿者也会更追求产品差异化。

2015年2月14日，打车软件滴滴快的宣布合并；年中的时候，58同城和赶集网合并；再到国庆节，美团和大众点评合并；10月底，在线旅游网携程和去哪儿也合并了；2015年年底的时候，百合网和世纪佳缘宣布合并；在2016年刚开始，蘑菇街和美丽说也走到了一起。

不到一年的时间，仅中国互联网业就集中爆发六起强强联手的合并事件。与此同时，中国南车北车、中远洋和中海运也相继合并，开启国企合并的潮流。

如此多的大企业合并事件，不得不引人关注。回想这些事件时，会觉得仿佛置身于一股漩涡之中。按书本上的解释，在自然界，漩涡是两股或两股以上在方向、流速、温度等方面存在差异的能量相互接触，互相吸引而缠绕在一起，形成的螺旋状合流。而两家不同的企业相互接触，碰撞融合在一起就产生了合并漩涡。

那么，2015年频频产生的互联网合并漩涡在怎样的情况下生成？这些漩涡会引发怎样的反应？企业到底是应该投身漩涡还是走出漩涡？

马克思在观察资本主义社会时归纳道："自由竞争必然引起生产集中，生产集中则必然引起垄断。"

当我们在上世纪80年代推开社会主义市场经济这扇门，中国的统一文化基因和现代的市场基因，还有马克思的论断，都附身于企业实体之上，逐渐复活。

除"统一基因"外，中国互联网行业还流传着一个"721"法则。即一个超级公司会占据市场70%的份额，排名老二的会占据20%左右的份额，剩余10%由几家小公司分食。这个法则已经在搜索市场、社交市场等领域被腾讯、百度等公司验证了一次。

而2015年互联网行业的合并潮，也向着"721"法则所预言的方向去。例如滴滴快的合并前，双方各自占有40%到50%的市场份额，双方价格战连番打，还是没能争出高下。而合并后，滴滴快的公司市场份额一度被外界认为超过70%，甚至超过90%，立即成为市场垄断者。直到目前，滴滴快的的市场份额仍然是遥遥领先Uber、神州专车等竞争者。Uber和神州专车、易到用车只能在"7"后面的"2"、"1"里生存。

除了滴滴快的外，携程去哪儿合并、世纪佳缘和百合网合并、58同城和赶集网合并也顺应721法则。当然，721法则虽不断被验证，但在同一年发生的合并潮流绝非偶然，既然成为潮流，其诱发因素也是复杂的。

在大合并漩涡的形成过程中，我们发现，这些在2015年同时走进合并漩涡的企业几乎都是在2005年前后成立。

2005年是中国互联网发展的一个重要年份，这是中国接入国际互联网的第二个十年的开始。经过第一个十年的快速生长，阿里、腾讯、百度三巨头已初见端倪。

但是当时没人能料到，在十年后，这三家企业成为超脱于一般行业龙头公司的"超级存在"，它们是公司，同时又是投资人。在2015的并购潮中，多起事件背后就隐藏着BAT三巨头的身影。比如，滴滴身后有腾讯，快的身后有阿里；美团身后有阿里，大众点评身后有腾讯。而去哪儿和携程的合并则是由百度一手撮合。

回过来说，中国互联网短短十几年的历史中，从没有哪一年像2005年这样：大企业大事件接连发生，未来的明星也在默默生根。这些未来明星成为合并浪潮的主角：

2005年3月，杨浩勇创立的赶集网上线；同年，姚劲波创办58同城，庄辰超试探着创办"去哪儿"。

王兴和李学凌二人分别做了校内和YY；王微、姚欣和周娟同期做了土豆、PPTV和56网；杨勃创办豆瓣网……中国互联网企业创业的"窗口期"适逢其时。

2005年，这些未来明星企业埋下种子。

直到2015年，事情起了变化。十年时间，互联网行业从自由竞争走到寡头竞争，市场份额已经划定，行业进入相对平衡期。

但是，随着经济持续下行、资本市场波动剧烈，手握资金的资本方越来越谨慎。一些偏保守的投资方更是认为，持股不如持币，资金安全最重要，一切都处于观望状态。

还有一个特殊的现象是，中国同一领域的互联网公司背后，还常常站着同样的投资方。比如红杉资本既投资美团，又投资大众点评。也就是说，美团和大众点评打价格战，都烧了红杉资本的钱。可想而知，投资者不会允许这样的情况持续下去。

但当泡沫破裂时，风投的钱无法跟上，创业公司就将遭遇"供血"中断的噩运。几乎所有新兴的创业领域都陷入突如其来的困局中。2015年这轮资本寒冬打乱原来企业烧钱的链条。在这样的环境下，很多大幅烧钱的互联网企业可能会难以为继，或者倒闭，或者裁员，也或者是被其他企业并购。想必身在其中的人，更能体会。

另一方面，相对平衡的局面下仍然竞争激烈。2015年合并的都是行业排名前两位的领先企业。他们为竞争所累，为保持存量份额，过于重视战术而不是战略，或者说无力考虑战略层面的问题，只能疲于应付一场又一场广告战、宣传战、补贴战……深陷其中，难以自拔。之前提到的合并为一的公司，没有哪家在合并前没有经历血腥的烧钱竞争，例如滴滴、快的的补贴战。

这时，只有合并成一个在行业内具有绝对话语权的公司，才有可能止损，让企业把精力用到转型升级上。也就是说，在互联网行业，天然的垄断基因和721法则影响企业的合并进程。而对于选择合并的企业而言。一方面是公司业务层面，同行之间与其相互烧钱竞争，还不如合并双赢；另一方面，创业公司早不是创业者的公司，投资者越来越多在背后推动双方合并。

　　如果说创新是一种"质变",那么这种"质变"经过了"量变"的积累,就自然会达成大的变革和创新,很多时候只有重视细节,从细节入手,才能取得行之有效的创新,只要能把小事做精做完美,创新就在其中。只要我们每个人都能认认真真关注每个细节,注重对细节的研究,就一定能结出创新的硕果。市场竞争是以成败论英雄的,而成功和失败之间往往是由细节决定的。

建设创新型企业

科学技术代表积累的知识,创新代表着崭新的想法。

作为中国商界最具传奇色彩的人物之一,史玉柱对于创新的理解是:国内不管做什么产业都离不开创新。

当巨人大厦轰然倒塌时,史玉柱本人从亿万富豪跌落到负债两亿多的"全国最穷的人"。后来他只说自己10年来只做了3件事:第一件是借来的50万开始做脑白金;第二件事是投资银行;第三件事就是广为人知的"巨人网络"。

史玉柱说,10年来,自己只做了以上三件事,每件事都做成功了。他说,要大胆设想,小心做事,遵守规范。

《创业家》曾刊登了一篇史玉柱回答网友商业模式如何创新的文章,史玉柱指出,唯有创新才有出路。

以下为史玉柱的观点节选:

要进入一个新的行业一定要记住几点:这个市场是你熟悉的,你有好的产品、好的团队和足够的资源来支撑你的发展。

首先,我想商业模式上的延展是能够推动一个市场发展的,你所在的行业面临的是整个市场偏小的问题,我想如果能够找到更好的商业模式,或许可以很好的拓展你的客户群,这样可以为自己创造更多的销售额。

第二章 中国需要创新精神的企业家

4年前,巨人网络进入网络游戏市场的时候,市场已经被几大家占据了大部分市场份额。但是巨人网络进入的时候,我们采取了免费模式——当时的网络游戏公司基本上采用的都是时间收费模式。由于商业模式的创新,我们不仅为自己争取到了很大的市场份额;同时也带动了整个市场的发展。

我们进入市场不到三年的时间,就在这个行业取得了应有的市场地位,同时,在巨人网络的带动下,一批国产网络游戏厂商崛起,现在整个市场已经是国产网络游戏主导。

我们现在也在进行商业模式的探索,因为我们觉得免费模式带动网络游戏市场高速增长的时候将要过去,我们要探索新的商业模式来带动企业的更高速发展。我想,巨人网络对商业模式的探索或许能给你一点启发。一个公司要想基业长青,它就必须在商业模式上不断地探索。

其次,如果整个产业的空间很有限,极大地限制了一个公司的成长,这个时候你可以考虑在一个你熟悉的行业里再次创业。

比如我之前做保健品业务,脑白金和黄金搭档的市场份额已经是保健品市场第二、第三、第四、第五和第六位的总和,而且其市场地位已经相当稳定,这个时候我就要考虑再进入一个我熟悉的行业。

当然,要进入一个新的市场,依赖于你有成熟的产品、很好的团队,不然你会顾此失彼。比如我进入网络游戏市场的时候,我原有的团队已经足够可以管理好保健品业务,同时还可以分出一部分团队成员来进入网络游戏市场。

你也可以看到,黄金搭档那边的保健品业务现在还是牢牢地占据市场第一的位置,其销售额年年创新高,同竞争对手的领先优势也在不断拉大。巨人网络的网络游戏业务也已经是行业的领头羊。

当然，要进入一个新的行业一定要记住几点：这个市场是你熟悉的，你有好的产品、好的团队和足够的资源来支撑你的发展。

不过，现在美国次贷危机所导致的全球性金融危机正在逐步蔓延。就像诗人里尔克所言："没有什么胜利可言，挺住意味着一切！"

建设创新型企业，需要有创新型的企业管理者。特别是作为企业的高层主管人员，一定要重视创新，而创新的前提就是敢想敢做。乔布斯就是这样一位敢想敢做的领导。一路走来，苹果大到简洁的商业模式，小到产品的样式色彩，无不牵动着全球人的眼球。而作为苹果的核心人物——乔布斯，则被奉为创新之神，他既是一位破坏规矩的天才，也是一位对世道有独特见解的思想者。有人说他是用右脑颠覆左脑的第一人，有着超乎常人的不同理念。对于他来说，只要敢想，便没什么不可能。

乔布斯的母亲在乔布斯出生后把他寄养给一户普通的工人家庭。虽然在平凡的家庭长大，但是乔布斯似乎天生就具有常人不可多得的创新精神，只有3岁的时候，他就会搞恶作剧，把发卡放到电源插座孔里，因为他知道这样会散发出烧焦的气味。

1971年10月，年仅16岁的乔布斯在杂志上看到一个关于"蓝匣子"的新闻报道，这个"蓝匣子"是一种可以盗取电话线路的设备，拥有蓝匣子的人自然就可以免费拨打电话了。

这个消息使乔布斯很兴奋，他默默地想：我也可以做成这个"蓝匣子"，而且我相信我能做得比原来的更好。于是，他叫上同是对电子产品感兴趣的沃兹尼克一起设计。在设计"蓝匣子"的过程中，他们经过了很多次的失败，但每一次失败之后，他们都会融入更多的创新理念。最终他们完成了自己的作品。看着这个不用花钱就可以打遍全世界的神奇"小匣子"，他们既兴奋又欣喜。在他们的发明上，还设立了自动启动的装置，不需要开关，一有人拨打电话的时候，它就会自动启动。虽然这是个不可能被推广的物品，但却是乔布斯第一个真正意义上的创新发明。

"蓝匣子"成功使用之后，他甚至还用它给罗马教皇打电话，当被告知罗马教皇正在睡觉时，他还装作很生气地挂了电话。对于青少年的乔布斯而言，创新跟恶作剧似乎总脱不了干系。

创新对于乔布斯来说，并不是刻意追求的东西，而是成长中必须要做的一件事，尤其是在青少年时期，不服输、不拘泥的性格多少为他的不断创新起到了促进的作用。谁能知道这个曾戏弄过罗马教皇的"恶作剧小子"日后开创了个人计算机时代，并且在1985年获得里根总统亲自授予的"全国技术模范"的称号呢！

任何一个想法都非常的宝贵，如果你有了创新的想法，马上去实现，史蒂夫·乔布斯曾说过："你不能问顾客需要什么然后给他什么，因为等你按顾客要求做出来以后，他们又有了新的要求。"凭借着这种敢想又敢干的精神，乔布斯在大学退学之后开创了自己的苹果事业，并从默默无闻到领先世界，创造了一个又一个奇迹！

乔布斯是一个同比尔·盖茨一样聪明而又叛逆的孩子，他曾就读于艳羡已久的里德学院，他选择这里的原因是由于这个学院拥有播撒自由思想种子的精神，但一个学期下来，他仍然感到课程的枯燥无味，再加上父母的收入实在有限，他便选择了退学。

但是，退学对于他来说，并不等于放弃学习，只是不需要缴纳昂贵的学费，也不需要参加各种考试而已。就这样，没有MBA文凭，不是技术出身，甚至连大学毕业证书都没有的乔布斯开始了创业。其后的经历依然跌宕起伏，但是凭借着创新理念，乔布斯居然在家中的车库里发明了个人计算机。

这是人类的第一台个人计算机！当时他并没有看到个人计算机的商业价值，也不知道微型计算机未来巨大的市场，只有满心创业的冲劲在驱使着他。更可贵的是，对于IBM、惠普这样的大公司都不敢去尝试的事物，他却做到了。

尽管创业经历一波三折，但乔布斯的创新步伐却从未停下。此后的二十多年，苹果一次次引领了科技界的潮流，带动了整个业界的发展，成为全球年轻人最喜欢最推崇的电子产品之一。仅在中国，乔布斯就拥有191件外观设计专利，就连竞争对手比尔·盖茨也说，这是一个"IT狂人"、"设计天才"。

创新是一种态度，这种态度会让你拥有无数的梦想，让你的生活变得与众不同，从而把一切变得更美妙、更有效、更方便。如今竞争异常激烈，你拥有的，别人同样也拥有，如何发展新的市场，如何在竞争中立于不败之地，最关键的就是创新精神。想出新办法的人在他的办法没有成功以前，人家总说他是异想天开。乔布斯在公司的管理个性就常被称之为"疯子式"的异想天开，但人们不得不承认一个事实，世界就是在这些可贵的"异想天开"中不断发展前进的。

2001年，乔布斯已经46岁了，但是，在事业的长河中，他依然坚持敢想敢干的个性，带领苹果公司迈入了被业界公认的"苹果10年"。

2001年，苹果音乐播放器（iPod）横空出世，乔布斯把苹果公司

第二章 中国需要创新精神的企业家

带到了音乐的世界；

2007年，乔布斯推出苹果触摸屏智能手机（iPhone），颇具前瞻性地把苹果带到了手机行业；

2010年，乔布斯又推出了苹果个人电脑（iPad）和第四代苹果智能手机（iPhone4）。

短短10年的时间，在乔布斯"永不满足，不断创新"理念的引导下，苹果公司从濒临破产成为一个庞大的企业帝国。

回眸苹果的发展历程，无数次证明了苹果离不开乔布斯，更离不开创新精神。其实，不止是对于苹果，不止是对于乔布斯，对于我们每一位企业的管理者以及每一个平凡的人，都需要这种敢想敢干的创新精神，一个在事业上作出成绩的人，身上必然闪耀着创新思想的火花。正像乔布斯说的那句话：只要敢想，便没什么不可能！

在敢想敢做这一点上，能与乔布斯相提并论的还有阿里巴巴创始人马云。

刚刚步入而立之年的马云在当时已经是杭州十大杰出青年教师，校长还许诺他外办主任的位置。但是，特立独行的马云挥挥手，放弃了在学校的一切地位、身份和待遇，毅然"下海"。

1995年初，马云去了一趟美国，第一次接触到互联网。此时，互联网对于绝大部分中国人还是非常陌生的东西；即使在全球范围内，互联网也刚刚开始发展：大洋彼岸，尼葛洛庞帝刚刚写就《数字化生存》，杨致远创建雅虎还不到一年。

在这样的情形下，远在尚未开通拨号上网业务的杭州，马云就已经梦想着要用互联网来开公司、盈利。

马云马上召集来24位朋友，都是他教书时结识的外贸人士，马云想听听这些做外贸的人对Internet的商务需求。

马云曾回忆说:"我请了24个朋友来我家商量。我整整讲了两个小时,他们听得稀里糊涂,我也讲得糊里糊涂。最后说,到底怎么样?其中23个人说'算了吧',只有一个人说,'你可以试试看,不行赶紧逃回来'。我想了一个晚上,第二天早上决定还是干,哪怕24个人全反对我也要干。"

1995年4月,马云和妻子再加上一个朋友,凑了两万块钱,中国第一家专门给企业做主页的杭州海博电脑服务有限公司就这样开张了,网站取名"中国黄页",成为中国最早的互联网公司之一。

1995年5月9日,中国黄页上线,马云从身边的朋友开始找生意。他的生意经是:先向朋友描述Internet怎么怎么好,然后要他们的资料,通过EMS寄到美国,美国的生意伙伴将homepage做好,打印出来,再快递寄回杭州。马云将网页的打印稿拿给朋友看,并告诉朋友在Internet上能看到。此时,离中国能上Internet还有3个月。

因为无法实际地在网络中看到,有些朋友怀疑马云在编故事。马云说:"你可以给法国的朋友打电话,给德国的朋友打电话,或者给美国的朋友打电话,电话费我出,如果他说没有,那就算了;如果他说有,你要付我们一点点钱。"

3个月后,临近杭州的上海正式开通互联网,马云的业务量激增。在各企业纷纷忙着建立自己主页的时候,马云的先见之明为他带来了丰厚的利润。

马云现在让我们看到的都是他在互联网创造的辉煌和光环,但如果多年前他只安分地做着外语教师,他也就没有创造互联网神话的机会了。

第二章 中国需要创新精神的企业家

乔布斯凭借敢想敢干的创新精神，成就了全球最具价值的科技公司，同样，马云借此开辟了中国电子商务的神话。可见，作为领导者，在创新领域谁拥有的想法越多，并能够将其合理地付诸实践，谁就越能够掌握主动性，从而将企业做强做大。

用数学的语言来说，科学技术是人类创新对时间的积分，而创新是人类所积累的知识的微分。

一般来说，积分的影响重大，但对变化的环境迅速做出反应的却是微分。

应用互联网思维进行创新

创新是优秀企业家所具备的特质之一也是企业家精神的核心。国内外但凡优秀的企业家都具备这一精神，从杰克·韦尔奇到乔布斯，从柳传志到马云，这些优秀的企业家骨子里面都流淌着创新的基因。缺少了乔布斯的苹果在创新方面的举措和成就乏善可陈，越来越多的果粉开始怀念乔布斯的日子，没有了比尔·盖茨的微软在苹果和谷歌面前反应迟钝且略显老态。创新如此重要，以至于我们不得不由衷佩服那些引领企业创新的优秀企业家。

伴随着网络技术的兴盛，人们越来越发现这种适应"互联网时代特点"的新型思维模式在政治、经济、文化等领域发展中具有巨大的应用价值，从而使这一概念逐步从一种产业思潮演变为自下而上的共识。

创新这一点在任正非身上也体现得淋漓尽致。在企业战略方面，从代理到自主研发，从农村到城市，从通讯设备到手机，华为凭借不断的创新与变革成就了快速发展。在企业管理方面，从华为基本法到任职资格管理，从不拘一格降人才到全员持股，华为无论在企业文化建设还是企业内部管控方面都开创了先河，也走在同行的前列，华为不仅是第一个吃螃蟹的企业，同时华为也收获了巨大的成长和快速的发展。

正是不断的创新成就了今天的华为，凭借不断的创新让华为一步步超越竞争。

"中国没有创新土壤。"在任正非与华为"2012实验室"科学家的会谈纪要上，任正非回答了为什么我们中国直到现在还没有一个诺贝尔奖。今天，虽然华为称自己为一家"本土化的跨国公司"，但华为已经成为中国最成功的跨国企业。

以下是任正非的观点节选：

我先不讲诺贝尔奖的获得，重要的是怎么能创造对人类的价值。中国创造不了价值是因为缺少土壤，这个土壤就是产权保护制度。在硅谷，大家拼命的加班，说不定一夜暴富了。我有一个好朋友，当年我去美国的时候，他的公司比我们还大，他抱着这个一夜暴富的想法，二十多年也没暴富。像他一样的千百万人，有可能就这样 为人类社会奋斗毕生，也有可能会挤压某一个人成功，那就是乔布斯，那就是Facebook。 也就是说财产保护制度，让大家看到了"一夜暴富"的可能性。没有产权保护，创新的冲动就会受抑制。

第二个，中国缺少宽容，人家又没危害你，你干嘛这么关注 人

第二章 中国需要创新精神的企业家

家。你们看，现在网上，有些人都往优秀的人身上吐口水，那优秀的人敢优秀吗？我们没有清晰的产权保护制度，没有一个宽容的精神，所以中国在"创新"问题上是没有障碍的。大家也知道Facebook这个东西，它能出现并没有什么了不起的，这个东西要是在中国出现的话，它有可能被拷贝抄袭多遍，不要说原创人会被抛弃，连最先的抄袭者也会家破人亡，被抛弃了。在美国有严格的知识产权保护制度，你是不能抄的，你抄了就罚你几十亿美金。这么严格的保护制度，谁都知道不能随便侵犯他人。实际上保护知识产权是我们自己的需要，而不是别人用来打压我们的手段，如果认识到这一点，几十年、上百年后我们国家的科技就有希望了。但是科技不是一个急功近利的问题，一个理论的突破，构成社会价值贡献需要二三十年。雅各布突破CDMA的时候是上世纪60年代，是我们搞文化大革命的时候。我们怎么能一看到高通赚钱了，就感慨怎么我们不是高通呢？二三十年前我们还在搞"文攻武卫"，文革那个时候，还觉得谁读书、谁愚蠢，所以我们今天把心平静下来，踏踏实实做点事，也可能四五十年以后我们就有希望了。但是我们现在平静不下来。为什么呢？幸好你是香港的大学教授而不是中国内地的大学教授，否则你要比论文数量，你又产不出这么多来，就只能去抄，你去抄论文还有什么诺贝尔奖呢？不可能嘛，因此我们必须要改变学术环境。

在我们公司的创新问题上，第一，一定要强调价值理论，不是为了创新而创新，一定是为了创造价值。但未来的价值点还是个假设体系，现在是不清晰的。我们假设未来是什么，我们假设数据流量的管道会变粗，变得像太平洋一样粗，建个诺亚方舟把我们救一救，这个假设是否准确，我们并不清楚。如果真的像太平洋一样粗，也许华为押对宝了。如果只有长江、黄河那么粗，那么华为公司是不是会完蛋呢？这个世界上完蛋的公司很多，北电就是押宝押错了。中国的小网通也是押错宝了，押早了。小网通刚死，宽带就来了。它如果晚诞生几年，就生逢其时了。

第二，在创新问题上，我们要更多地宽容失败。宽容失败也要有具体的评价机制，不是所有的领域都允许大规模的宽容失败，因为你们是高端研究领域，我认为模糊区域更多。有一些区域并不是模糊的，就不允许他们乱来，比如说工程的承包等都是可以清晰数量化的，做不好就说明管理能力低。但你们进入的是模糊区域，我们不知道它未来会是什么样子，会做成什么。因此，你们在思想上要放得更开，将你可以到外面去喝咖啡，与人思想碰撞，把你的感慨写出来，发到网上，引领一代新人思考。也许不止是华为看到你了，社会也看到你了，没关系，我们是要给社会做贡献的。当你的感慨可以去影响别人的时候，别人就顺着一路走下去，也许他就走成功了。所以在创新问题上，更多的是一种承前启后。

人类社会每次经历的大飞跃，最关键的并不是物质催化，甚至不是技术催化，而本质是思维工具的迭代。一种技术从工具属性到社会生活，再到群体价值观的变化，往往需要经历很长的过程。珍妮纺纱机从一项新技术到改变纺织行业，再到后来被定义为工业革命的肇始，影响东、西方经济格局，其跨度至少需要几十年，互联网也同样如此。

14世纪，随着工厂手工业和商品经济的发展，"以人为中心"的文艺复兴思潮在意大利各城市兴起，之后扩展到西欧各国，于16世纪在欧洲盛行。提倡人文主义精神，肯定人的价值和尊严，主张人生的目的是追求现实生活中的幸福，倡导个性解放，反对愚昧迷信的神学思想，认为人是现实生活的创造者和主人。文艺复兴运动带来了一段科学与艺术革命时期，揭开了近代欧洲历史的序幕，被认为是中古时代和近代的分界。马克思主义史学家认为是封建主义时代和资本主义时代的分界。

这场互联网革命和其背后的互联网思维，由"产品经理"这类人的思辨引发。最典型的产品经理，就是Apple的创始人乔布斯。他并非拥有真正伟大的物质发明，个人电脑和智能手机都不是他原创，他的伟大是在于定义了"产品经理"这个角色，并把"互联网思维"运用到了极致。如今，这个思维已经不再局限于互联网，与当初人类史上的"文艺复兴"一样，这种思维在逐渐扩散，开始对整个大时代带来深远的影响。不止产品经理或程序员，所有传统商业都会被这场互联网思维浪潮所影响、重塑乃至颠覆，这笔宝贵的思想财富将会造福人类熟知的各个行业。

今天，中国政府从简政放权、放管结合、优化服务，到大众创业、万众创新，再到实施"互联网+"行动计划，这些一脉相承的政策将会培育中国经济新动能，打造中国未来增长新引擎。在信息尤其是互联网领域，发展中国家和发达国家站在了同一条起跑线上，这是中国经济转型的重大契机，也是为共享经济明确"元规则"的极佳契机。

李克强总理指出，"发展'互联网+'要强化安全意识，政府放宽市场准入的同时，也要加强监管、创造公平竞争的环境，这样相关产业就会自然而然地发展起来。"同时还强调，"历史是人民大众创造的。大众的想法丰富多彩、充满奇思妙想。因此，'互联网+'的发展应该让消费者和大众来选择。"

"互联网+"时代的浪潮下，传统企业更应抓住两点机遇：

第一，互联网大潮带来的窗口和机遇，没有给传统企业设置任何"天花板"。

第二，无论是线上互联网公司向线下走，还是线下传统企业往线上走，最重要的是对消费者需求的精准把握以及把产品和服务做到最佳，"互联网+"之后的传统企业具有广阔的机会。

当今时代正处于第三次工业革命的"后工业化时代"，意味着工业时代，正在过渡为互联网时代。工业化时代的标准思维模式是：大规模生产、大规模销售和大规模传播，这三个"大"可以称为工业化时代企业经营的"三位一体"。工业化时代稀缺的是资源和产品，资源和生产能力被当作企业的竞争力。但是互联网时代，这三个基础被解构了。

互联网时代的商业思维是一种民主化的思维。消费者同时成为媒介信息和内容的生产者和传播者，通过买通媒体单向广播、制造热门商品诱导消费行为的模式不成立了，生产者和消费者的权力发生了转变，消费者主权时代真正到来。

任何一个大型技术革命，早期大家总是高估它的影响，会有一轮一轮的泡沫；但是中期大家往往会低估它的影响，觉得这些不过是概念而已。当你觉得它是概念的时候，它已经开始生根发芽，开始茁壮成长。

2014年8月，习近平总书记在主持召开中央全面深化改革小组第四次会议时，提出要推进传统媒体和新兴媒体融合发展，其中强调要"强化互联网思维"，将互联网思维的重要性提升到前所未有的高度。

究竟什么是互联网思维？如何运用互联网思维去思维？互联网思维与创业创新有怎样的关系？互联网思维的基础、动力和本质究竟是什么？

互联网思维，就是在（移动）互联网+、大数据、云计算等科技不断发展的背景下，对市场、用户、产品、企业价值链乃至对整个商业生态进行重新审视的思考方式。

最早提出互联网思维的是百度公司创始人李彦宏。2007年，百度公司创始人、董事长兼CEO李彦宏率先提出："以一个互联网人的角度去看传统产业，会发现太多的事情可以做。"他预言，"未来不会再有专门的互联网公司，所有的公司都要用互联网做生意"。2011年他正式提出"互联网思维"概念，明确其含义为"基于互联网特征来思考问题"。

在百度的一个大型活动上，李彦宏与传统产业的老板、企业家探讨发展问题时，李彦宏首次提到"互联网思维"这个词。他说，我们这些企业家们今后要有互联网思维，可能你做的事情不是互联网，但你的思维方式要逐渐从互联网的角度去想问题。现在几年过去了，这种观念已经逐步被越来越多的企业家、甚至企业以外的各行各业、各个领域的人所认可了。但"互联网思维"这个词也演变成多个不同的解释。

2012年起，小米科技董事长兼CEO雷军、阿里巴巴集团董事局主席马云、腾讯公司董事会主席兼CEO马化腾、360公司董事长周鸿祎等互联网产业巨头陆续提及"互联网思维"。

2013年，《人民日报》"人民论坛"率先做出"互联网思维带来什么"的专题报道，紧接着，中央电视台《新闻联播》也播出这条新闻，使这一概念逐渐进入公众视野。

现在，一种较为流行的观点认为，互联网思维是指在互联网时代基于互联网的特征，对用户、产品、企业价值链乃至对整个商业生态进行重新审视的思考方式，并由此拓展到对整个社会生产、生活方式的重新思考。

互联网时代的思考方式，不局限在互联网产品、互联网企业。这里指的互联网，不单指桌面互联网或者移动互联网，是泛互联网，因为未来的网络形态一定是跨越各种终端设备的，台式机、笔记本、平板、手机、手表、眼镜，等等。互联网思维是降低维度，让互联网产业低姿态主动去融合实体产业。

国家行政学院教授周文彰认为，互联网思维是互联网发明、发展和应用实践在人们思想当中的反应。这种反应经过沉淀转化为人们思考和解决问题的认识方式和思维结构。

互联网思维最早起源于互联网业界，指用互联网时代的新型理念来改造传统产业。

百度李彦宏在一次企业家座谈中说："可能你做的事情并不是互联网，但是要按照互联网的方式去想问题。"

在智能手机领域创业的明星企业小米的董事长雷军是"互联网思维"的得力布道者，他将互联网思维浓缩为七个字："专注、极致、口碑、快"。我最近对小米商务模式进行了研究，发现小米是这样实施"互联网思维"的：

电商直销：小米用互联网电子商务模式销售手机和其他智能消费电子产品，大大降低了销售费用，同时，建立了一个丰富的生态体系

(如增值服务、物流、客服等)来支持电商直销模式的成功执行。而传统的消费电子品制造业公司的销售方式是将产品卖给批发商,然后他们再卖给零售店,最后才到消费者手中。这个过程有多个中间商,推高了产品的最后销售价格,也使得库存管理链条很长。

产品集大成:正如雷军所说,"小米走的是跟iPhone完全相反的路。iPhone极简,小米走集大成路线,力求支持各种功能。所谓集大成就是,让所有用户都参与研发过程中,最后小米呈现出来的是适合不同用户的不同使用习惯的"。其实,产品功能集大成是为按长尾分布的消费者提供更多价值的一种方式,另一种方式是做很多个性化产品来满足不同客户的需要,这两种做法在互联网时代都可以做到物美价廉。而在大工业时代,便宜的大众产品只有最通用的几种功能,而特别设计的小众产品是价格昂贵的奢侈品,仅供精英人群享用。

迭代创新:小米产品创新采用的是"开放众包、快速迭代"模式。这种模式可以让厂家很好地了解客户需求,并快速迭代推出新一代产品,小米的核心软件MIUI每周推出一个新版本。同时,在产品开发过程中,广泛地邀请发烧友成为志愿者参与,他们在新功能定位和产品测试方面起到了重要作用。传统的创新方式是线性的,包括计划、设计、开发、测试、推出等几个步骤,这个过程一般是一到两年,经过漫长等待的消费者拿到产品的时候,如果发现很多功能不是自己期待的,那么得再等一年才能在下个版本看到可能的改进。

粉丝中心:小米在很短的时间里建立了一个高质量的粉丝文化群,并且不断从中挖掘和集聚其价值。例如,市场营销采取游戏化和娱乐化方式与客户互动和参与,这样不仅增加了粉丝对品牌的忠诚度从而吸引粉丝进行多次购买,也使得公司用较小销售费用构建了产品和品牌的知名度。这种依靠粉丝热情、能力和时间碎片来帮助公司发展的做法已经成为互联网时代公司的新竞争点。传统公司也一直在强调"以客户为中心",然而传统的市场营销模式是公司单方面宣传、广播式的,这种做法不仅成本高,也不适合习惯于在互联网上"玩"的新一代消费者。

边缘中心化管理:小米公司是一个以研发、客服和销售为重心的公司,很多功能外包。小米结构扁平层级少,对一线员工充分放权,以客户导向让边缘中心化,因此员工可以关注客户的需求直接决策,而无需等待上级指令。员工的绩效考核也基于很多与客户直接反馈相关的指标,从而形成了一种以客户为中心的快文化。相比来说,传统的以总部的顶层管理者为中心、层层管理的公司治理模式,其响应速度会明显的慢,员工也缺少当家作主的感觉。"快速反应"在互联网时代是公司致胜的重要元素。

错位盈利:小米采用了互联网服务型公司将主要服务和产品同盈利分离的定价方式,例如Google为用户提供最大价值的搜索平台是免费的,而其盈利来自在搜索结果外挂的广告。小米的主要硬件产品以成本销售从而放大客户规模,利用MIUI平台销售电子产品、同时也销售较高利润的配件来盈利;在成本方面,研发、营销和销售、库存管理等环节都有较明显的优势,另外小米采用电商直销产品的模式也大大地降低了销售成本和库存周期。而对于传统硬件公司来说,产品的定价往往基于产品的生产成本,加上公司运营成本,再加上适当的利润。

小米完美执行了上述商务模式而成为人类历史上按销售额计算成长最快的公司(非金融类)。小米在成立约两年零三个月时超越了10亿美元(63亿人民币)销售额，2012年成立不到三年超越了20亿美元(126亿人民币)年销售额，2013年成立不到四年超越了50亿美元(316亿人民币)年销售额。进入创业第五年的小米，2014年的预计销售额是800亿人民币(130亿美元)。这些数字超越了所有信息时代快速成长的明星公司如亚马孙、谷歌、Facebook、Priceline、Groupon、Ebay等创造的记录。

马云因为具有了"跳跃式的实事求是的思维"，用10多年时间，使阿里巴巴从一家十几人的小公司成长为世界最大的电商企业。

互联网已经渗透到企业运营的整个链条中，从基础应用（如Email发邮件、微信发通知、百度查信息）到商务应用（如在线协同办公、在线销售、在线客服），乃至用互联网思维去优化整个企业经营的价值链条。

互联网化将成为下一波商业浪潮中最关键的词汇。在日经2013年全球ICT论坛（信息与通讯技术Information and Communications Technology，简称ICT）上，时任华为公司轮值CEO的胡厚昆说道："在互联网的时代，传统企业遇到的最大挑战是基于互联网的颠覆性挑战。为了应对这种挑战，传统企业首先要做的是改变思想观念和商业理念。要敢于以终为始地站在未来看现在，发现更多的机会，而不是用今天的思维想像未来，仅仅看到威胁。"

"互联网正在成为现代社会真正的基础设施之一，就像电力和道路一样。互联网不仅仅是可以用来提高效率的工具，它是构建未来生产方式和生活方式的基础设施，更重要的是，互联网思维应该成为我们一切商业思维的起点。"

共享经济时代的企业家创新

在共享经济中,组织的新属性包括平台性、开放性、协同性与幸福感四个要素。管理新范式,是一种以共享价值为基础的范式。这种新的范式中,有关个体价值的创造会成为核心,如何设立并创造共享价值的平台,让组织拥有开放的属性,能为个体营造创新氛围,则成为基本命题。管理范式的核心在于,具有系统思考的领导者,依赖于激发个体内在价值,而不是沿用至今的组织价值,来考虑整体以及创造共享价值。

"地球人已经无法阻止海底捞!"这本是一句网络上的玩笑话,但张勇的海底捞,你永远都学不会!让顾客无可挑剔的服务已经成为海底捞的独门秘诀,而这一切,也正是海底捞董事长兼总经理张勇的成功秘诀。

2010年,海底捞已经成为拥有超过50家连锁店的餐饮企业,公司营业收入超过6亿元,营业利润超过1亿元,资产总额达到2.5亿元。

"海底捞没有秘密,又充满神秘。把员工当人看,就是海底捞的创新,但又不是全部。"

在互联网的时代,我们要真正关注的事情,一方面是市场的环境;另一方面,就是如何实现组织激活,提升能力,进而让我们有能力面对经济发展的新的变化。

我们不是每一个阶段都要调整，作为一个总裁，最重要的就是你在不同的阶段要做出不同选择，那么问题就在于，在不同的阶段你如何判断，如何做出不同的选择？

1993年，李健熙曾在对三星进行全面的改革之际，提出了一个非常有名的观点，就是"除了妻儿，一切皆变"。2013年与2014年，他又多次提出必须做出改变的决定。促使他做出如此决定的原因是什么呢？在李健熙看来，未来是不可预测的，未来只能用来创造。与三星的总裁李健熙的观点相同，陈春花也认为，创造未来比预测未来更加重要，因为未来不确定，没有人可以预测。所以面对未来，最重要的是创造属于你的未来，而如果未来是要创造的，其根本性就在于人能不能够真正发挥作用？也就是如何激活个体的问题。

在今天，知识转化为商业不是靠一个人，必须是靠一个组织。很多企业，在最近两三年都遇到一个最大的问题，就是他们组织的创造和适应变化的能力不够。这些现实都告诉我们，有必要深入理解共享经济的本质。在互联网经济之后，下一个就是共享经济、共享时代的到来。共享经济的核心就是分散程度越高，价值提升的速度就会越快。换句话说，共享经济最大的特点就是可以集合所有的分散集成最大的价值。因此，很小的企业可以创造很大的价值。

在共享经济时代，组织管理理论面对着巨大的挑战，那就是雇佣社会的消失，以及个体价值的崛起。从创业初期到迅速崛起，直至成为一种文化现象，Uber仅用了6年。6年里，它以一种近乎不可想像的速度完成了一个企业的全球扩张。在过去，这个时间往往是几十年。无论是发展的速度，还是商业的模式，或者是背后的种种质疑，这一切似乎都要归功于互联网。

互联网发展进入Web 2.0时代以来，UGC（用户原创内容）的出现不断冲击着传统的信息内容领域，带来传媒生态的重大变革。然而，互联网的力量似乎不仅限于此。随着云计算、物联网、大数据技术的日益成熟，互联网开始与传统产业发生关系并向纵深发展。这种趋势不可阻挡。

2014年，Uber进入全球200多个城市，平均每1.8天新增一个城市。Uber完成最新一轮10亿美元融资后，其估值已经超过500亿美元。尽管全球大多数国家还在Uber高效利用社会资源和监管缺位引发的安全问题之间纠结，但Uber及其追随者已经沿着这条道路往前走了。无论是美国住宿共享的Airbnb、购物配送的Instacart，还是中国的滴滴、神州，都有大批的忠实用户。

这些公司成功的秘诀在于，它们提供了一个平台，连接了物品所有者和需求者，改变了人们对物品所有权的概念，让信息、物品和服务流动起来，并通过"中心调度+按需分配"的方式显著提升了效率。这就是"共享经济"所具备的颠覆性能量。当然，成功也得益于这些公司对于消费者需求的精准把握。

公司的战略性布局一旦背离消费者的需求，就等于失去了创新的动力。即使战略布局是正确且合乎未来发展方向的，比如DT或云计算，只要这种战略安排不直接指向消费者的具体需求，不直接指向价值创造的过程，就不可能产生直接的价值，不可能获取等值的回报，从而使战略布局成为一个烧钱的过程。

而Uber则紧紧围绕着"用车出行"的话题及其痛点，深化了消费者社区的关系，通过一系列带有公测意义的社会实践活动，改变了消费者对未来世界的认知，并让投资人相信他们有能力不断丰富消费者的生活内容和生活体验，有能力引导消费者改变自己的生活方式，从而使这个世界变得丰富多彩。

如今，人们不愿意继续工作在雇佣关系当中了。在以往的观念中，我们往往认为组织存在的关键是个人对组织的服务，即对组织目标有所贡献的行为。我们常常集中精力考虑组织的问题，而忽略了组织中的个体。在以往的组织中，存在着鲜明的上下级关系，结构的稳定性较强，管理者更为关注个体对组织目标实现的贡献，更为关注服从、约束以及标准的制定。

那么，在一个理想而高效的企业中，个体与组织究竟应该是一种怎样的关系？事实上，在新的组织管理中，必须正视组织生存的关键影响因素。组织需要具有弹性能力。个体与组织不是服从关系，而是共生关系。组织必须外部导向，组织必须有开放性，能够往前走。组织需要打开内外边界。如果你的内外边界不打开，你就没有办法面对今天这样的一个变化环境。

如今，管理者面对的挑战具体表现为：第一，一切都在变化，没有未来，所有发生的都是未来。第二，市场具有很高的同质化特点。第三，个体的自主性非常强，人们要求多元与独立。在这种情况下，组织管理必须有所改变，也就是说，组织不再是权力，它不应该是信息不对称的，而必须是开放的，所有的东西都可以联动，组织的作用在于连接，让企业里面的大家相互工作。陈春花为企业领导者建言献策——第一，不要动用你的权力。第二，激活文化，激活你的员工。

在今天，企业的管理者不能再把你的员工当成你的雇员。但这一理想的实现在中国较为困难，因为中国一直以来都是老板价值导向的企业，或者是领导人导向的公司，如何让它变成以顾客价值为导向的，这是个困难的转变过程。

创新是用五个维度来检验的——新的产品，新的市场，新的替代原材料，新的企业组织，新的商业模式。在共享经济中，创新最重要。这其中有三个最重要的概念，就是社群理念、社群市场，以及社群共享。在管理模式上，管理者的角色与任务从之前的管理控制变成了创造连接。这是一个非常大的改变。今天我们谈企业转型的创新途径，我们首先要明白，其核心还是管理者本身自己的改变，如果你是负责人，从你的权威转向你的平行的交流，别人服从你转变为合作连接。如果你不做任何的转变，我觉得企业转型创新之道是空话。

另一方面，"共享经济"重构了社会关系结构。每个人都有很多闲置资源，如果能够将些资源有偿让渡给他人，那么个体就摆脱了对传统组织和传统中介的依赖，也就改变了以前的生产制造协同关系。

从运营模式来讲，Uber与司机的关系属于合作而非传统的雇用，司机可以自主选择工作时间及时长。从这种角度来讲，这种工作模式似乎为每个人提供了自由工作的可能，特别是广大中产阶层。在以往的社会环境中，自由职业者往往处在社会最高端或最低端，而共享经济的到来却给更多人提供了可能。

毫无疑问，Uber是互联网创新之花结出的果实。但另一方面，Uber的出现动摇了传统出租车行业的既有利益格局，新旧之间的纠葛通过用车安全等问题而显现出来。几年间，Uber在美国、法国、韩国、印度等地都遭遇了不同程度的抵制。如今，这种情况正在悄然改变，从2015年上半年以来，Uber已经在美国51个地方的立法机构获得官方法律法规的支持。全球范围内的趋势同样如此，包括墨西哥首都墨西哥城、南非第四大省西开普敦省以及菲律宾全国在内的越来越多的政府和城市管理者正在拥抱创新技术所释放的经济活力。

还有就是技术为我们带来了更多的机会和挑战。大体说来，目前存在着三种重要的趋势，推动了管理新范式的出现和发展。第一、就是整个社会环境都在关注可持续性和创造力。第二、技术的发展会让更多的商业模式创新出现，并因此催生了很多新的组织形态的出现。第三、其实是人们的价值观的演变。那么，关注可持续性和创造力，是源于我们看到的今天资源的稀缺，所以我们必须在有限的资源里边创造更大的附加价值，才能满足于人类成长的需要。而技术本身就是在实现细分需求的满足，这种细分需求的满足一定会有更多的商业模式被创造出来，而这些被创造出来的商业模式必须需要很多新的组织形态才可以帮助商业模式得以成功。

共享是一种全新的思维模式。我们曾经强调对事物的拥有和控制，现在以互联网发展为契机，思维改变为"我们"共同使用，整个社会资源得到了更好的利用。这还仅仅是个开始，未来随着大数据的发展，随着信息越来越灵活便利地生产、传输和处理，共享经济会更加深入渗透到各个角落，继而带来企业组织形式、社区居民关系等深刻的变化。

什么样的组织更受欢迎呢？调研结果显示，人们普遍倾向于选择这样的组织：更加重视工作的挑战性和多样化的学习方式；没有等级职位划分的层级结构、大系统的僵化与内耗；觉得自己可以贡献价值，并可以及时看到最终结果；能够非常迅速地学会涉及范围更广泛的一系列技能。可以说，未来将会有越来越多的人，期待自由、自主和非正式的雇佣关系。这会带来如下的结果，那就是从雇佣关系改为合作关系。组织与员工之间很难再用"忠诚度"去界定，更多的是合作及契约精神。

在这种管理组织模式中，高层管理者可以作为"大发动机"，分子公司的领导、职能部门的领导可以是"小发动机"。

正如柳传志曾经感慨的那样，"这种做发动机完成任务的感觉，和做齿轮完成任务的感觉很不一样的——充满了成就感。而就在这一次又一次的设计、执行之中，主人翁的感觉也越来越浓，小发动机苗子涌现越来越多。"除此之外，企业管理者还应选择与对的人在一起。今天的时代是一个需要配合的时代。有人说，在这个时代，只有我和上千人组合在一起的时候，我才可以摸到时代的步伐。

为此，我想起了万达集团董事局主席王健林说过的一句话，他说："商业模式是我们创造的，但是这种模式也有别人模仿的可能性，所以逼着自己不断地去创新。"作为一线地产大佬，王健林曾说别人的模仿逼迫自己创新。

对于创新的模式，王健林有自己的解释，他认为万达的第一桶金便来自上世纪80年代的大胆创新——给房子加上铝合金窗、防盗门、洗手间，再花8万元赞助一部电视剧，最后两个月卖光了1000余套均价1580元的"天价房"。

"第一次转型是1993年，我们到广东去发展，从一个区域公司，向全国区域公司迈进。然后就是90年代中期，1997、1998年以后，至今我们也是全国跨区域最多的公司。这是第一次转型。第二次转型，是2000年，我们的转型，现在到商业地产，从一个房地产公司，转变为共有产业的公司，这是第二次转型。第三次转型，要更早一点是2007年、2008年，我们现在物流行业的发展。第三次转型是2008年。

第四次转型是万达2010年开始的年会,到2012年完成转型。"在公司年会上,王健林分享了万达前前后后一共经历四次转型。

对于全球万达百年企业计划如何实施,王健林说:"最重要的是创新精神,其实万达在一次演讲中讲到,万达的发展是创新史,我们一些方面本来做得很好,我们要做更好的商业模式,现在企业界,很多行业它的准入门槛越来越高,经营者就越少。我们作为这么大的集团,要有创新品质,如果选择一个首业,我们肯定要发展文化,如果没有文化,公司肯定发展 不长远、肯定要消失。"

同样地,作为"凉茶大王"、加多宝集团创始者陈鸿道大胆创新改良,将口感苦涩、不便携带、受众狭窄的地方性凉茶,成功转型为适合广泛人群饮用的现代化健康饮品,并将这一民族品牌做大做强,推向国际化舞台。

作为组织管理者,必须要了解雇员的需求,了解雇员的希望。因为,成员不再依赖于组织,而是依赖于自己的知识与能力;成员与组织之间的关系,也不再是层级关系,而是合作关系,甚至是平等的网络关系。打破了传统雇佣关系,避免了雇佣关系本身对人们发挥创造能力的阻碍,雇员就业的目的从以往以保持雇佣关系为主转变为以就业能力的持续提升为主。在这样的组织中,产业工人和职业经理人成为了最为耀眼的角色,这样的组织提升了生产效率,创造与积累了更多财富。

第三章
中国需要敢于冒险的企业家

冒险是优秀企业家的天性。创业和企业发展本身会存在很多风险,如果缺乏冒险精神,没有甘冒风险和承担风险的魄力,就不可能成为企业家。企业创新要么成功,要么失败,企业家没有别的第三条道路。

冒险是企业家精神的天性

坎迪隆（Richard Cantillion）和奈特(Frank Rnight)两位经济学家，将企业家精神与风险（risk）或不确定性(uncertainty)联系在一起。没有甘冒风险和承担风险的魄力，就不可能成为企业家。企业创新风险是二进制的，要么成功，要么失败，只能对冲不能交易，企业家没有别的第三条道路。

在深圳这座年轻而又充满激情的城市就诞生了众多的冒险家，华为和腾讯的成功，比亚迪和五洲龙的崛起，众多的冒险家在深圳成就自己的企业和演绎着自己的财富故事。也正是凭借于此，2009年上海市委书记曾经无奈说出"深圳是冒险家的乐园"这句意味深长的话语。

任正非在这些企业家中也算是颇具冒险精神，记得1992年当华为营业额首次突破1亿元大关时候，创业合伙人建议把利润分了，但是任正非却依然坚持把赚来的全部利润投入新产品的研发中去，这在当时无疑是一种巨大的冒险，设想如果任正非缺乏冒险精神他一定不会这么做，如果没有当年在研发方面的投入也就不可能有华为在市场的披荆斩棘。另外1998年华为凭借在国内市场的良好表现成为本土第一品牌，面对荣誉和掌声任正非做出了一个伟大而又冒险的决定——"进军海外市场"，我们很难设想如果华为当年躺在功劳簿上会是一种什么样的结局。

在美国3M公司有一个很有价值的口号："为了发现王子，你必须和无数个青蛙接吻"。"接吻青蛙"常常意味着冒险与失败，但是"如果你不想犯错误，那么什么也别干"。同样，对1939年在美国硅谷成立的惠普、1946年在东京成立的索尼、1976年在台湾成立的Acer、1984年分别在北京、青岛成立的联想和海尔等众多企业而言，虽然这些企业创始人的生长环境、成长背景和创业机缘各不相同，但无一例外都是在条件极不成熟和外部环境极不明晰的情况下，他们敢为人先，第一个跳出来吃螃蟹。

中国目前约有230万家国有企业，这一数字令人震惊，但是如果和企业总数相比，就不算什么了。2013年，中国有超过1200万家私营企业，个体工商户超过4200万家。

2000年，国有企业和非国有企业各自的总收入基本相当，都在4万亿元人民币(6.6467, -0.0063, -0.09%)上下。截至2013年，国有企业收入仅上涨6倍多，而非国有企业收入则上涨了18倍多。

而同期的利润增长更令人印象深刻：国有企业上涨近7倍，非国有企业上涨近23倍。不管是否乐意，中国工商企业家总数迅猛增长。

中国工商企业家数量增长迅猛，并伴有四个明显的高潮。第一波发生在20世纪80年代，出现了包括华为和联想在内的企业。

第二波是1992年邓小平进行"南巡"之后。这一波浪潮让上一波建立的企业获得了发展，也成为很多其他企业发展的平台。

20世纪90年代中晚期，第三波企业家成就了自我，其中包括现在很著名的网络企业百度、阿里巴巴和腾讯。

第四波开始于21世纪前10年末期，领衔的是生于20世纪80年代后的人。这些初创企业中,很多都是与网络有关的电子商务企业。这些成长在改革后时代的年轻人不仅试图复制谷歌和"脸谱"网站这种美国网络企业的成功,还试图复制中国本土大公司百度、阿里巴巴和腾讯的成功。这一波企业家的数量比之前多得多,很多人渴望成为下一个马云或马化腾。

中国企业家并非都是一个模子刻出来的,但是他们都有共同的特征:他们愿意冒险,完全不惧怕失败。几乎所有人的观念都十分开放;他们从全球获取灵感,愿意利用中国之外的资源,特别是有专门技能的人才。

企业为了生存,企业必须寻找新的优势来源,即使这意味着离开它们之前的传统专业领域。网络并非中国独有,但是由于经济处于初期的特点,网络对中国的影响比对发达经济体更大,更显著。例如,零售业获得了改变,电子商务让即使中国最偏远地区的顾客都能在实体店开业之前获得商品。通过提供比银行利率高的货币市场产品,该国电子商务巨头进入了金融业。

其他企业也在扩展它们的业务范围,例如电脑巨头联想和电信设备制造商华为都在努力成为智能手机市场的国际化公司。

中国企业家要想获得成功,需要抓住中国的规模和活力优势,让企业快速成长、强大且有灵活性,随时准备持续反复改造自己。

在褚时健身上,最值得商人甚至其他各界人士学习的恰恰是他的企业家精神。关于企业家精神,管理大师彼得·德鲁克等提出了创新、冒险、合作、敬业、学习、执著和诚信七大要素。褚时健老先生身上就具有许多这类特质。

巴顿将军说:"衡量成功的标准不在站立顶峰的高度,而在跌入低谷的反弹力。"做企业如同人生，注定面临诸多困难。褚老能从失败中崛起，能从谷底再次攀上高峰，这种精神无疑值得敬佩。

对一个企业家来说，不敢冒险是最大的风险，不能面临挑战和逆境则是最大的弱点。化危为机、把逆境当作反弹前的历练，是褚时健面对困境时的本能反应，而这正是企业家精神的精确诠释。

中国正在进行转变，既能带来巨大机会，也会带来巨大挑战。在此期间，中国企业家可起到重要作用，创造经济必要条件，打造一个有活力的社会，让公民和政府都能为塑造新的中国奉献力量。

在商界，做投资也好，开发新产品也好，时刻都是与风险相伴的，因为瞬息万变的商场，有着太多的不可确定因素，成功的人都是冒险家。这样的例子比比皆是。上世纪50年代初，美国西方点子公司有意向产品合格率仅为百分之五的晶体管生产专利，日本索尼的盛田昭夫对这一项还不成熟的生产专利竟以10万美金向美国西方电子公司购买，准备在世界上率先批量生产晶体管收音机。当时，人们都认为这是一注极为冒险的赌注，而盛田昭大以其独特的商业眼光，认定在世界电子业率先批量生产晶体管收音机一定前途无量，经过在专利基础上的深入研究，索尼公司将合格率提高到95%，同时成功地开发了世界上最早的袖珍式晶体管收音机。正是这次大胆冒险的专利购买决策，使得索尼走上了世界电子的领先扩张经营之路。

住友化学在日本化学业内排名第二，在国际上排名第十九位，是一家大型化学企业，在中国也有不少投资，2004年，住友化学向沙特投资1万亿日元(约750亿人民币)从事石油精炼项目。一下子拿出这个巨额来投资，风险可谓相当大，稍有不慎便会负债累累。当年，沙特提交给住友化学的原油价格为每桶20美元，米仓在仔细计算了之后，觉得原油价格有可能上升到25美元，而中国、印度的石油需求量会有所增加，石油价格短期内不会下跌。住友化学株式会社社长米仓说服了日本政府及数家银行组成的团体共同完成了这项投资。

那时，和沙特的这一项目已经谈了几年，米仓觉得是时机该拍板了，于是他果断和沙特签定协议，协议里规定风险最终由住友化学承担。合同刚刚签订不久，石油价格就开始走高，到2006年8月，差不多每桶原油价格升到80美元。这笔投资给住友化学带来了巨额的收入。

在理论和实践中，关于这个问题有多方面和多角度的探讨和研究：冒险是企业家区别于其他人群的显著特征；冒险精神是企业家难得的稀缺资源；冒险精神是企业家人格的主要构成要素之一；对于一个企业和企业家来说，不敢冒险才是最大的风险；冒险精神是企业家精神的重要内涵之一、核心精神之一、重要表现之一。

企业家需要怎样的冒险精神

一个企业经营者，要想获得成功，成为一名杰出的企业家，必须要有冒险精神，企业家在创业和经营之中，敢于冒险，善于冒险，才能在险峰处欣赏无限风光。冒险精神对于企业家的重要作用不容忽视，甚至是首要的。

冒险精神是企业家特有的一种精神素质，指企业家在决策、用人等企业领导活动中所具有的为达到既定目的、敢于承受风险的气魄和胆略。市场竞争充满风险，企业家需要在不确定的经营活动中，对经营决策进行事先的预测和论证。这种没有成功把握的决策选择，就是冒险。企业经营要敢于冒险。一个成功的企业家，他经历最多的就是冒险。美国《商业月刊》曾经评选出50位最有影响的企业界巨头。结果发现，他们所具备的基本素质的第一条就是冒险精神。可见，敢于冒险，不怕失败，是现代企业家应具备的基本素质。实际上，不敢冒险才是最大的风险。企业家在市场竞争中面临的变数非常多，不管对经营决策进行多么科学详细的预测、论证，风险性仍然存在，这也是现代市场经济的特点。美国风险企业的成功率只有百分之十几，失败率则高达80%以上。企业领导者只有把风险视为压力并转化为冒险精神，充分利用见机制，才能成长为真正的企业家。

当然，企业家的冒险精神不等于盲目赌博，瞎闯蛮干。要注意可行性研究，充分利用有利因素，克服不利因素，尽量减少风险。既要有决断的魄力，又要把风险控制在最小范围之内。海尔总裁张瑞敏有一句挂在嘴边的话："永远的战战兢兢，永远如履薄冰！"他说："如今企业发展到这么大，就像一艘大舰船，如果一招不慎，一个决策不对，就可能造成全军覆没。所以我每天都非常谨慎地努力做好每一件事。"

企业家的冒险精神主要表现在：企业战略的制定与实施上；企业生产能力的扩张和缩小上；新技术的开发与运用上；新市场的开辟和领土；生产品种的增加和淘汰上；产品价格的提高或降低上。

企业家比一般人更喜欢做冒险的事情，从而做了别人不敢想或者不敢做的事情，只有创业和经营之中，敢于冒险，善于冒险，才能在险峰处欣赏无限风光。谈到这里，自然想到科宝·博洛尼董事长蔡先培先生，他是企业圈里有名的老顽童，从50岁开始创业，65岁学开车，68岁打高尔夫，70岁开飞机，71岁玩游艇，72岁学骑马，73岁选择再次创业，如今77岁的他总是标新立异，敢把冒险刺激作为生活主题。

蔡先培1936年出生于河北，少年时期就开始了颠沛流离的逃亡生活，小时候没人管束，什么都玩，爬树逮鸟抓鱼推铁环拍三角打弹弓弹玻璃球，淘起来上天入地。男孩子的天性得到了完全彻底的释放。在无尽地玩耍中，培养了想像力与好奇心，勇于实践和冒险，和一个男孩子的野性和野心。正是这种经历，形成了他现在喜欢冒险、寻求刺激的性格，造就了一个激进冒险型企业家的冒险精神，可以说，这种强烈的冒险天性与生俱来，日常生活和工作事业均表现出一致性的冒险性格，认为有冒险才有机会，机会总是伴随着风险，没有风险的机会就没有追逐的价值，蔡董感到冒险是一种乐趣。凭着持续积累经验教训和不断冒险创新屹立在市场潮头。

1986年，北京市政府首次提出中国硅谷——中关村的概念，一时"下海"成风。那一年蔡先培已有50岁，他不想碌碌无为一辈子，于是从首都钢铁厂辞职，开办了一家做肩背式淘金机设备的企业。创业第二年，美国某工业协会在北京办了一个展览。仅凭展出的一个产品的外观，只用了半年时间，蔡先培就设计出了一款肩背式淘金机。淘金机之后，蔡先培又发明了"拧水拖把"和排烟柜。第一次创业时，他是从"发明家"起步的，走的是研发产品—申请专利—自行销售的路子。两年后，蔡先培又拓展了新业务——油烟柜的生意。凭借一个简单的发明，他赚得了自己人生的"第一桶金"。紧接着，又开展品牌橱柜家具生意，在涉足整体厨房领域时，曾经两年内没有竞争对手。随后他的儿子蔡明又将生意扩大到卫浴、衣帽间,直到现在的整个家装市场。

1992年,蔡先培56岁,他和儿子蔡明一起创办科宝应用科技研究所,就是今天科宝·博洛尼的前身。随后几年,他过得特别逍遥。不看财报,不开董事会,不参加融资谈判,所有具体的事情都由儿子打理。在儿子眼中,他也不适合做具体的事情,蔡先培不服气。2000年,在北京顺义承租了2000亩土地,种植了上千棵速生杨树苗。第二年,又在武汉以每亩2万元的价格,买下20万亩土地,计划开发林场。后来还在俄罗斯弄了一大片林地。当时,他的想法是,占领产业链的最上游,自己提供原材料,做密度板和刨花板,从而在家具行业立于不败之地。

博洛尼2003年进入了一个相对的快速发展阶段,在蔡先培看来,同时也犯了冒进的问题。接下来的两年他参与公司管理,但接手之后,他发现阻力比想像的要大得多,最后就不再管了。他自己也承认,除了儿女不认可之外,自己"没有那种历史积淀的管理经验"也是一个很重要的原因。为了创造奇迹给儿女看,2004年开始,他奔波于全国各地上各类培训班,至今已上了300多个。他真心地觉得这些课程让他获得了新生,帮他找到了科宝·博洛尼发展道路上的解决方案。同时在员工管理方面他也创新,让员工快乐工作,提高幸福指数,员工会感觉到一种亲切感,并对企业产生认同,然后升华成一种归属感,进一步演变成责任感,再进一步会产生很高的成就感,打造出一支招之即来、来之能干、干之能胜的铁军。蔡董在创业和经营过程中经常冒险生发智慧,能够抓住稍纵即逝的机遇,不断创造辉煌。

企业家在瞬息万变的市场中为什么必须具备冒险精神,如何发

第三章 中国需要敢于冒险的企业家

扬科学的冒险精神,对于一个企业和企业家来说,不敢冒险才是最大的风险。2009年,蔡董又开始了一次创业,他收购了俄罗斯的两家公司,在俄罗斯买下了30万亩林区的采伐权,计划在俄罗斯经营木材采伐、加工及售后服务。不过这个项目独立于科宝·博洛尼公司。再次创业,是要自己造一片海和一片天。不断学习充电,设法摆脱家装行业乱象丛生的困境。如今想法已经成熟,只有自己制定游戏规则,整合家装行业,才能成为这个行业的领导者。从而整合行业供应链,成就一千到两千家的加盟商,让他们为用户服务,每个加盟商做一到两个亿,精雕细琢,按照制定的标准规则和工具、人才培训,输出给它,要做成千亿市值的公司,这是他的一个目标。

蔡先培亲手创下的家族企业,在交给儿子蔡明多年后,74岁的他在一个千人大会上宣布:我要斗胆包天给自己的未来设定六个二的目标:打造两个民族品牌走向世界,做两个上市公司,建两个工业园,成立两个基金会,写两本书,拍两部电影。归根结底,他的成功源于企业家精神的重要内涵之一冒险精神。

蔡董65岁才拿到汽车驾照,他开车也喜欢冒险,走遍了南方各省,创造了很多奇迹。最精彩的一次就是在广西,通过水沟地绕过一辆横在马路上的大货车,引来大量围观者,蔡先培那一次特自豪。

精通球类运动的蔡老,在68岁那年学会了高尔夫,并且疯狂地迷上了它。他经常开着快车去高尔夫球场,可以从早上9点打到下午6点,打36洞。别人为他过人的体力精力赞叹,除了打高尔夫以外,蔡老还在70岁时实现了他17岁时的飞行梦。一刻也不消停的他,在2007年又花费几十万买了一艘游艇。学会开游艇。海陆空还不仅是蔡先培的全部,他在良乡还有一个马场,养着几十匹马。他还预备在顺义自己那2000亩速生林里搞一个庄园，除了游艇外，再搞几辆装甲车，开着车撞击墙壁，体验所向披靡的感觉。

在激烈竞争的市场中，风险无处不在，不论是规模多大、品牌多硬的企业，不可避免地都要经历急流险滩，如果主观地一味寻找和期待风平浪静，经营管理必然束手束脚，这就注定是要被市场和时代淘汰出局的。真正的企业家面对风险，首先表现出大无畏的精神，在新事物面前，敢为天下先。冒险精粹给了他们良好的心态和广阔的空间。在这样的情况下，企业家才可能科学地处置风险，运筹帷幄，决胜千里。

蔡董走过来的经历告诉大家，如果你想创业成功，你必须让自己去打，你自己必须修炼自己。他总结出修炼定律：三个心、三个大、三个创、三个自。就是要有一颗慈爱的心、平常的心、进取的心；三个大，就是要大气、大度、大方；三个自就是自信、自强、自律；三个创，就是技术创新，机制创新，商业模式的创新。然后知识技术层面，你需要有渊博的知识，你需要有辩证的思维，开阔的眼界，敏锐的洞察力，这样具备基本的创业素养，让自己做强做大，让自己不达目的，誓不罢休。一旦遇到各种各样的困难，一定要有思想准备，倒下了还能爬起来，从福特汽车、柯达照相、多米诺比萨饼、微软、派克笔等等，都是我们身边可以信手拈来的例子。而这些响亮的企业名字暗含着一个非常重要的线索，它帮助我们来思考企业家的本质是什么。作为企业家，是敢冒险、善创新的企业领袖，一般或多或少都具有激进的素质，同时融合其他优良品质。

冒险精神是后天培养的吗

比尔·盖茨靠什么法宝建立了他的微软帝国？他为何在竞争激烈的现代经济中独占鳌头而历久不衰？在比尔·盖茨看来，成功的首要因素就是冒险。在任何事业中，把所有的冒险都消除掉的话，自然也就把所有成功的机会都消除掉了。他自己的一生当中，最持续一贯的特性就是强烈的冒险天性。他甚至认为，如果一个机会没有伴随着风险，这种机会通常就不值得花心力去尝试。他坚定不移地认为，有冒险才有机会，正是有风险才使得事业更加充满跌宕起伏的趣味。他是一个具有极高天分、争强好胜、喜欢冒险、自信心很强的人，他在本行业内的控制力是惊人的，以至《资本家》杂志在1991年4月曾经发表一篇评论说：微软公司正在屠杀对手，看来似乎会几近垄断软件工业。

事实上，对冒险精神的培养，比尔·盖茨从学生时代就开始了。他在哈佛的第一个学年故意制定了一个策略：多数的课程都逃课，然后在临近期末考试的时候再拼命地学习。他想通过这种冒险，检验自己怎么花尽可能少的时间，而又能够得到最高的分数。他做得很成功，通过这个冒险他发现了一个企业家应当具备的素质：如何用最少的时间和成本得到最快最高的回报。他总是在培养自己好斗的性格，因而被人骂做"红眼"（人在紧张时肾上腺素冲进眼睛，导致眼睛通红）。久而久之，他成为令所有对手都胆怯的人物，因为他绝对不服输，绝对不会退缩，绝对不会忍让，更不会妥协，直到他自己取得胜利。

这种个性成为他创业时期的最明显的特征,他使一个个对手都败在自己的手下。但是他同时又是一个最不满足的人。到了20世纪90年代,他已经成了世界首富,但是不满足的心理依然驱使着他继续自己的冒险事业。他在一次接受记者的采访时说:"我最害怕的是满足,所以每一天我走进这间办公室时都自问:我们是否仍然在辛勤工作?有人将要超过我们吗?我们的产品真的是目前世界上最好的吗?我们能不能再加点油,让我们的产品变得更好呢?"比尔·盖茨最喜欢速度快的汽车和游艇,他私人拥有两部保时捷汽车和两艘快速游艇,毫无疑问这是他不断锤炼自己的冒险性格的工具,他因而经常接到超速的罚单。一个人驾驶汽车到沙漠旅行,一个人驾驶飞机飞越崇山峻岭,一个人驾驶游艇遨游大海,这都是比尔·盖茨常做的。

群龙四起之时,强权话事,谁最大胆,谁最霸气,谁就能生存下来。

互联网,与我们的生活息息相关,改变了我们的观念,方便了我们的生活。在经济的不断发展中,互联网也进化了,从而衍生出"互联网+"这一新形态。它代表一种先进的生产力,推动经济形态不断的发生演变。在"互联网+"的影响下,许多企业被迫向"互联网+"转型。但古话说的对,纸上得来终觉浅 绝知此事要躬行,我们就通过下面三个案例让你传统企业的领导们完完全全掌握如何进行成功转型。利用"互联网+"转型的企业本质上就是要做好三件事——卖货、聚粉、建平台。

"互联网+"企业要怎么卖货呢?开家网店就行了?当然不是。"互联网+"卖货包括线上自己卖、带动别人卖、带动线下卖和微商。

不管怎么样，互联网时代，学会了"卖货"也就抓住了市场。"互联网+"时代的卖货，"线上自己卖"远远不够，"互联网+"时代，不仅要自己卖得好，更主要的是要做好全渠道分销。

在华佳，像王涛这样的熟练工人，月收入超过4000元。

太湖县安徽华佳服装有限公司偌大的生产车间内，21岁的小伙王涛熟练地在机器上穿针引线。

他是太湖当地人，在服装行业已经干了好几年了，之前一直外出打工，两年前回老家工作，伴随着公司效益的蒸蒸日上，王涛的月工资超过4000元。

王涛所在的华佳服装公司，成立于1996年11月，总部位于合肥。2006年初，公司与太湖县政府签署投资协议，在太湖县工业园区投资3000万元，购地30亩，兴建厂房20000多平方米，如今年产夹克衫、羽绒服、毛坯一体服装100万件。

目前，华佳已获得2014年安徽省电子商务示范企业、"安徽省诚信企业"、太湖县"十强工业企业"等多项荣誉。而这些荣誉的获得，与公司的创始人叶启华有着密不可分的联系。

1993年，刚刚从安徽大学毕业的"高材生"叶启华进入省城一家知名服装外贸公司。不过，敢于冒险的叶启华留了个心眼，一边在外贸公司上班，一边成立了合肥时尚达服装设计有限公司，公司的注册地是在叶启华的家乡——太湖县。

近二十多年的时间过去了，已在上海、南京等地设立了多个分公司，产品远销美国、英国、澳大利亚、巴西等国的华佳服装公司，贸易、设计、美工、运营、客服、电商等"大脑中枢"在合肥，产品的生产和加工则在太湖。"公司2015年的营业额6000多万，税收300万左右，这在合肥不算什么，但对太湖来说数目不小，我毕竟是太湖人，也算是为家乡做贡献了"，叶启华笑着说。

在华佳6000多万的总销售额中，电商占了一半。叶启华说，自己触网做电商其实是被逼的。公司之前先是搞服装设计，然后转做外贸。从2006年开始，做外贸的成本开始增加，叶启华察觉到了整个外贸市场的萎缩。而缺少供货基地的华佳，在与客户合作洽谈、产品基地展示等方面存在短板，因此决定于2006年兴建工厂。2008年受国际金融危机影响，公司业绩不佳，整体外销走下坡路。此后，家底不算丰厚的华佳和行业内其他企业一样，一直在思考如何转做内销的问题。在目睹身边众多的大企业的失败经历后，2010年，华佳抛弃了大砸广告的传统营销做法，开始涉足电子商务领域。

短短四年时间，华佳电子商务从无到有，并利用线上的快速发展倒逼线下实体店的发展，形成销售、产品的互补。按照叶启华的预计，2016年线上收入将达到6000万。而数字猛增的背后，叶启华有自己"不得不说"的感悟。

"当大家都开始做的时候，已经晚了"，这是叶启华对于当前电子商务发展的独特看法，在他看来，现在的电子商务市场已经是"红海一片"，况且线上营销有自己的缺点。

叶启华认为，线上营销最大的问题就是风险要自己承担，具体表现在三个方面：一，库存问题。能否解决库存是电商成败的关键，对此，华佳采取的是发展线下实体店的方式，产品在线上与线下结合着卖。目前，华佳第一家线下实体店已经开张，并将有10~15家加盟店开张。二，产品设计的风险问题。比如，一次推出的五款服装中，只有1~2款能够成为爆款，剩余的则是不温不火。三，盗版问题。一旦哪种服装款式火起来,其他商家便会跟风生产,短时间内便会涌现大量仿冒伪劣产品,这一直是困扰花费巨大人力物力财力搞创新的企业的难题。

与此同时,仅仅依靠线下实体店的销售也是不现实的。实体店覆盖范围较小,区域性销售特征明显。而互联网的发展和互联网+的应用是大势所趋。如今的华佳,已经往跨境电子商务方向发展,华佳旗下的华伊格等多个品牌不仅已入驻天猫、唯品会、聚美优品、京东、凡客、当当,并入驻速卖通、EBAY。

华佳的线上与线下之路,就是华佳坚持的互联网+服装之路。取互联网之长补实体店之短,趋互联网之利避互联网之害,以谋求利益最大化。如今,在华佳的营业额结构中,线上营销绝对数字在迅速增加,所占份额也在逐步上升。

而无论是对外还是对内,叶启华认为,诚信与质量是根本;无论是线上还是线下,合法才能长久。"互联网是必要条件,必须跟实体店结合在一起,才能构成华佳发展的充分必要条件。"叶启华说。

"互联网+"企业想要把自己的货卖出去,要做的不是像个人开网店那样,接个单发个货就行了的,需要充分将线上和线下结合在一起,线上订单,线下体验,既卖好了货,又做好了服务,得到了客户的满意,还赚到了钞票。

除了卖好货之外,还需要维护好企业的客户体系,这样才能更好的扩展客户范围,提高品牌知名度和口碑。客户跟粉丝一样,就像是一把手心里的沙,握得太紧,会从指缝中溜走,握得太松,却又怕风吹走。

那么,传统企业究竟该怎么做才能更快且更好地聚到粉,获得第一批用户呢？

如何利用互联网卖货前面我们说了，那么怎么利用互联网聚集自己的粉丝呢，远的不说，我们人人都用的手机，苹果聚集的是一群品牌粉，小米聚集的是一批发烧粉。

F600创业网CEO谈粉丝经济的时候说道：粉为何如此重要，因为在互联网时代，粉丝就是潜在消费群，他会为您的任何一款产品买单。

乳山通微信公众平台于2014年初注册，12月25日才进行首次推送。到2015年1月8日粉丝数为891人，没做任何推广和引流，只在PC端放了二维码。仅依靠内容传播，3月15日粉丝增长到4600。其实在这中间经历了春节，粉丝净增长还出现了-5的情况。

乳山全市人口57万，城区人口大约12万左右，但公众账号粉丝增长十分乏力。同时区域竞争也十分激烈，一个小小的县城，有不下十个平台型微信公众账号，有个别账号已经有上万粉丝。运营人员意识到急需一次大规模的吸粉拉升距离，抢占本地老大地位。因为区域性平台一定是个寡头生意，有了老大，老二会自然消亡，县城用户的需求没有那么多的差异化！微信打印机、线下地推送奖品、发放传单等方法、甚至想到群发短信！但都被一一否定，这些方式都耗时耗力耗钱，且效果无法把控。尤其在冬天，县城老百姓除了上班就是在家呆着，根本没有一个地方能集中去找到他们，找到了也可能各种不关注！

而在这之前运营人员当地举办过一次网络春晚活动，利用微信平台做了一个选手的投票活动，一天内增加了几百粉丝，最重要的是，他们看到了粉丝对投票类活动的疯狂。

紧接着是定活动主题，女神？闺蜜？美景？全家福？总觉得差一点劲，不能达到期待的效果！在楼下快餐店吃饭的时候，服务员唠嗑说她请假去陪孩子，讲述了一个家长从孩子出生后到现在7岁倾注的心血！这给了运营人员很大的启发，每个宝宝倾注了3个家庭的心血（爸妈，爷爷奶奶，姥姥姥爷），孩子是唯一能带动全城的一个主题！为什么选择"萌"宝呢？因为萌是一个模糊的参数，没有一个标准化的概念，仁者见仁，从而保证活动的参与广度！

后来通过调研其他兄弟平台发现，已经有在做萌宝活动的，很多县级市也在做，这证明选择的方向是对的！但聊下来是喜忧参半，喜的是活动方向对了，忧的是县级市吸粉1万，地级市吸粉5万已经是成功了，而自己的账号只有4600粉丝，能够做到吸粉1万吗？而且本地另一个平台在一个月前刚做了萌宝活动，参与宝宝才几十个，团队里出现活动遇冷怎么办的声音。

但是运营的经验证明，细节决定成败！不要管别人怎么做，做好自己能想到的每个细节，结果自然是好的！于是，运营团队在技术、策划、招商、运营、推广、地推、客服等各个环节做了充分准备和危机预案后才小心翼翼地开始了萌宝活动。

最终，乳山通公众平台在2015年3月24日-4月8日进行了为期16天的萌宝大赛活动，公众平台粉丝增量惊人，达到了72020人，完成一次漂亮的弯道超车。

在平台建立初期，运营者们需要更深层次的展望渠道价值，风口上的猪，起飞只是第一步，更应该学会如何在无风的时候平稳着陆！

上述说的两个方面内容的前提都是企业成功转型，如果企业转型失败，幻想的再美好岂不都是白瞎了？所以，转型这一道程序显得尤为重要。

为此，一些企业家就会问：传统企业如何利用互联网成功转型？要学会三道减法，一道加法。

① 减产品"：减产品线。今天的传统企业在互联网时代面临的最大痛点之一就是产品卖不出去，原因何在？根本原因就在于产品开发不够极致，不能够引发用户的尖叫。为什么产品不够极致？这里原因是多方面的，包括缺乏互联网企业里一个重要的岗位，那就是面向用户的产品经理角色，往往产品是由工程师们闭门造车臆想出来的，这样的产品如何能受用户欢迎。还有一个非常重要的原因就是产品线太多，缺乏聚焦点。如果是放在存在竞争壁垒和门槛的传统渠道里，可能影响还不会很大，但当你面对互联网四面八方涌来的敌人时，缺乏聚焦的核心产品可能就会成为你最大的短板，这也是为何小米开始只聚焦于做一款手机产品的原因。

在"减产品"这一点上，很多传统企业做互联网犯的错误在于，认为竞争对手太过于强大，往往不自信也不敢拿出自己最有优势的产品来推广，而是另辟蹊径，重新开发有差异化但缺乏竞争力的产品。国美在线成功的重要因素就是会"减产品"，虽然是全品类发展，但并非全都是亲力亲为，而是重点发力于其最擅长最有优势的家电3C品类，其他则通过开放平台与各个行业领先的企业进行强强合作，推出黄金汽车、服饰百货、艺术品、国美家、票据理财等特色品类。聚焦的好处是一方面可以保证家电3C保持低于市场的价格和高于业界标准的物流、售后服务，另一方面又有更大的业务想像空间，建立大生活圈，这个战略方向从发展势头和业绩财报数据来看，是走对了。

② 减渠道"：砍去低效的渠道。这里所指的减渠道是聚焦渠道，

砍去低效的渠道。传统商业竞争在渠道领域更多是依赖于空间的资源优势，比如商超、卖场等，构建这些渠道所需耗费的时间漫长，效率较低，基本就是靠人堆出来的。而类似于展会、报刊、杂志、电视等用户群的覆盖率和触达率又相对较低。而互联网时代，因为新增了时间维度，企业与用户的交互场景被拓宽了，原来只能在线下，现在是到线上也可以发生关系。今天互联网的流量70%是掌控在BAT三大巨头手中，总的来说，线上的渠道更集中更聚焦，聚焦于几个主要的渠道，砍去那些占用你大量资源和时间成本、人力成本的渠道非常有必要。

传统企业一味的互联网化，不顾自己是否适合的"拿来主义"，在互联网全面强推自己的信息，显然不是最可取的。聪明的传统企业，应该找到适合自己的与互联网结合的路径，国美在线是电商平台，维护与消费者的强关系是最重要的，所以选择聚焦微博、微信等社会化渠道，采用消费者认知度高的热点进行借势。

③ 减人"：组织结构变形，激发创新。减人不是要裁员，而是建立一种适合互联网的全新组织架构形态。当你的电商团队需要请一笔营销费用需要盖N个章，走N个流程，十天半个月才能拿到款时，当你的销售团队在抱怨互联网客户如何质量低下时，当你遍布全国的经销商渠道集体抵制互联网客户时，当你想要改进一项产品专门特供给互联网用户却发现现有产品线根本无力调整时，你的企业需要一场自我的革命。不管你再好的产品再好的服务，低效在互联网时代都是致命的，因为每一分钟都有可能从背后跑出一个新的敌人。在互联网时代，原本看起来高效的传统业务流程设计都变得极其低效，原本看起来是最大优势的渠道资源反而成为束缚你变革的绊脚石。

船大难掉头，企业面对不确定的互联网时代需要做的是建造可以快速突击的舰艇，而且一定是脱离母体独立生存的、不依附于原有的渠道和业务体系，只有脱离母体存在，它所受到的阻力才是最小的。国美在线今天能跑这么快非常重要的原因，一方面是因为它是不依附于国美线下渠道的独立法人单位，有发展和经营策略上的最大自由度；另外一方面，线上业务团队为适应互联网需要，在内部广泛推广了"快速行动、协作创新，人人都是CEO"的企业文化，采用小微组织和蜂巢效应，跨部门横向沟通，而不是纵向汇报，所有决策和流程尽量缩短。控制每个项目核心参与人数，同时给项目负责人很大的权限，能够调动公司内部所有资源支持，又对他有严格的激励机制，做到高效快捷。

向消费者提供个性化或一整套解决方案，而不单纯是某个产品，这是这一模式的主要方向。服务也一定会成为传统企业在互联网平台竞争的主战场。

如今是互联网时代，向"互联网+"方向转型是每个传统企业都必须要经历的事，去勇敢拥抱它吧！相信你会惊讶于"互联网+"带来的改变！

第三章 中国需要敢于冒险的企业家

冒险的本能

企业家有天生爱冒险的特质。

2016年新年伊始，中国电视台财经人物纪录片《遇见大咖》在大年初五播出了"互联网头号男神"李彦宏特辑。据悉，这部纪录片历时9个月贴身跟拍，呈现了一位不一样的百度当家人。在片中，李彦宏与主持人史小诺进行了一次关于互联网、百度以及他个人的深度交流。在被问及那笔在O2O业内一时激起千层浪的200亿巨额投资时，他剖析本心，表示"企业家天生就是喜欢冒险的"。

2015年6月，李彦宏力主以200亿注入O2O业务，此举曾被视为2015年行业合并震源。在访谈中，主持人问李彦宏，将如此巨资注入糯米，是否害怕失败："万一烧了钱，它没有达到你理想的结果呢？"对此，李彦宏则谈起了冒险的意义："你知道我是一个企业家，或者说是一个创业者，其实我们这类人天生就是喜欢冒险的"。这种喜欢冒险、不断尝试、不安于现状的企业家精神，无疑一直存在于李彦宏创业与引领百度前进的整个过程中。

2005年，李彦宏辞掉美国稳定的工作，卖掉房子、车子，放弃股票期权，回国一头扎进充满不确定性的创业中。他坦言，"如果当时失败了确实很不划算了，但是我就想，我愿意冒这个险。因为我知道如果做成了，它的意义要远远大于我在美国过一个舒适的生活"。显然，李彦宏的话代表了一种属于创业者的热情。他的冒险与乐观，既代表着一位企业家统领企业前进的方式，也可视为百度和整个互联网不断变化、进而推动各行业不断变化的根本动力所在。对于未来移动互联网带来的新业态和竞争格局，李彦宏则以他一如既往的积极展望道："这个世界足够大，还是有很多机会可以抓住的。"

因为在李彦宏看来，一家企业在打造百年基业的过程中不可能一帆风顺，一定会不可避免地经历起伏甚至生死，若想在变化莫测的市场上突围甚至做到基业长青，企业家必须要有冒险精神和承担风险的能力。

"互联网企业成功，最最重要的因素是什么？团队？用户？产品？商业模式？坦白说我决定投资对象时80%取决于CEO一个人。"所以说，互联网行业的特殊性使得CEO对于互联网创业成功尤为重要。

互联网行业跟传统行业相比有哪些特别的地方呢？互联网行业的特殊性归纳起来主要有两点。

首先，互联网行业最大的特点就是日新月异，变化很大。任何一家企业的运营都是非常快速的，很多企业，特别是在互联网时代，一个APP可能一个星期就是一个新的版本，用户可以随时随地反馈，有漏洞的话就要改掉。除了运营快速，互联网公司的发展非常迅速，整个行业都变化得非常快。不管是在美国还是中国，互联网行业基本上每三到五年就有一个新的领头羊。"如果传统行业像骑自行车的话，互联网行业就跟赛车一样，你自行车是悠哉悠哉的骑，碰到一个坎可以下来推过去，赛车是时时刻刻要高度集中，赛车手一定要掌控好方向盘。

再者，互联网不受时间和空间的限制，其造成的规模效应和网络效应导致几乎互联网所有行业都是赢家通吃。不论是搜索领域，还是

第三章 中国需要敢于冒险的企业家

社交、商务领域,都呈现出一家通吃的景象。同时,互联网行业的爆炸式增长吸引了大批优秀的人才。

正因为这个行业变化迅速,赢家通吃,同时高手云集的竞争环境导致互联网行业对CEO的要求比传统行业高很多。假设互联网企业是一个大厦,CEO就是这个大厦最高的柱子,CEO的高度决定着企业的高度。

创业者要想在互联网这个特殊的行业中脱颖而出,先天后天都要"全副武装"。

首先,一个成功的创业家要有天生的冒险精神。每一次创业都是充满风险和未知的旅行,你根本不知道你下一步会走到哪里,所以需要有一种比传统行业更强的冒险精神,有足够的勇气面对未知的世界。而且,企业家的冒险精神是天生的,所谓的准备只能证明你没有天生的冒险精神。

第二,要有强烈的创新精神。互联网行业日新月异,要是没有创新的话,你随时可能被人颠覆。创新精神给互联网行业带来的日新月异的变化也给企业家带来了非常大的挑战。

第三,要有比钢铁还坚强的意志。因为创业太辛苦了,太需要坚强的意志了。一个创业者几乎每天面对各种决策、各种问题以及由之产生的各种压力,没有比钢铁还坚强的神经他是完全扛不住的。

第四,超强的操盘能力、学习能力也是一个优秀的企业家必须具备的素质。互联网行业高速变化的环境对于一个人的操盘能力和学习能力的要求非常高,要想在其中生存的人必须像打了激素一样疯狂地生长。"就像开赛车一样,你真的要全神贯注,一刻都不能出问题,否则就是粉身碎骨的那种命运。

第五，强大的执行力。在国内创新很少的互联网行业，比不了创新智能比执行力。同样是"抄"，为什么我们"抄"成功了而他们没"抄"成功，就是因为在这个缺少原创的行业中，执行力不同导致了截然不同的结果。

CEO可以分成不同的等级：第一等级的CEO是属于能力超强，个性特别适合做企业家的人，比如马云、马化腾、雷军、李彦宏，他们都是这个时代的赢家。第二等级是能力超强，但是个性上有些许不足。这种公司起来得快，但没落得也很快，很难建立一个千亿美金的公司。第三类CEO是能力很强，性格有缺陷，他们有机会做几十亿美金的公司。

那到底是怎么看出能力和性格的特征的呢？首先，把评估CEO的所有指标分成三个盒子，第一个是由企业家的DNA决定的，一辈子不可能改变的，包括聪明不聪明，这是最核心的因素。第二个盒子是一个人一辈子很难改变但在某些特殊情况下有可能改变的因素，比如说有些人很固执，但碰到南墙之后是有可能改的，但是也很难。第三个就是完全可变化的东西，比如你的事业、你的经验、你的领导力、你的沟通能力，这是后天可以培养的。如果三个盒子都好，那肯定是可以投资的；如果第一个很好，第二个很好，而且足够年轻我们也会投的。最难做抉择的是那些边界的状态，一个人固执或者执著，两者是很难区分的。

那三个盒子质量到底怎么去评估呢？具体的形式有很多，比如跟对方聊聊想做的项目，谈谈他成长的经历或者参加内部团队会议，通过一些成长的细节或是沟通交流的方法分析、思考、把握对方的性格、思维方式甚至价值观。

第三章 中国需要敢于冒险的企业家

创业家与投资者好比是千里马与伯乐的关系，或者更直白点就是司机与乘客的关系。创业者是司机，是开车的，而投资者可以分为两类：坐在副驾驶的投资人——看你开车，教你开车，关键时刻还给你踩刹车和油门；坐在后面的投资人——不会直接指导，而是不断地加油和及时地提醒。

有一位互联网企业的CEO写道："我是不会选择做一个普通人的。如果我能够做到的话，我有权成为一位不寻常的人。我寻找机会，但我不寻求安稳，我不希望在国家的照顾下成为一名有保障的国民，那将被人瞧不起而使我感到痛苦不堪。我要做有意义的冒险。我要梦想，我要创造，我要失败，我也要成功。我拒绝用刺激来换取施舍；我宁愿向生活挑战，而不愿过有保证的生活；宁愿要达到目的时的激动，而不愿要乌托邦式毫无生气的平静。

"我不会拿我的自由与慈善作交易，也不会拿我的尊严去与发给乞丐的食物作交易。我决不会在任何一位大师面前发抖，也不会为任何恐吓所屈服。我的天性是挺胸直立，骄傲而无所畏惧。我勇敢地面对这个世界，自豪地说：在上帝的帮助下，我已经做到了。"

在很多企业家的发展过程中，他们都是靠"把所有鸡蛋放在一个篮子里"获取财富的，他们敢冒风险。而他们之所以能够领略无限风光，也正因为他们具备了冒险的本能。

成功心理学指出，当一个人能够控制恐惧时，他能控制自己的思想与行动。他的自控力能让他在纷乱的环境下，仍然处变不惊，并能无惧于后果的不确定性，而做出该做的决定。当结果并不如所愿时，他随时准备承担失败的后果。而这种临危不乱的勇气与冒险的精神，正是成功者所具备的素质。勇于冒险的富豪们，并非不怕风险，只是因为他们能认清风险,进而克服对风险的恐惧。勇气源自于控制恐惧,而培养冒险精神始自于了解风险。

一个成功的人,一定要先屏弃躲避风险的习惯,重新拾回失去的冒险本能,进而培养一种健康的冒险精神。的确,积习已久的避险习惯,想在短时间内改变过来,谈何容易?但是,既然冒险是成功致富不可或缺的要素,那么,走向成功的第一要务,就应该克服恐惧,强迫自己冒险。培养健康的冒险精神,勇于投资在高期望报酬的投资标的上,并承担其所伴随的高风险。

世界上任何领域的一流好手,都是靠着勇敢面对他们所畏惧的事物,冒险犯难,才出人头地的。而一些利用投资致富,实现梦想的人,也都是以冒险的精神作为后盾。处处小心谨慎,则难以有成;缺乏冒险精神,梦想将永远都只是梦想。

冒险中的巨利

在经营中更需要风险意识、善于经营的人,其实就是善于经营风险、敢作风险决断的人。华达集团总裁李晓华很擅长宏观指挥,在选项和立项投资上都优于具体管理。他让被任用的管理者来具体打理他的生意,贯彻他的经营理念。李晓华不只是将才,更是帅才。

美国有两大打车软件Uber和Lyft,Lyft在中文里叫做来福车,两家公司的竞争一直很激烈,但都不曾放弃创新。Uber就喜欢推出一些创新服务,例如5分钟就能叫到一辆冰淇淋车。而且,Uber还立志要用无人驾驶汽车取代私家车以及人类司机。

另一方面,Lyft虽然一直承受着"山寨Uber"的压力,但它也一直寻求着不同的发展路线。比如,Uber要求司机为乘客提供专业的服务,各种送水送温暖;而Lyft则鼓励乘客坐在副驾驶,与司机进行朋友一样的交流。

有趣的是,Uber创始人特拉维斯·卡拉尼克在一次采访中说,"中国和中国的企业家,是补贴方面最好的创新者和创造者。我必须迎头赶上,了解中国创新的补贴做法。"

不可否认,在补贴方面,中国企业比Uber更胜一筹。或许,这也会是赢得胜利的最大筹码。然而,专注于营销战的创新似乎偏离了互联网产品本身,显得有些奇怪。

除创业者自身原因外,中国互联网市场创新不够还有其他原因。比如,中国在互联网知识产权保护方面做得不是很完善,以至于很多好的创意都死在摇篮中,创新活跃度不高。

香颂资本董事沈萌曾经分析过,对于国内互联网企业来说,即使在合并后,也要警惕把目光局限在规模扩张这个问题上。毕竟,防止再次价格战的最佳办法,就是推动创新竞争。

在一个良性发展的市场,企业应当注重自身产品技术的研发,去解决消费者的困难,真正通过互联网产品,去为消费者带来更大的便利,而不是通过简单的复制和价格战成为第一。

从这个合并故事中,我们也会产生对企业家精神的一些感悟。关于企业家或者说领导力的说法有很多,比如说他们有进取心、有担当、责任心强、情商高等等。而如果把所有关于优秀企业家的特质总结起来，会看到两种精神：一是英雄气概，二是工匠精神。

英雄气概，敢拼敢闯敢冒险，如果领导人没有这样的气魄，一个企业难以立足，难以实现从0到1的跨越，难以开拓进取成为王者。

而工匠精神，往往是在企业有了一定行业地位、稳定发展后，需要的一种企业家精神引导。一个领导者如果没有工匠精神，只是一味急功近利，只顾眼前利益，不去钻研创新，争取更大目标，那么他所领导的企业也难以长久维持下去。

英雄气概和工匠精神，一快一慢，一个不拘小节，一个是谨小慎微。这就是中国企业家应当修炼的精神气质。

2003年，张涛31岁，从美国回到中国，创立大众点评。在众多靠模仿国外模式创造产品的互联网公司中，张涛的大众点评是少有的完全独创的模式。在大众点评后的发展中，可以感受到张涛在用百年老店的思想经营照料着这个企业。虽然不快，但是走得很稳。

一直到2010年后，大众点评卷入团购网站竞争，又在2014年深陷O2O竞争沼泽。面对快速变化的互联网环境，张涛改变和适应的速度有些滞后。大众和美团合并后不久，有一张照片流传出来，照片是大众点评的一场内部告别活动，张涛双眼紧闭，眉头紧锁，与同事抱头大哭。

外界解读认为，公司合并后，大众点评被排挤边缘化，而张涛手里没有核心业务，基本可以看作是退休了。这样的结局，令人叹惋。一个充满情怀的实干者，就这样在互联网合并浪潮中淡出。然而，他是失败者吗？我想没有人会这样认为。

王微就曾说过，"人有人的命运，公司有公司的命运。就像人一样，公司总有死去的那一天。如果我们只看结果，那所有的结果就只

有一个，死亡。在我们还能做着梦、活在梦里的时候，尽我们所能，做有趣的梦。"

不管是张涛还是王微，或者是去哪儿的庄臣超，赶集网的杨浩勇，这些看似离开的失败者，其实都是成功者。他们收获的是一段丰盛的人生。

商海波涛万丈，对一个白手致富的人而言，他的财富，多少都靠拼搏，因为任何利润，必然伴随着风险。

2015年商界木兰年会刚落幕，女性企业家格外受关注。她们的共同点是，过去一年里转型的步子迈得很大，这在外界看来甚至有点冒险。事业辉煌为什么还要做出这样的选择？面对互联网带来的变革，她们又在想什么，做什么？2014年，在万科服务了20多年的肖莉选择加盟房多多时，很多人不理解这一略显"任性"的做法。

2015年商界木兰年会上，肖莉给出了自己的答案，肖莉说："我觉得在这个公司，我能够尝试的新东西没那么多了。我还是充满了要冒险的想法。恰好有一个机遇告诉我说，我们也是做跟房地产相关的行业，是做房屋销售的，用全新的互联网的方式去做，它会吸引我。假定我失败了我会怎么样，我会失去什么，最终发现你不会失去什么。"

冒险之路上，肖莉并不孤单，很多"闲不住"的女性企业家不甘于做重复的事。慈铭健康体检集团总裁韩小红就是其中一个。十几年前放弃一切去创业是一次冒险，而现在则是把做起来的企业交给别人借壳上市，她要开启新的事业。韩小红说："我们做了一个选择，跟我们的同行业竞争的企业美年大健康借壳上市，我们这两个公司完全走到一起还需要半年到一年，但是这个壳公司已经公开了。在这个过程中，我发现我们的团队力量更强了，协同效应更大了。"

吸引韩小红的力量来自互联网。过去面对互联网的发展，更多企业想到的拥抱互联网，但韩小红认为这远远不够。

韩小红说："我的互联网公司独立出来了，单独做了一家移动医疗的公司。运营的时候，我真正明白了什么叫'互联网+'，而不是'+互联网'。整个商业模式，不仅是加几项先进技术和手段，你要站在互联网的角度，一个最根本的改变从赚钱到烧钱模式的转变。

而对国美控股集团总裁黄秀虹来说，冒险更是骨子里流动的基因。国美现在不仅仅做传统行业，还是电商平台，在这个基础上，国美又做起了金融。

黄秀虹说："从国美来说，挑战新业务，是必备的精神。我希望集团多元化，走出传统企业。我已开始计划在国美集团做金融产品。金融产品不仅做PE投资，还做多元化的产品，有互联网，有投资，有资产管理等等产品。"

创新和冒险精神无论对于企业家还是企业来说，都是很好的催化剂。在既有轨道上，改变往往会很重。你只有另外起一个炉灶。企业也是这样，房多多创业的时候，是卖新房，卖二手房。黄秀虹说："我今年来了以后，开始做互联网金融，把整个互联网金融产品植入到交易的每一个环节，所以新人的加入，或者老人的离开，对一个企业来说是非常好的催化剂，可以帮大家活起来。"

由此可见，敢冒风险是以科学决策为依据的，实施的每一个步骤都经过周密的策划，把风险变为机遇，把机遇变成现实，这凝结着夏朝嘉多少心血！

夏朝嘉说："企业家的天敌是平庸，平庸会错失良机，企业就会慢性自杀。有人说我步步险棋，那是恭维我，何谓险棋？险者奇也。有险才有奇，出奇才能迅速致胜，出奇才能迎接辉煌。"

2012年8月24日，那一天是农历的七夕节，优酷和土豆宣布合并的第四天，土豆创始人王微宣布退休，不再担任新公司高管。

王微感叹说："七夕夜晚，七年土豆，今晚正式退休。谢谢路上每个经过的人在故事里留下的一笔色彩。"

优酷土豆合并一年后，王微就低调宣布创立追光动画电影公司，之后就没有更多的新闻传出。一直到2016年元旦，影院大屏幕上出现了一部名叫《小门神》的动画片，点赞者不少。而这部片子的编剧和导演都是王微。这就是他离开土豆后，用三年时间打造出的第一部动画作品，他真的成了一个导演。

就在宣布创建追光动画时，王微曾袒露心声地说，在感情上，将土豆网卖掉会有一种巨大的失落感，但同时，也是一种解脱。

王微刚离开土豆的时候，人们说他很落寞，说他在人生低谷起不来，但他用时间和行动给了我们答案。

因此，不要在面对机会时再三犹疑，勇敢地把鸡蛋放到一个篮子里去，用挑战的勇气和冒险的精神迎接机会，这样，你就能化机会为财富。因为所有的鸡蛋就是你的勇气，而你的勇气就是财富！

第四章
中国需要敬业的企业家

对敬业精神概括最恰当的莫过于南宋哲学家朱熹："敬业者，专心致志以事其业也。"作为企业的领导者，一定要专注于事业，致力于企业发展，化压力为动力，把自己有限的生命，投入到为企业、为社会、为人民创造福祉的事业中，才是一个标准的企业家风范。正如《周易》云："天行健，君子以自强不息"。

敬业是企业家精神的动力

敬业,无论在西方还是在东方都有着久远的历史传统。"敬业"早就在我国古代《礼记·学记》中以"敬业乐群"明确提出来了。宋朝朱熹说,"敬业"就是"专心致志以事其业"。

马克斯·韦伯在《新教伦理与资本主义精神》中写道:"这种需要人们不停地工作的事业,成为他们生活中不可或缺的组成部分。事实上,这是唯一可能的动机。但与此同时,从个人幸福的观点来看,它表述了这类生活是如此的不合理:在生活中,一个人为了他的事业才生存,而不是为了他的生存才经营事业。"货币只是成功的标志之一,对事业的忠诚和责任,才是企业家的"顶峰体验"和不竭动力。

从我国目前的总体情况来看,员工敬业度普遍不高。调查数据显示:中国企业的员工整体上敬业水平一般,并没有表现出积极的"爱岗敬业精神",员工的敬业水平有待提高。韬睿咨询公司最新的全球人力资源管理调研结果显示,中国员工敬业度比被调研的大多数国家的员工敬业度都低,只有8%的中国员工被认为具有高敬业度,准备并愿意积极努力、全身心地投入为所在企业作出更多贡献;3倍之多(25%)的员工非常自由闲散,被认为敬业度很低,而且这组人中的60%打算留在所任职的企业里;大多数人(67%)处于中间状态,称之为一般参与,这部分员工可能拉动业绩上升,也可能使业绩下降,这取决于随时间的流逝他们会更多还是更少地参与工作。总的来讲，以往研究所涉及的影响敬业度的因素可分为3类：(1)个体特征因素，如个体的心理状态、人格特征以及效能感等对敬业度均存在一定的影响；(2)与工作相关的因素，如工作本身的性质、工作资源、人际关系、领导者支持等，其中一些因素的影响比较直接，而另一些因素则要通过一定的中介变量发挥作用；(3)与家庭相关的因素，目前涉及这类因素的相关研究还比较少，但其影响也不可忽视。

从对中国企业员工敬业度方面的调查情况来看，影响员工敬业度的因素相对比较集中。"中国企业员工敬业指数2015年度调查报告"显示：第一，分析发现，不同的生活态度对员工敬业的影响较大；是否爱好所从事的工作及对所在单位前景的认知不同都对员工的敬业水平产生了很大影响。第二，不同因素对员工敬业度的影响不同。(1)不同地域、性别、工作年限、学历、企业性质等因素对员工敬业度的影响相对较小；而不同职位、职业、行业等因素对员工敬业度的影响相对较大。(2)性别差异对员工敬业度的影响最小，该结论不支持"男员工比女员工更敬业"看法；区域差异对员工敬业的影响虽然不显著，但仍可以看出这样一个趋势：经济越发达的地区，员工越敬业；工作年限的差异同样对员工敬业度的影响很小，但仍可以看出一个普遍的现象：员工工作第3-5年期间敬业水平都会有所下降。(3)职位越高的员工，敬业度也越高；从事不同职业的员工敬业度差别较大，其中金融业的员工敬业度最高，而政府机关和企事业单位的员工敬业度最低。全球人力资源管理咨询公司翰威特咨询公司在对评出的2015年度中国最佳雇主进行研究时认为，驱动员工敬业最常见的因素有三：薪酬、工作流程、职业发展机会。韬睿咨询公司的调研显示，员工们被企业吸引并愿意为企业付出的因素可归纳出至少10个：职业发展机会、有竞争力的基本工资、学习和发展机会、生活与工作的平衡、有挑战性的工作、与个人绩效相挂钩的薪酬提升、企业的雇主美誉度、共事者的素质、工作任务的多样性、企业的财务状况、有竞争力的退休福利、高度自主权等。而在中国，对员工工作敬业度影响最大的因素包括：是否有绩效薪酬系统、是否为员工提供了充分的技能培训和职业发展机会。另外，此次研究还发现，良好的工作环境和专业的管理是员工决定留在企业的重要因素。

敬业问题已成为组织行为学和人力资源管理领域新的研究热点，敬业品质和精神越来越成为当今社会的稀缺资源。敬业度是影响企业绩效的关键因素，员工非敬业造成的组织损失在某种程度上不亚于员工流失的损失。目前，中国员工的敬业度整体上普遍不高，这意味着中国企业蕴含着大量未开发的员工绩效潜能。因此，如何挖掘这种潜能，企业必须作出积极而正确的努力。

中国将在未来半个世纪成为全球的经济领袖，这已经不是什么秘密。中国经济将继续以惊人的速度增长，至2040年中国GDP预计将达到70万亿美元——而目前全球GDP约为60万亿美元，其中15万亿来自美国。当然，万事无绝对，在中国树立全球经济主导地位的过程中，一系列因素可能成为其绊脚石，其中包括但不限于：银行业泡沫、环境问题、工资上涨和政治不稳定性等等。

然而，随着越来越多的工作者从最低工资岗位向高科技行业和办公室工作转变，有一个因素正给中国带来越来越大的压力：工作场所员工敬业度明显不足。一份著名的盖洛普研究曾将员工划分成三种类型：敬业、从业与怠业。研究认为，敬业员工——即"工作充满激情，感觉自己与公司存在深刻关系"的员工——更有可能实现高效率工作，更积极主动，对公司更有益，也更可能留在公司长期发展。相反，从业与怠业的员工通常会成为公司的负担，他们不仅给其他员工带来麻烦，而且会以一种漠不关心、甚至完全敌对的态度来对待业务。

中国的敬业度问题源自中国人对于权威与权力所赋予的文化重要性，根源是中国延续数千年的儒家文化价值体系——结果是大多数公司都表现出"命令与控制式"的领导风格。对于激发与培养员工，促进公司的发展，只要无法直接转变成经济效益或个人利益，中国的管理者们通常都兴趣缺缺。

最近的一份盖洛普调查明确证明，中国的敬业度问题不容低估。虽然中国的劳动力在这方面表现出逐步改善的趋势(2012年，6%的中国工作者在工作中达到"敬业"，而在2009年则仅有2%)，但中国要想达到令人满意的敬业度水平，仍有很长的路要走。相比之下，约30%的美国工作者认为自己在工作场所达到了"敬业"。随着越来越多的中国员工发现公司的管理者水平低下，而中国快速扩张的经济又日益依赖白领工人的生产效率，敬业度问题将使中国的稳定面临更大的挑战。

在西方，员工敬业度(employee engagement)或者工作敬业(work/job engagement)(国内学者也翻译为"工作投入")最早由kahn(1990)提出，目前还没有统一的内涵和结构。学者从不同的角度出发提出了不同的敬业度定义和维度理论。纵观目前关于敬业度研究的文献，有代表性的研究主要集中在三个方面：

一是由人力资源管理实践者发展而来的"员工敬业度"。最早是由国际著名的调查公司盖洛普公司,通过40多年的实证研究,建立了盖洛普路径的模型,揭示了员工敬业度与企业绩效之间的关系。目前比较有代表性的是来自盖洛普、翰威特和韬睿咨询有限公司的研究。它们用科学的方法测量和分析选民、消费者和员工的意见、态度和行为等方面综合总结出并形成了员工敬业度调查表和调查标准,通过对健康企业成功要素的相互关系的研究,建立了相应的模型,来描述员工个人表现与公司最终经营业绩、公司整体增值之间的路径。这个方向的研究没有明确员工敬业度的维度和它后续的影响,这些基于实践的构想不能评价员工投入角色业绩的精力,同时,这些研究关于敬业的原理性指导内容较少。

第二个敬业度研究的方向代表是Maslach Leiter(1997),schaaufeli,leiter(2001),Salano-va,Gonzales-roma,Bakker(2002),这些学者认为敬业是耗竭的相对面(Maslach&Jackson,1981),从该原理范式出发,耗竭的三个维度(筋疲力尽、玩世不恭和失效感觉)对应于敬业度的三个维度。尽管Maslash和Leiter(1997),Schaufeli(2002)都在关于耗竭的文献中构筑了敬业的概念,但是这些研究在定义和测量方面相互分歧。特别是Maslach和Leiter(1997)认为敬业是耗竭的相对面,认为敬业可以用Maslash耗竭问卷(MBI Maslach,Jackson & leiter,1996)测量,筋疲力尽维度低分、玩世不恭低分和专业效能感高分代表敬业。Schaufeli(2002)等认为敬业和耗竭是两个独立但密切相关形态,他们不能简单的用MBI的相对分数来测量,这些学者定义敬业是一个积极、满足、工作相关的想法,可以用充沛精力、奉献和吸引(Schaufeli等2002)三个维度来度量,并运用UWES进行评价。最近的UWES的要素分析研究对Schaufeli的敬业和耗竭的区分提供了支持，并且分别提取敬业度中的精力充沛和奉献这两个核心维度、耗竭中的筋疲力尽和玩世不恭这两个核心维度(Maslach，Schaufeli，&Leiter，2001)。耗竭的失效维度和敬业的投入维度被认为不是相对的维度。

第三个关于敬业度的研究方向是Kahn(1990)基于角色理论发展而来，该理论认为敬业度是组织成员控制自我以使自我与工作角色相结合的衡量标准。员工可以控制自我投入体力、认知和情感于工作的程度，如果员工投入水平越高，则敬业度越高；反之，则敬业度越低。敬业度表现在他们完成工作的愿望和行为与角色要求之间的匹配程度。

企业家敬业的价值

个体的敬业会带来什么样的结果呢？对此，学者们进行了大量的实证研究。从现有的文献看，敬业的后果变量可以分为个体变量和组织变量两类，其中个体变量又包括工作态度、工作绩效和行为以及职业紧张等三个方面。

1.敬业度对个体的影响

(1)敬业度与相关工作态度的关系。以往的相关研究所考察的工作态度变量广泛涉及工作满意度、组织承诺、离职意愿以及留职意愿等多个方面，并得出了非常明确的结果。具体而言：盖洛普公司的研究发现，与敬业度低的组织成员相比，敬业度高的组织成员其工作满意度更高；Demerouti等(2001)的研究表明，敬业度与正性工作情感及组织承诺均存在显著的正相关；而Hakanen等(2006)的研究则发现，个体的敬业度对工作资源(包括工作控制、上级支持、信息、组织气氛等)与组织承诺的关系具有显著的中介作用；Schaufeli等(2004)的研究结果显示，敬业度与离职意愿呈显著的负相关，并对工作资源与离职意愿的关系具有显著的中介作用。

(2)敬业度与工作绩效及行为的关系。从理论上讲，敬业应该会导致工作绩效的改善和提升。事实上早在提出敬业度的概念之初，Kahn就指出个体的敬业度与其工作绩效应存在显著的正相关。但Salanova等(2005)的实证研究却发现，敬业度并不能直接预测员工的工作绩效，而是完全通过服务气氛(指员工对组织所期望、支持和奖励的关乎顾客服务和服务质量的行为及办事方式的共同知觉)这一中介变量对后者产生正面的影响。

2.敬业度对团体或组织效能的影响。高敬业度既然能对个人的工作态度与行为产生显著的正面影响，必然会进而提升个人所在的团体或组织的效能。现有的相关实证研究也证实了这一点。例如Harter等(2002)对盖洛普公司以往有敬业度的42项研究(涉及36家公司将近8000个独立的商业单位)进行了元分析，结果表明：员工敬业度与顾客满意度、生产力、利润率以及单位总体绩效等组织结果变量均存在显著的正相关，并与员工流失率和事故发生率存在显著的负相关。Salanova等(2005)的研究发现，在工作团体层面，组织资源(包括如培训、自主性、技术等方面)和敬业度对服务气氛均具有显著的预测效度，并且敬业度对组织资源与服务气氛的关系具有完全的中介作用。

中国员工敬业度整体上普遍不高，这也意味着中国企业蕴含着大量未开发的员工绩效潜能，如果企业能很好地进行开发，对企业将非常有利。因此，如何挖掘蕴含着的大量未开发的员工绩效潜能，企业必须做出积极而正确的努力。

回顾中国国有企业改革走过的三分之一世纪之路，可以清楚地看到这样一个倾向：中国的国企改革更多的是顺着发达国家的产权理论所描述的两权分离道路在发展，是在企业的控制权和所有权之间的制衡和失衡上花工夫、是在管理层(厂长经理)和所有者(国家、国资委)之间寻找矛盾冲突和协调一致的平衡点，即改革的重点是解决所有者缺位。就方向而言，这一路径并没有什么错误。但是在企业改革的过程和治理的框架中，着力重构企业家主体，基本上看不见组成企业的基础、与企业休戚相关的员工应有的身影，这存在着一些弊端：员工权利未能得到充分的尊重，在纠正所有者缺位的同时，出现了"劳动缺位"的问题。改革开放以后，非公经济迅猛发展，并成为就业的主渠道。但一个日益突出的问题是，在非公企业中，劳动者合同、休息休假、劳动报酬、社会保险等权利普遍缺乏保障。许多雇主对企业劳资关系的理解程度很低，基本上没有跳出资本原始积累阶段小老板的理念，有网友比喻，企业和员工的关系至今还没有跳出"地主和长工"这个老套。

企业真正的动力在于大多数普通员工，只有首先让他们有了归属感，企业才得以焕发活力，进而获得持续的高效益。因此，把员工视为利益相关者，并把员工放在首位，这是员工敬业的基础。很显然，一个无视员工利益的企业，却要求员工敬业和忠诚，这无异于天方夜谭。

为了培育和提升员工敬业精神，我们就要认识到效率具有双重基础：一是物质基础；一是道德基础。依据物质基础产生的效率是常规效率，它是一种依靠物质技术条件的定量研究；而以道德为基础产生的效率则是一种超常规效率，是一种潜力得到充分发挥的效率。市场经济条件下，在物质条件既定时，是否具有道德力量，对效率影响结果完全不同，强烈的信仰、信念，团体尊严和荣誉感，可使人的潜能得到最充分的发挥。道德是一种软性的行为规范，作为起中坚作用的道德规范，它直接调节着社会人际关系和一切非法律关系的交往，丧失了被哈耶克称为首要道德基础的责任感，任何职业都将失去它的社会价值，这样的社会(组织)其混乱无序是可想而知的。

因此，企业要不断加强道德教化，长期不懈地致力于灌输职业道德标准和敬业精神，激发员工的合作意愿，促使员工超越那种狭隘的、利己主义的激励所引致的努力水平，解决员工"卸责"问题，并超越员工自身具有的短期自利，以达到道德控制行为的最高境界。

企业家的敬业精神是指企业家应该树立一种精神，把经营企业当作自己的长远事业，目标是"为顾客创造价值，为员工创造机会，为社会创造效益"，最终通过事业的改进、发展和成功来获得人生价值的自我实现。

首先，企业家必须具有全身心投入的乐业精神。英特尔的总裁葛罗夫说："只有偏执狂才能成功"。作为企业家，必须突破"小富即安"的精神幻觉，把企业生存发展的战略方针时刻放在心上，永远追求出类拔萃，全身心地专注于塑造企业的物质文明和精神文明，最终形成企业前进的强大推动力。

其次，企业家必须具有非凡的勇气和克服困难的精神。

在当今激烈的市场竞争中,任何企业的发展都会面临许多困难与问题。

一位优秀的企业家,应该临危不惧、处变不惊,用非凡的勇气和坚强的意志去影响下属,通过调动全体人员的积极性去形成组织化、集成化的力量最终在困境中突围并取得成功。对于企业家来说,往往心态决定成败。可以这么说,一个产业、一种新技术的发展,需要的正是这种安贫乐道的精神。这里的"道"就是追求和崇敬自己的事业,贯注于对社会的贡献,企业家应该具备这种境界。实际上只要具备这种境界,回报也就自然而来。

如格兰仕集团总裁梁昭贤,是典型的"富二代",父亲梁庆德创办了格兰仕,并且为他的家族打下了数以亿计的巨额财富。

在别人眼里,梁昭贤即使什么也不做也可以稳稳地享受一辈子的荣华富贵了。但是梁昭贤却不是这样。

如果没有出差(事实上他差不多总有1/3的时间在出差中度过,很多时候是驾车去勘察市场),他总是7点左右便来到单位上班。大家知道广东人是习惯夜生活的,晚上一般是玩乐的时间,梁昭贤能够这么早到单位,说明他肯定没有夜生活玩乐的习惯。而格兰仕公司规定的上班时间也就是8点半而已。上午梁昭贤主要是处理一些事务性的工作,开一些会等。

他曾经连续一个星期在早上7点多钟召集下属开会。有人就劝他了,说,你这样拼命,即使你能熬得住,你也得考虑一下手下人能不能熬得住。

他回答说,只要我能熬得住就行,我不是和同一批人开会。

下午,梁昭贤就会来到生产车间,现场了解情况,看各道工序

第四章　中国需要敬业的企业家

的运转情况，如果有问题，他就会现场解决。到了晚上，别人都下班了，他却还在办公室加班，批阅各种文件，一直到晚上10点来钟。

苏宁电器的张近东已经是一个极其有实力的老板了，他每天还是工作十几个小时，而且通常周末还要开经营管理会，听取高层的管理意见，制定新的管理方针。

其实敬业精神，更重要的是面对自己的事业有一种入迷和执着的心态。达到了这种心态的企业家，往往会把自己的生命融入自己的事业中去。

具有这种境界的人，对于自己的事业，往往是怀着朝圣者的心情和顶礼膜拜的态度，这种心态所形成的敬业精神超越于献身精神之上。

很多企业都在想尽各种办法不遗余力地提高员工的敬业精神，有的也取得了不错的效果。我认为，如果用企业家精神激发员工的敬业精神，也是一个重要的方式。

那么，员工的敬业精神与企业家精神有什么关系呢？

创业有两种模式：自己搭建一个平台创业，在别人搭建的平台创业。对于我们员工来讲，就是在别人搭建的平台上创业。对于这个观点，我们企业家肯定是认同的，关键是要做到下面两点。

第一，能够让所有的员工认同。我们企业家一致要求或者希望员工具有敬业精神，但是，我们员工却不知道敬什么"业"？敬谁的"业"？所以，企业家有责任为员工搭建一个具体的、看得见摸得着的创业平台，要让员工知道他们敬的什么"业"，要让每一个员工知道在为自己敬业。阿米巴经营正好可以让员工能够真正理解到这两点。

第二，能够让所有员工参与。所谓的阿米巴经营就是以各个阿米巴的领导为核心，让其自行制定各自的计划，并依靠全体成员的智慧和努力来完成目标。通过这样一种做法，让第一线的每一位员工都能成为主角，主动参与经营，进而实现"全员参与经营"。这种"参与"，就好比企业家们自己创业一样；这样的"参与"，无疑是可以最大限度地激发员工的敬业精神。

根据上面的分析，我们会发现，企业家是否能够负责任地为员工搭建一个创业平台，将是员工敬业精神能否提高的重要因素。

不管本能也好、欲望也好还是利益也罢，作为社会发展的动力可以，但是不能成为社会发展的目标意义和卡子。人是寻找意义的动物，不管做什么事情要知道这样做的价值所在。

事实上，不论是阿米巴经营还是创业平台，他们都源自人性的本质。

企业家的担当精神，不只是要为员工搭建"阿米巴"平台，而且还需要把阿米巴经营的理念传递给每位员工。如果员工对于阿米巴经营没有一个正确的理解，其结果就会流于形式，出现以自我为中心，为了自己阿米巴的利益而损害其他部门利益的情况，也有可能会因为达成目标的压力过大，而导致员工心理疲劳。

第四章　中国需要敬业的企业家

敬业还须精业

有一家企业本来上了一个很有发展前途的生产项目，但由于缺乏出类拔萃的专业技术人才和能工巧匠，产品质量一直上不去，致使企业难以焕发生机和活力，最终还因严重亏损而停产。而另有一家企业上了同样的生产项目，则因技术力量雄厚，职工队伍整体素质看好，结果，生产很快形成规模，短短几年经济效益就成倍增长，发展的路子越走越宽。

日本丰田汽车创业之初是靠强有力的销售网络发展起来的，上千名老销售员的敬业精神让其他汽车生产商望尘莫及。但是随着时代的进步，汽车性能不断改进，对销售员的素质要求也越来越高，到了上世纪60年代，丰田不得不将那些敬业精神堪称楷模的老销售员换下来，将一批受过专门训练的大学生换了上去。

一位企业家说："当今世界，已进入知识经济时代，科技进步日新月异，企业职工仅有爱岗敬业精神已经不够了，还必须不断学习新知识、掌握新技能，具备精业本领，才能适应科技进步和事业发展的要求。"这话是很有见地的。随着市场经济的不断发育和完善，敬业精神和精业本领，是当今企业职工必须同时具备的双重素质，二者缺一不可。

敬业是干好工作的前提，但仅有敬业精神而无"精业"的本领，也只能是累而无功。试想，如果搞安全工作的不掌握安全生产规律，怎样去保安全；搞教育工作的不懂业务，怎么去给职工上课；搞财务的不懂记账、不会核算，怎么才能测算出职工的收入情况；搞政治的自身素质不高、满口脏话怪话，怎么能做好职工的思想政治工作……

古人云：业精于勤而荒于嬉。要精通业务，首先需要消除认识上的误区，要摒弃干工作"没有功劳还有苦劳"、"没有苦劳还有疲劳"的错误思想，牢固树立"平庸就是错，无功就是过"的理念，把衡量职工能力强弱、工作好坏的标准定在是否精通本职业务、出了多少成绩上。其次，要勤学善学，不懂就问，不会就学。如果说勤学是通向"精业"的必由之路，那么善学就是通向"精业"的最佳捷径，只有带着问题、带着疑问去学习，才能学进去，学有所得。第三，要充分发挥典型的导向作用，用典型的激励作用，带动职工钻研业务、精通本职，促进那些工作效率低的职工认识到差距，提高自身素质，迎头赶上，做到既敬业又"精业"。只有确立终身学习的思想，努力提高自身的综合素质，把敬业精神与精业本领有机结合起来，才能在不断加剧的市场竞争中取胜。

造成敬业度低的原因是什么?我们如何解决这些问题?盖洛普公司(Gallup)主席兼CEO吉姆·克里夫顿的回答非常简洁：不论是在中国还是世界其他任何地方，"造成敬业度低的主要原因均是源于员工瞧不起自己的顶头上司。"在全新的全球化工作场所，员工要求自主权和自由思考的权利，自上而下的管理策略已经不再有效。"命令与控制式"管理方法根本不可能带来积极变化。

中国以及其他同样存在糟糕管理的地区怎样才能解决这个问题?答案就是教练制。凡是已经认识到导师与搭档的价值的资深员工们，一直将高管辅导作为一种重要工具，因为导师和搭档可以从不同的角度为他们提供宝贵的见解。

职业教练固然极具价值，但他们的影响力通常仅限于一部分人——尽管他们作为个人有可能会影响许多人的生活。我认为，教练制的价值在于，任何人都可以成为导师——任何人只要掌握了正确的工具，都能够成为同事或下属的搭档、顾问或导师。而拥有高明的导师将给所有机构都带来巨大的好处：

教练制是团队成员之间的一种双向沟通过程，旨在培养技能、积极性、态度、判断或执行力，以及为组织目标付出的意愿。

想像一下，你所在公司的所有管理者是否能够：

· 与员工建立积极的支持性关系？

· 帮助其他人接受、适应和获得组织变革的主人翁精神？

· 激励其他人积极寻找机会，主动寻找方法，为自己和其他人带来影响？

优秀的教练制是优质管理不可分割的一部分，它可以直接提高员工敬业度。管理者通常会忽视一个事实，即实现经济效益的最好方法，实际上是刺激其他人实现各自的目标。教练制能在辅导者与"被辅导者"之间形成开放畅通的沟通渠道，建立互助友爱的关系，继而形成一种双赢的合作关系。如果在一个办公环境中，员工将上司视为实现共同成长与成功的合作伙伴，而另外一个环境中，员工与上司相互厌恶，甚至妨碍彼此的工作，两种环境下工作效率的差异自然不言而喻。

或许有人会说，中国未来的成功或失败都取决于中国人的幸福程度与精神状态。一个国家的劳动力是其命脉，如果血液腐败了，身体自然会崩溃。低敬业度和管理不善每年给美国经济造成约3,000亿美元的损失。如果中国经济按照经济学家们预测的速度增长,十年内,中国的GDP水平将达到目前美国GDP的四倍;中国的劳动力数量也将是美国的四倍,但(如果一切照旧的话)敬业度却仅有美国的五分之一。它意味着,仅仅因为中国人在工作中找不到幸福,就会造成数万亿美元的损失。

　　敬业度会直接影响到工作效率、品质、客户互动与满意度、员工保留率、安全感、盈利能力、长期稳定性和发展潜力。由于无法从根本上而且也不可能改变中国的文化传统,因此将管理者转变成导师,将工作关系转变成双赢的合作关系,才是目前最有希望解决中国敬业度不高问题的方案。教练制能够改造一切工作场所的文化。如果中国公司开始注重培养管理者,激励、培养其他人,争取进行长期的、可持续的转变,中国成为全球领导者的潜力将得到彻底的释放。到时候,欧美历史将在中国重演,中国人也会真正富裕起来。

第五章
中国需要终身学习的企业家

企业家们的快节奏、高压力的生存状态，就要求这种学习跟他们的经营和生活有紧密的关系，并且有种机制保障在有限时间段内学习的深度、广度和警示度，以及身体力行活出这种学习和醒见，落到生活工作的实处，即"共同体管理模式落地应用"上。

学习是企业家精神的关键

荀子曰:"学不可以已"。彼得·圣吉在其名著《第五项修炼》说到:"真正的学习,涉及人之所以为人此一意义的核心"。学习与智商相辅相成,以系统思考的角度来看,从企业家到整个企业必须是持续学习、全员学习、团队学习和终生学习。日本企业的学习精神尤为可贵,他们向爱德华兹·戴明学习质量和品牌管理;向约琴夫·M·朱兰学习组织生产;向彼得·德鲁克学习市场营销及管理。同样,美国企业也在虚心学习,企业流程再造和扁平化组织,正是学习日本的团队精神结出的硕果。

面对中国企业的不断变革,面对中国能够得到信息的速度,企业发展的速度、进行投资的速度、人口移动的速度都是最快的一个国家时,面对这样快速的挑战,中国企业家真是要具备强大的学习能力才能应对商业环境的大生态和企业内部的小生态。

于是乎,各大商学院人满为患,EMBA、总裁班的学费每年飙升;一些细分清楚、功底深厚的专业培训机构也是要排队才报得上名。培训公司在一些特定管理领域,如定位、商业模式、营运和融资等方面,给企业家补充了及时的养分。可事实上,能够真正获取知识,落地战略应用的少之又少。

我们很多企业家有学习的动力,却没有学习的耐力,很多时候并不是企业家的过错，而在于企业家没有找到好的平台，去落实这种"终身学习"的欲望，而共创会却不一样，共创会是专门为总裁搭建的一个学管理、创事业、悟人生的高品质商圈平台，以共创模式和共同体企业管理模式落地应用为主线，凝聚优质总裁资源，共享经营与管理智慧，推动人生与事业和谐发展。

学习是企业家精神的关键。毛主席曾经说过"三天不学习，赶不上刘少奇"，把毛主席作为自己偶像的任正非当然深蕴其道，任正非非常热爱学习，不仅他自己善于学习，并且他一直致力于在华为建立学习型团队。任正非并不是管理科班出身，他也经常在很多场合讲自己在管理企业方面是一个门外汉，也一直在学习，正因为如此任正非对待知识有一种强烈的渴望，在任正非的领导下，其管理团队经常跟随任总云游四海。在日本任正非和高管团队学习到日本企业的品质管理意识和敬业精神，在美国大家感受到创新与创业精神，在德国大家也学习到德国人精益求精的精神和专业精神。

2000年是华为国际化和向IBM学习的开始阶段，为了更好的和IBM顾问沟通，也为了更好的与国际接轨，57岁年龄的任正非开始学习英文，每天早上在总裁办公室都能听到任总大声朗读英文的声音，虽然发音不是很标准，但是这种学习精神却激励和鞭策着华为的管理层和年轻员工。

为了让全体华为人能够接受专业系统的培训与学习，也为了建立华为学习型组织，任正非主导成立了华为大学，华为大学不仅拥有一流的软硬件设施，并且拥有专兼职讲师2000多位，作为国内最优秀的企业大学之一，华为大学的成立不仅华为人接受专业系统学习提供了

第五章 中国需要终身学习的企业家

良好的平台和机会,并且也为华为客户接受华为产品培训立下了汗马功劳。华为大学的成立也带动了平安大学、招引大学、比亚迪学院的成立,各个企业大学的成立极大地推动了企业的发展和员工的成长。

短短十几年,海星集团就从1988年创业时5个人3万元资金发展到现在拥有固定资产逾10亿元,员工1300余名,海内外直属子公司18家,二级子公司40家,产业横跨计算机、饮品、连锁超市、房地产、高效种植等行业的大集团,被誉为"西部奇迹"。

海星集团总裁荣海也是一个相当具有传奇色彩的人物。他夜以继日地勤恳工作,全身心铸造着海星的事业,但是他的吃穿用却非常俭朴,经常是一碗凉皮就打发一顿饭,出差住的是标准间,他每天的平均花销不足百元,而他却向社会创造了数以几十亿计的财富。

荣海还有一点令所有人钦佩,那就是他非常好学。

他曾任教于西安交通大学,现在的身份仍是教授,很多大学请他去讲MBA的课程,但是从2001年开始,他开始到北京大学去读EMBA了。

对此,很多人表示不理解。中央电视台《商界名家》记者采访他时也问到这个问题。为什么到很多大学经常讲MBA课程的荣海,现在却以学生的身份坐在那里去学习?

"当我给北大的老师递名片时,他们都很吃惊:'荣海,你都是教授了,你还来这里当学生?'但是,我觉得,性质不同。因为我在那学习时,哪怕是一天我只听进去了一句话,可能就这一句话对我有用,那对我价值就非常高了。再者,当你坐在教室里时,有一个比较安静、相对比较封闭的环境,逼迫着你来看一看书,进行系统地学习。这个我觉得受益匪浅。"

"其实，我接触的很多人都是老板，大家也都是把学习放在第一位的。"荣海自己倒相当坦然。

"我的学习精神可能和我的性格有关。我觉得我的知识来源于看书、看电影，这些都是我最主要的学习途径。因为我不喜欢闲聊，闲聊太浪费时间。当然，我愿意参加一些辩论，一些论坛，它凝聚了一些人长时间的思考。

"对我来说，读书是最好的方式，我在任何时候任何条件下都比较安静。我一般读两类书，一类是比较实际的，有关新闻、财经、政治等方面的书籍。也看有关的杂志，如《财经》、《企业家》、《商业周刊》，这样我可以了解周围发生的最新的事情，从而对大趋势做出判断。再一类就是一些历史，管理方面的书，如《杰克·韦尔奇传》等，从这些东西中，我可以学习人家的思想，这对自己的管理工作很有用处。还有的时候，我会看看电影、长篇小说，如《绝对权力》。

"无论是洞察力也好、预见性也好，如果不去学习、没有坚韧不拔的意志，永不满足的精神，实际上这些其它的素质是不会有的；或者即使一个时期有，那再过一个时期，随着财富的增长，可能你其它的素质就不会有了。所以，我说上述这两点是最重要的。"

荣海相信，正是他永不满足、不断学习使海星不断成长。

"从西安地区看，到目前为止，当年跟海星一起创业的公司，或者一起创业的其它公司，今天一家都没有了。这不是说那些创业者当时不如我，而应当说那时相当一部分人要比我强得多，学历比我要高，年龄比我轻，而且在初期积累财富的速度要比我快，但后来为啥这些没有了？这也是我一直在思考的问题。

第五章 中国需要终身学习的企业家

"我觉得,从我个人来讲,原因是这样的,在那么长时间里,第一我没有被一时拥有的辉煌所陶醉,而是一路往前走。第二,我清醒的头脑始终是靠学习得来的,包括一些知识。

"学习,是我行动中最为重要的一部分。尽管现在买回来的书并不是都看,现在我是买的书比读的书要多多了。但我总是有一种欲望,害怕错过每一本好书。

"我总是觉得,每一位企业领导人,尤其是像我们民营企业的领导人,你自己不去学习,是没有办法做决策的,手下的人可能说给你很多好听的话,你怎么办?如果你自己头脑不清醒,这个企业很快就可能犯错。"

关于学习,荣海其实也有很多非常好的方法,除了看电影、看书、看杂志、听论坛以外,他觉得观察也是学习。

"当年我很小的时候,舅舅是当时国民党军队的文化教员,最后被解放军抓过来。记得有一次他带我去一个集镇,他让我在旁边呆下,说他出去办件事情。我就蹲在旁边。我的舅舅回来对我说,你有没有知道旁边的这些鸡蛋卖多少钱一斤,我就说我不知道。接着,他又问旁边的草鞋多少钱一双,我说我也不知道。我舅舅就对我说:'你没有别的事情,就蹲在这个地方。可你为什么不关心周围的事情?今天关心一下周围的事情,明天就可能变成你的知识,变成你的财富。'这句话在我很小的时候影响特别大。

"所以我从小就养成了习惯,在日常的时间非常关心周围的事物,博览群书,去增加知识的积累。这些东西可能暂时派不上用场,但是这种对周围事物的敏感,就成了我以后在生意场上对商机的把握。"

一名优秀的企业家，能够率领他的团队不断提升，也可以让企业得到稳固的发展和强大。那么，优秀的企业家都具备哪些能力呢？从外在来看，优秀的企业家具备的能力包含：经营治理能力、决议能力、翻新能力、识人用人能力、应变能力、社交能力、表白能力等。但归根结底，最重要的其实是他们的学习能力。

　　对于人终生来说，最重要的就是知识，每天都在运用的知识，事事都在运用的知识,加拿大学校排名。在这些知识中，重要是能使自己失掉自学能力的知识，即小学所学到的知识。当前从中学到大学，再到研讨生，所学的知识，其使用率则是递减的，即便是最基本的知识——文字，也是如斯。比方，小学所学的文字使用频率最高，最有用途；中学所学的文字使用频率就低得多了；至于大学所学到的文字，在人的毕生中就简直是很少使用了。

　　不要小看我们在小学期间学到的知识，不仅最有用处，而且能为我们提供自学能力和终身学习的能力。事实上，如果你是一个及格的小学毕业生，你就应该具备自学能力，你就可将在这种自学能力的基础上，保持活到老、学到老，实现终身学习的人生目的。只要具备自学能力和终身学习的能力，我们就可以学到和掌握在自己一生的生活和工作中所需要的任何要害知识。因此，对于企业家来说，最重要的不是事先要读过多少书，取得过什么学历，而是必须具备很强的自学能力和终身学习的能力。

企业家需要终身学习

坚持"终生学习"。无论是饥渴精神,还是本领恐慌,都无不透出终身学习理念。终身学习是指社会每个成员为适应社会发展和实现个体发展的需要,贯穿于人的一生的,持续的学习过程,总之一句话,活到老学到老。

世界最大的航空航天公司波音公司CEO菲利普·康迪特曾在美国商业高等教育研讨会上做过一个精彩的演讲,演讲中有一个精彩的观点:"我们或许应该注意达尔文的一些充满睿智的话:'并不是那些最强壮、甚或是最聪明的物种能够生存,而是那些最能够调整自己适应变化的物种最终能够生存下来。'只要我们拥有新的学习方法,我们就能够生存、繁荣和领导!"

怎样才能"调整自己适应变化"?这些能够做大的企业的发展历程给出了共同的答案:学习,只有不断学习。

据统计,2002年《福布斯》中国大陆百富榜上的富豪中,80%的人的教育由于文化革命而被迫中断,38%的人没有完成高等教育,但是现在至少有20人正在或者已经学习工商管理硕士管理课程,如MBA或EMBA,2%的人到国外学习过。

菲利普·康迪特认为,一个追求终身教育的员工团体对公司是否能够长远发展是非常关键的要素。自然，不只是员工团体，企业的领导者也应具备终身学习的能力。几十年前，人们或许可以期待在学校里学到这辈子想要从事的东西，而现在，知识更新的速度之快已经让这种想法失去市场。在知识的价值分量越来越重的今天，终身学习已经成了一种能力、一种习惯。

只是，应该认识到的是，终身学习的概念应该有所突破。一方面，人们接受再教育的方式已经不同，可以不再按照传统的方式选择课程和学校。另一方面，这种学习更多的是为了掌握认识的手段，而不仅仅是获得经过分类的系统知识。

彼德·圣吉认为"自我超越"是个人成长的学习修炼。具有高度自我超越的人，能不断扩展他们创造生命中真正心之所向的能力，从个人追求不断学习为起点，形成学习型组织的精神。真正的企业家是一种人格的力量，一种动机的升华，都有一个以追求财富的外在动机向实现社会成就感和社会责任感转化的过程，同时，真正的企业家又是一个平实的凡人，经营表现是才华，而生活展示了人格，人格重于财富是许多企业家成功的秘诀。松下说：有钱有势不一定幸福，人的幸福是内心愉快的享受，乐他人之所乐，从为他人幸福的付出中感到幸福，才是真正之幸。企业家的身价不在于衣食住行的档次，而在于他们从事的事业和体现的精神。真正的企业家，他们在日常生活中也像常人一样，忠于家庭、衣食朴素、身心健康、关爱他人。纵观西方大企业家，无不是努力工作、善待财富、成就事业、做高格调的人，热爱家庭以轻松的态度面对生活。中国企业家们向西方企业家学习的不仅是经营能力和管理经验，更重要的还在于事业心、责任和人生理念。

圣洁·彼得曾经在《第五项修炼》中强调,重要的是认识到所有人都生而热爱学习。如果人们在工作中没有展现出这种学习和创新的精神,我们应将原因归咎于环境的不适,而非人们自身的缺陷。而伟大企业家那种充满热情和想像、执著并乐于学习的气质,可以激发任何人身上的企业家精神,让他们清楚地知道,自己并不可能了解所有问题的答案。事实上,应当像伟大的企业家那样,敢于将自己的问题和弱点与他人分享,以取长补短。这也是为什么不能建设一种所有人都等待"老板"指示的企业文化,因为过分强调权力最终会毁掉促进团队终身学习的企业家精神。

但是,如果这种观点正确的话,为什么目前东西方的很多组织仍然以权力主义的方式运作呢?我认为,这在某种程度上反映了深植于人们心中的对于工作性质和领导力性质的假设。如果管理者假定人们并不真正关心自己所做的,不在乎自己能为他人做出的贡献,那么他们就会以这种方式实施管理,使其成为心理学上所讲的"自我应验的预言"。如果管理者不相信人们有自己的远见和愿景,他们就不会为人们创造机遇以达到那个愿景。如果管理者相信工作只是赚取薪水的一种方式,那他们就永远不会认同质量管理运动的倡导者爱德华兹·戴明博士所讲的"所有人都在工作中寻求快乐"。简而言之,如此多的企业文化都是由管理者的假设决定,我们创建了企业,却在企业的设计上扼杀了企业家精神。

事实上,这并非一个新观点。企业家精神从来都不是由商业界所独有。在过去的10年中,许多最为重要的进步都是由勇于想像和创新的社会企业家来引领的。这其中,许多你可能尚未听说:如Mwalimu Musheshe,URDT(乌干达农村发展和培训组织)的创立者,他在非洲建立了一条最持久和最成功的乡村与区域发展网络，最近还创办了非洲第一所乡村女子大学；还有Molly Baldwin，Roca的创立者，这是一家由前黑帮成员组成的组织，位于波士顿，他们致力于在这个曾经最贫穷和犯罪率最高的区域中复兴文化与经济；有Rodrigo Baggio，他创建了CDI（数字化推广中心），将互联网接入巴西和其他南美国家贫民窟的数千万人群中，并在推广过程中创造了数百万个受教育和就业机会。

此外，你或许还听说过穆罕默德·尤纳斯，他也许是世界上最著名的社会企业家。尤纳斯获得了诺贝尔和平奖，奖励他在孟加拉国及其他发展中国家中大量发放的小规模贷款。他的成就正是基于企业家精神的核心本质：发现他人没有识别的市场潜在机遇，并随之创立了组织以满足这种市场需求。多年来，由于银行拒绝向穷人贷款——除非以极高的利息，使得很多人认为该市场几乎不存在。但尤纳斯及其同事对于这个老问题——如何促进企业的创建以缓解贫穷——则有着全新的观点。在了解了贫穷社区的社会结构以后，他决定将资金贷给妇女而非男人，以此带来更多的社会回报和贷款偿还。事实的确如此，妇女们建立了合作网络来相互支持，以确保贷款得以偿还，并创造了一个强有力的快速增长的市场，这是银行从未有过的先例。妇女们还自发地考虑投资实业回馈社区，带来的商品和就业岗位令经济发展得以持续。总之，这正是企业家精神和技能的杰出体现。

随着中国继续重新发掘自身最深厚的文化智慧，我设想将会出现更多的中国式"穆罕默德·尤纳斯"。我本人已经遇到了很多位，他们的特殊之处在于他们并不特殊：他们只是运用自己的禀赋和勇气，转变现有的企业或创建新的企业，来满足他们关注到的迫切的市场需求。

如果觉醒的中国企业家开始将智慧之泉渗入儒—道—佛的传统文化之中，那将产生怎样的结果？哲人南怀瑾曾经说过："传统中国文化中，企业家的真正内涵是将社会福祉置于个人私利之上。"如果创建一个导致更多二氧化碳排放的新企业无法在道德上获得认可，那将如何？如果公司的运作方式不可思议地令所有成员的人性得以完整的发扬，那将如何？如果商业企业家和社会企业家之间那些虚假的区分开始弥合，所有企业家均以其在经济、社会和生态福祉方面的贡献加以评判，那将如何？

世界需要不同的能源系统。它需要一种"循环经济"，这种经济中没有任何产品的最终结局是垃圾掩埋或有毒废物倾倒，而是完全天然因而可生物降解，或是可完全循环或"再制造"。它需要一个运输系统，人们能够支付，地球也能够承受。它需要一种集体精神，将所有人联系在一起，并持续强化彼此的关心爱护。它还需要一个特殊的教育系统，使孩子们理解自身的精神—身体—心灵系统和社会福祉的性质，以及如何寻求一条"天堂与地球的和谐之路"。这是私人和公共部门企业家们共同的工作，当我们觉察到集体的潜能，并以之再造组织、重塑社会，进而创建新世界；当我们真正理解了企业家精神，这就是可能发生的一切。

但我仍然坚信，无论东方文化还是西方文化，企业家精神的核心均源自创造美好世界的内心渴望，以及对集体创造的坚定信心。奇迹来自人们真正地共同携手、创造未来。在互联网公司兴盛的时候，著名的战略咨询师和作家C·K·普拉哈拉德移居到加州，为了在一种富有企业家精神的氛围中工作。我曾经问他："我们在一些商业著作中读到过,企业家精神是由一些人那渴望极度富有的野心所驱动的,这是真的吗?"他回答说:"是的,平庸的企业家的确如此。"接着他补充道:"而我所遇到的那些伟大的企业家,则都是被一种改变世界的热情所驱动。"

学习永无止境

学习永无止境,企业家们既要善学善思,又要善谋善为。也就是说,学习、思考、实践缺一不可。企业家成长的过程应是不断学习的过程,或者说,企业家必须终身学习。

作为企业的领导者,好习惯如跑步、游泳等我没有,坏习惯如吸烟、喝酒等我也没有,我唯一的爱好就是读书。这么多年来,我大量的业余时间都用在了读书和思考上,数十年如一日。我对自己的总结就是:平生无过人之处,只好读书。

见过福耀集团董事长曹德旺的人说,曹德旺可以流畅谈出《四书五经》里的中国哲学名句。他对唐诗宋词、世界经济前沿等管理理论的见地,不逊于科班出身的人。

"我在我的文化程度一栏中一直就写着初中,这有什么不行的吗?我在科班学校里就是只读到初中,而且没有毕业。"

可以如此不在乎"学历"这一栏,是因为超越。

"你问我现在的学历水平达到什么样的一个程度,我可以这样对你讲，我答应中欧管理学院做两件事情：一，给他出本书关于福耀的案例；二，我去中欧管理学院去演讲两次，当然要等我有时间，准备好了去。"

每一次学习，都会获得一份知识；每一份知识，都会促使我们成长；每一次成长，都会促使我们走向成功。在2016年7月的一天，我在《商业领袖和企业家》学习过程中，我了解了几位杰出的商业领袖和企业家的成长历程，看到了他们身上的品质，也清楚地意识到自己的知识面真的很浅，还需要很多的付出。

看过视频之后，我印象最深的主要有以下几点：

第一点：领导才能是需要培养的。没有人是天生的领导者，人们的领导能力是在后天的生活和学习中培养出来的。

约翰在谈话中提到，学会领导，就要从小事做起，逐渐学习，跳跃障碍，没有人在第一次就能跳过那些障碍，真正的领导者会在一次次的碰壁中总结经验，从而掌握领导能力。同时Jane也提到成为一个领导者要学会观察，观察其他领导者学习经验，观察周围事物并产生影响。

具体的我们要培养什么能力，注重哪些方面？根据我所观看的和我所理解的，我认为首先我们要找到自己的重心，知道自己要做什么，要解决什么问题，一定要做明确的事。其次要注重培养自己的学习能力。俗话说"活到老学到老，知识无穷尽"，就是说我们要时刻学习。看那些成功人士，他们所懂得的知识不仅仅局限于一个领域，他们往往涉及几个领域，综合不同领域的知识从而做出最明智的决策。然后我们还要关注自己的人际网络。人际主要是团队合作关系。约翰谈到他比较注重团队的共识趋向性，在决策时，尽力去驱动决策，获得共识，从而满足大多数人的利益。世界上没有一个决策会使所有的人满意，作为决策者我们要明白这个道理，做到可以勇敢地直面非议。还有就是作为一个领导者就要有领导者的魄力。职位越高，领导者所要面临的困难就越多，在关键时刻领导者要能够挺身而出，积极发挥作用，从而影响其他人一起面对难题。总之，想要成为一个真正的商业领袖和企业家，需要学习的东西很多，需要在实践中一点点地磨练自己，在实践中完善自己。

第二点：兴趣与激情很重要。兴趣是最好的老师。没有兴趣就会缺乏激情，没有激情就会缺乏创造力，没有创造力那么你就很难做出大的成就。

在《商业领袖和企业家》的视频中，我们可以看到无论是约翰还是其他几位女性，他们对他们现在所从事的工作都有着浓厚的兴趣，都充满着激情。而且在硅谷女人的企业家文化中，其中Ann Winblad——1989年成立的赫默温·布莱德风投公司的创立者之一，现任董事长，她说她喜欢那些精力充沛且富有创造力的人，而且在招聘员工时她也很注意这个方面。况且她本人就是一个对风投充满激情的人。在约翰的谈话中他也提到兴趣这个问题。如果一个员工对他所从事的工作不感兴趣，你觉得他还会努力去做吗？如果一个公司全部都是这种类型的人，你觉得这个公司还会有创新吗？这个公司还能发展下去吗？

我们不能说兴趣的作用到底有多大，但是如果我们对一份工作真的没有兴趣的话，就早一点放弃吧，找一个感兴趣的而且又适合自己的。既然决定做一份工作，就要拿出一份认真的态度，积极去思考，积极地参与。这样才能不辜负自己的青春。

第五章 中国需要终身学习的企业家

第三点：有才才是最重要的。众所周知，女性从事事业也是在最近一百多年才慢慢发展起来的。男女平等还没有真正落实到各个方面。女性因为一些生理原因在找工作和从事事业中会受到歧视。在硅谷女人的谈话中，提供了这样一个数据，在硅谷女性所领导的公司不到5%。这是一个多么小的比例。而且Ann Winblad也提到了女性因为一些原因会有一些特定的模式，这也就使女性很少能得到风投的资助。这样也会使女性创立的企业走得更艰难。

是金子总会闪闪发亮，有才才是最重要的。的确，相对于男性来说，女性的就业范围比较狭窄，就业环境也没有男性的好。但是我们还是有好的榜样的，不是吗？在硅谷女人的企业文化中，向我们介绍了三位杰出的女性人物，她们分别任职不同的风投公司的董事长、总经理，她们得到了大家的肯定，她们就是我们的榜样。

在华为内部，自我批判已经成了华为核心价值观的主要内容。"自我批判的目的是不断进步，不断改进，而不是自我否定。只有坚持自我批判，才能倾听、扬弃和持续超越，才能更容易尊重他人和与他人合作，实现客户、公司、团队和个人的共同发展。"

任正非也曾经在其文章《为什么要自我批判》中写道："华为还是一个年轻的公司，尽管充满了活力和激情，但也充塞着幼稚和自傲，我们的管理还不规范。只有不断地自我批判，才能使我们尽快成熟起来。我们不是为批判而批判，不是为全面否定而批判，而是为优化和建设而批判，总的目标是要导向公司整体核心竞争力的提升。

我们处在IT业变化极快的十倍速时代，这个世界上唯一不变的就是变化。我们稍有迟疑，就失之千里。固步自封，拒绝批评，忸忸怩怩，就不只千里了。我们是为面子而走向失败，走向死亡，还是丢掉面子，丢掉错误，迎头赶上呢？要活下去，就只有超越，要超越，首先必须超越自我；超越的必要条件，是及时去除一切错误。去除一切错误，首先就要敢于自我批判。古人云："三人行必有我师"。这三人中，其中有一人是竞争对手，还有一人是敢于批评我们设备问题的客户，如果你还比较谦虚的话，另一人就是敢于直言的下属、真诚批评的同事、严格要求的领导。只要真正地做到礼贤下士，没有什么改正不了的错误。"

任正非不仅严格要求自己要具备自我批判精神，同时他也要求所有华为人要有自我批判精神，他希望华为人"每日三省吾身"，要意识到自己的不足，并不断加以建议，不断的优化。任正非对于不同级别的干部也有不同的要求，凡是不能使用自我批判这个武器的干部都不能提拔。

现在社会不缺少企业家，缺少的是具有自我批判精神的企业家，一个只有不断自我反省和自我批判的企业家才能不断带领企业不断完善和革新。

1993年，曹德旺曾被福建省政府研究室聘为特约研究员，他的第一篇论文《转让出租拍卖县级中心企业改革之路的探讨》，被国内十几家刊物选用。

曹德旺说："事实上，学校受教育程度不能完全代表一个人的能力。当然，现在用人的时候，我还是比较喜欢用有学历的人，因为在现实培养人的过程中，我曾经把初中、高中和大学三类人都招进来培养，在成功率中大学生还是最高的。但是，在人的成长过程中，个人的自我学习是最重要的，我现在还在不断地学习。

"不再读书后，我一直都在不断地进行自学，我那一届如果毕业的话应该是66届高中。由于文革知青下乡的政策,我的那些同学后来跟我一样回家。回过头来说呢,他们到现在读的书还没有我多,因为他们没读就真的没有读了,他们跟着课本忘,而我却还一直在自己读,五花八门都读。我现在工厂有大学生两千人,如果水平素质太差,你根本没有办法接触他们,现在可以这样说,不管是哪里来的,我跟他们讲的东西很多他们都还没有学过呢。"

不过,没有机会接受完整的学校教育,曹德旺还是有些遗憾。

"我真正读书就是在推销苗木、在大洋农场到办玻璃厂期间,这10年来我读了一些书,充实了一下。小时候读书,因为经济的原因总是读一点点,一点点的,所以就养成了今天这种习惯,我平时最喜欢读书,见到有字的东西,不管什么,我都很认真地看。现在如果谁跟我讲孩子念书有困难,我都会资助,前前后后呢,我也帮了很多人,有人考上大学没钱读,我就支付他们的学费、生活费帮助他们,现在一直这样。我总觉得,穷没有关系,读书就那么几年,读完以后就好了,而且十几岁时读书很开心啊!

"对于我爱读书的习惯,部下们都非常了解。因为我基本上是书不离身,会抓住每一点儿空余时间读书。我读的书涉及政治、经济、历史和企业管理等多个领域。无论到哪里出差,只要有时间我就会去书店转转,能挑到一本好书对我而言是一件高兴的事。每年,我还会选几本书发给干部们阅读。

"读书既是人生修行的阶梯,也是提高工作水平的捷径。多年来,勤于读书的爱好让我受益匪浅。有一次,一位记者对我说:'宋总,我感觉你是个谜一样的人。你职业经历里的几次登场都是救场,当北新集团、中国建材集团一把手时,面临的都是极端困境,但你

——闯过了难关。'我回答他:'我能做成一些事,靠的就是不断学习。'"

只要你具备坚忍不拔的自学能力,具备终身学习的能力,无论你是中学学历仍是小学学历,你都可取得超出任何大学所可能给你供给的知识。所以,对任何企业家来说,学历并不重要,当初占有多少知识也并不重要,重要的是你必需领有使用知识的需求,重要的是你必须寻求对既有知识的使用频率和效力,重要的是你必须具备强盛的自学能力。哪怕你所掌握的知识十分简略,然而只要你能把它运用到极致,你能天天都运用它来准确地解决各种问题,你就有可能成为是世界上最伟大的思维家、最巨大的企业家。

如果你读过大学,读过研究生,拥有博士学位,掌握了很多高等数学、高级物理、中文和外语知识,可是对于这些知识,你一辈子没有太多运用它们来解决实际问题的机遇,甚至你根本就用不着。那么这些所谓的知识毕竟对你有什么实际意义呢?其实也没有多大的意思。由于它不能赞助你获得什么成绩或胜利,你不能运用这些知识去发明社会财产,那么很可能你固然拥有这些学历和知识,却毕生一事无成。

在中国,对于大学生来说,有两门作业消耗的精力和时间是最多的,一个是外语、一个就是高等数学。但是,对于绝大多数大学生来说,这两门功课对于他们人生价值的实现来说,基础上没有多大的用处,远远不如他们在小学所学的知识对其实现人生价值的作用大。好比,大学生和研究生从初中开端,学习了十多年外语。

但是在他们毕业后,除了极少数人到外企就业,或者从事外贸工作,或者当上了外语老师,或者到本国生活和工作了,其余绝大多数人都要在国内生活一辈子的,在中国的乡村和工厂生活一辈子的,他们耗费十多年时间在外语学习上投入的资金、精力、时间,根本就算是白搭了。

假如你在今后的学习和工作中确切需要运用外语解决问题,那么只要你存在极强的自学能力,也完整能够很快地掌握并运用外语知识。

因而,对任何企业家来说,知识不在于多,而在于有没有运用的需求,会不会运用;不在于是不是当时学习过,而在于是不是当事实生活和工作中真需要时,具备不具备很快地学会和掌握这门知识的自学能力。

自学才能跟毕生学习能力的主要性,就在于它有助于咱们将有限的生命和精神用于学习和控制生涯和工作中真正需要的知识,防止将性命和精力用于学习那些无实际需要,因此无用的常识上。

学习要有灵感

大家都说企业家的灵魂是创造,其实学习的灵魂也是创造。这二者是统一的,这也许就是企业家为什么爱学习的原因。学习是通过对已有的知识体系和价值体系的学习和领悟,激发自己的创造性的灵感和创造力。中国式教育失败的根本原因,就是因为只注重传播知识,而忽视学生的想象力和创造力的培养。

读万卷书、行万里路，这是学习永远不变的法则。知行两长，只有知识、没有实践的学习将毫无价值。但是知识和学问往往是别人的总结，要变成自己的智慧和实践，往往还隔着几重山。

中国古代文化一大特征只说形而上的，不说形而下的。也就是说只归纳总结，不告诉你过程和产道理的原始载体和出处。也就是说每段高深道理后面都有其依托的原始的生活场景和生活方式，不去实地考察根本无从知晓。古代传统文化的核心思想是阴阳五行，所以研究中国传统文化的第一件事就是定阴阳、格五行，格物就是格五行，把天下的万事万物按五行进行分类，其他的一切自然就搞明白了。

中西方最大的差异在于：基于基本生存和发展的需要，中国人往形而上走，西方人往形而下走。中国人善于把一切思想、学问和知识变成道理，而西方人则善于把一切思想、学问和知识变成工具。基于以上的认识和判断，就必须上下结合，我们需要古人那对知识、学问和经验高度的归纳总结能力，也需要西方人那种把知识、学问和经验转化为现实生产力的能力。如此，可以用中国的智慧驾驭全世界的学问，同时也可以把全世界的学问转化为中国智慧。

所以，学习的最终的目的不是仅仅获取知识和学问，更多的是在别人的知识和学问获得灵感和创造力。

学习和思考的最终目的还是为了指导实践。所以，作为一位学习型领导者，最关键的是学以致用，知行合一。从读书学习和演讲交流的过程中学到的知识、得到的启示，都要回归实践。当初读完MBA回到企业后，我就把书上学到的理论应用到了企业中，同时把企业的一些问题又当成案例进行了分析总结。正是在这种"实践、认识、再实践、再认识"的循环中，很多企业的难题迎刃而解，我对企业管理的认识也得到了完善。

谈到企业家的学问,记得海尔的张瑞敏讲过,他在1984年刚刚创业时就开始看泰勒的《科学管理》。不仅如此,有管理传播界的朋友告诉我,他对《道德经》能倒背如流。虽然我没见过张瑞敏,但从简单的信息中可以判断他的知识视野是多么广,可以说他是一名学贯中西的企业家。就凭此,让我对他肃然起敬。

事实上,企业家永远和他的企业一起共同成长,在创业的路上未知和不确定远大于有知和经验。这也就决定了企业家是一个必须快速学习、大量学习、系统学习和终身学习的职业。

生活中,我有很多爱好学习的企业界的朋友,也会笑话他们成了学习专业户。但是我知道,他们的学习精神不仅仅在追求知识和学问,更多是自我成长和发展的要求,一种不断追求和上进的精神在支撑着他们和他们的企业。作为一名职业的和专业的律师,更愿意和他们交朋友并为他们提供服务。因为,学习不仅是一种态度,更是一种生活。

管理是一门实践性很强的工作。我不是理论家,但我对理论的看法是,如果一个高深的理论,又做模型又做推理,但在实践中却无法得到验证,或和常识相违背,那它一定是错误的。正如管理学大师德鲁克所说,管理的本质不在于"知"而在于"行"。管理者坚持捕获"知"不容易,要将"知"付诸"行"更需要定力与坚持。

美国作家格拉德威尔在《异数》一书中指出:"人们眼中的天才之所以卓越非凡,并非天资超人一等,而是付出了持续不断的努力。只要经过10000小时的锤炼,任何人都能从平凡变成超凡。"这就是所谓的"一万小时定律",也就是说要成为某个领域的专家,需要10000

小时。按比例计算就是：如果每天工作八个小时，一周工作五天，那么成为一个领域的专家至少需要五年。

这个定律告诉我们，无论谁在要想在一个领域取得成就，需要长期的学习、实践和积累，并且要具备这样的能力，把知识通过经验转化为智慧。而智慧这二字，更深层的意义就是创造力。而智慧这二字很难用投入多少、产出多少来量化。完全是一种非线性的过程，瓜熟蒂落，有瓜时间短、有的瓜时间长，有的瓜甚至永远熟不了。一切都有可能，但有一点可以肯定，只有在实践的基础上不断学习和思考的人，才可能获得智慧的觉悟。

所以，学习首先是一种态度，其次才是一种习惯。

学习永无止境，我们既要善学善思，又要善谋善为。古人讲，"学而不思则罔，思而不学则殆"，"纸上得来终觉浅,绝知此事要躬行"。可见，学习、思考、实践，三者缺一不可。企业家成长的过程应是不断学习的过程，或者说，企业家必须终身学习。

多年前我在《学习的五次革命》一义中提到学习的五个层次：

1.学与不学？

2.学什么？

3.向谁学？

4.与谁一起学？

5.成为或成就什么？

学习首先是一种态度问题，其次是方法问题，再其次信念问题。只有解决了信念问题，解决自己要成为什么样的人、成就什么的人和事，学习才会变得有条不紊、循序渐进。

根据我这么多年与企业的交往和研究，企业每三到五年就会有一个瓶颈期,每一次瓶颈都伴随着需要理念、思维模式和行为模式的升级,同时还伴随着太多的取舍和选择。前五年创业期如开拖拉机,能跑路拉货就行;后五年是开汽车上高速,拖拉机思维和行为肯定不适应了;也许再过五年进入资本运作和品牌运作阶段,就是开飞机了。就这三个阶段,知识体系和价值体系能同日而语吗,难道开汽车和开飞机,仅仅是操纵方向盘和操纵杆那么简单吗?

企业家是企业的创造者、引领者、驾驭者,驾驭一个企业下台驾驭汽车和飞机一样,并非控制方向盘和操纵杆那么简单,其背后是一个体系和系统,每一个点后面都有一大堆的理论和知识体系支撑。企业更是如此,企业不仅要面对不仅仅是汽车、飞机后面的那些科学原理和知识,更重要是面对一群永远没有定数和捉摸不定的人和人与人组成的社会。没有一条道路可以复制、没有一个模式可以照搬、没有一个系统可以拿来就用。每一个成功的企业,无论是其道路和模式以及支撑的价值体系,都是独一无二的。

因而企业家需要时常学习和培养的是创造精神,企业家一生最需要学习的就是如何创造。企业家是这样的一种人,最终只能靠自己的智慧、勇气和创造力,带领他的企业走向只属于自己的彼岸。

建立学习型组织

学习型组织理论认为,在新的经济背景下,企业要持续发展,必须增强企业的整体能力,提高整体素质,也就是说,企业的发展不能再只靠像福特、斯隆、沃森那样伟大的领导者一夫当关、运筹帷幄、指挥全局,未来真正出色的企业将是能够设法使各阶层人员全新投入并有能力不断学习的组织——学习型企业。成功的学习型企业应具备六个要素:一是拥有终身学习的理念和机制,重在形成终身学习的步骤;二是多元反馈和开放的学习系统,重在开创多种学习途径,运用各种方法引进知识;三是形成学习共享与互动的组织氛围,重在企业文化;四是具有实现共同目标的不断增长的动力,重在共同目标不断创新;五是工作学习化使成员活化生命意义,重在激发人的潜能。

我对学习型组织一直情有独钟,建立学习型组织是我做企业的一个基本目标,也可以说是一种管理偏好。我时常对大家说的一句话就是:"把时间用在学习上,把心思放在工作上。"

天资聪颖的昝圣达,高考前突然身患疾病,最终以一分之差与大学擦肩而过。当年没能走进大学课堂一直是昝圣达心中的遗憾。

不过,多年以后,他弥补了自己的遗憾。他走进了大学课堂,那是作为清华大学的EMBA学生和南大的客座教授。

实际上,持续的学习精神和随时随地的学习更加重要。就像美

第五章 中国需要终身学习的企业家

国福特汽车公司首席专家路易斯·罗斯所说的:"在知识经济时代,适应就像鲜奶,纸盒上贴着有效日期,你的职业生涯很快就要腐蚀掉。"

昝圣达能够引领江苏综艺集团横跨刺绣、胶合板、木业、高科技等许多领域,与他持续的学习精神是分不开的。

看书、读报、上网、交谈都是昝圣达的学习渠道,而且敏感的他总能获得比别人更多的启发。比如公司上市的1993年,他同大多数人一样对资本市场一无所知,但飞机上与一个经济学家的交谈,让他意识到资本市场的巨大潜力。回到南通后,他立即开始对这个领域的知识作全面了解,看书、读报、上网、请教专家,并最终做出了上市的重要决策。为了对股市有个感性认识,他说服妻子,从家里拿出10000元钱在深交所买了几个股票,"不是为了赚钱,就是想了解投资过程,想有个感觉。"最初买的几个股票,包括深物业、深宝安等,昝圣达到现在都还没卖,他说要"留作纪念"。

昝圣达办公室的书橱里摆满了各种书籍,很多经营管理方面的书上都画着波浪线并有手写的批注,可见他看得是很认真的。昝圣达说他比较喜欢看一些企业经营失败的案例,因为"成功需要避免许多个可能失败的原因"。

昝圣达有个特别的本事,无论看多长的报告和资料,总能一眼把其中的错误找出来,也总能在很短时间内把握材料的重点,这使得他的学习效率特别高。他对数字还特别敏感,公司业务往来的数据,他说的跟财务报表上的数字几乎分毫不差。而且昝圣达还有个好习惯,看到什么好的资料和文章,会打印出来让公司的其他管理人员看,有时还拿给相关的政府领导看。这其实是一种非常好的沟通方式和知识管理方式，因为经常进行沟通和交流会让大家的思维保持一致，这不仅有助于形成企业文化，而且有助于提高决策效率。

综艺集团是南通最早使用互联网的企业，公司有自己的网站，企业的各种信息随时在网上发布，员工还可以通过内部网络与董事长直接交流。昝圣达说，他经常到公司网站上去听听员工的声音，并且准备在以后给大家布置一项"作业"：每个员工给集团提一条意见，一定要是负面的，好话不许说。

2000年时，南通市委曾做出决定，向以昝圣达为首的综艺优秀企业家群体学习。《江海晚报》副总编宋捷带着几个记者来采访，被昝圣达和他的企业的进取精神震撼了。宋捷坦诚地说："南通不是核心城市，黄金村更是偏居一隅，昝总和他的助手们学历并不是特别高，但非常注重自我教育。我们当初从上海大学毕业时也都算是优秀的，但现在跟他们相比都落后了。"

尽管课堂外的学习一直在不间断地进行着，昝圣达还是报了清华大学的EMBA。倒不是为了弥补当年与大学擦肩而过的遗憾，只是觉得"系统的教育还是有必要的，它不是就事论事地学习，而是一种前瞻性的学习，有助于全面系统地思考"。每月4天的学习在昝圣达那里是雷打不动的，他每次都是飞来飞去。昝圣达说："企业家需要有很强的洞察力、判断力，而且常常需要在很短的时间内做出决定。有时候简直来不及细想，凭的就是直觉，但这直觉不是凭空产生的，靠的是平时的积累，没有充分的积累，直觉肯定是不可靠的。"

学习型组织理论属于组织动力学范畴，它并不只是要大家多读几本书，而是告诉我们如何通过系统的学习和交流互动，使组织更具活力和生命力，达到不断进取、自我更新、整体提高的目的。美国学者彼得·圣吉认为，学习型组织要进行5项修炼：建立共同愿景、加强团队学习、实现自我超越、改变心智模式、进行系统思考。

共同愿景可以简单地描述为"我们想创造什么"，它是组织成员共同的愿望和共同的价值观。一个企业团队应该是由一群拥有共同愿景、对事业有着忠实信仰的人组成的，不信奉企业价值观的人不在此列。共同愿景把大家联系在一起，是学习型组织最强大的推动力。

考察一个团队的能力，归根结底是要考察其再学习的能力。团队学习不是团队成员学习成果的简单相加，而是团队成员互相配合实现目标的过程。有配合和互动才能称之为团队。所以我总说，一个企业的管理水平怎样，一进门就能知道个大概，甚至不用看规章制度、听发展战略，只要看其团队是不是一个整体，能不能协调好、配合好，是不是受到统一规则的支配就可以进行基本的判断了。

深度交谈是团队学习的主要方法。团队通过交流与互动，既可以激荡出新的理念和创新的火花，也可以避免因沟通不畅造成的不必要的误解。

在学习型组织里，实现自我超越是很难的。自我超越的人是有美好的愿景，并且力求工作尽善尽美的人。凡事总想做到最好，从不马马虎虎，从不放松自我，这样的人才有爆发力，才能不断突破成长的上限，实现心中的梦想。要想自我超越，一要忠诚，忠诚于事业和团队；二要勤奋，把别人休息、娱乐的时间用在工作和读书上，只有比别人付出更多的努力，才能比别人做得更好；三要有激情，为企业建功立业，把自我价值融入团队成长和企业发展中。

系统思考是相对于局部思考而言的。从局部想问题看似正确，但放到系统里不一定对；一件事看似很小，有时却能引发整个系统的剧变。"蝴蝶效应"讲的就是这个道理。这就要求企业要认真观察环境的变化，系统地研究问题，从局部思考拓展到系统思考，扩大思考的范围，更新思考方式。

总之，构建学习型组织是非常重要的管理手段。一方面，能培养大量优秀的人才，这个人才库创造的价值是不可估量的；另一方面，通过持续不断的团队修炼与反复提高，企业更具活力、动力和竞争力。

在构建学习型组织的企业实践中，我对企业管理有了更深的理解：管理是教育，要像办学校一样办企业。管理者的责任不在于挑选优秀的员工，而在于把普通的员工培养成优秀的员工。如果管理者总抱怨员工这个不行那个不行，只能说明管理者的管理水平不到位。

管理是再造的过程，是改造所有不合理现象的过程，而实现再造靠的就是团队的自我学习、修正和更新的能力。21世纪的竞争是人才组织的竞争。如何在竞争中取胜？答案就是建立学习型组织。我确信一个好企业必定是一个学习型组织。

学习知识的效率起源于有取有舍的抉择，即只学有用的知识，不学无用的知识。人的生命苦短，将生命和精力用于学习没有实际用处的知识，即使是为了获得高学历和高学位等声誉也是在挥霍生命！

学习的根本目标，就是为了运用它去解决实际问题。在生活中，能够帮助自己在生活工作中解决实际问题的知识，就是我们所需要的知识。不能帮助自己解决生活和工作中的实际问题的知识，再怎么美好，再怎么文雅，也是没有实际用处的。因为它美妙和高雅，可以宽阔眼界，可以得到什么好名声了，因而就去破费金钱和时间学习它，那只不外是自欺欺人，是自我抚慰，是自己愚弄自己罢了。

有些企业请培训师、教学、征询师来给企业作讲演、搞培训，可能呈文很活泼，现场也很热闹，但是会后什么实际问题也不解决，这只能阐明这些培训报告所讲的货色，大都是企业并不需要的垃圾信息，是并不能真正从基本上解决企业在发展中碰到的实际问题。

其实，在平时的生活中，我们所真正需要的是能够解决现实问题的知识。能够解决现实问题的知识是什么呢？就是当你听了他的讲课后，有一种茅塞顿开的感觉，有一种"听君一席话，胜读十年书"的感觉，有一种恍然大悟的感到，发明自己面临的某一个现实问题，好长时间解决不了，现在忽然发生了一个清楚的思路，找到懂得决这个实际问题的措施了！只有这样的学习和培训，才是企业所需要的，才配得上称为学到了有用处和有价值的知识了，才配得上称作是有效的培训和学习。

第六章
中国需要执着的企业家

　　坚持是企业家精神的本色。经营企业是一件非常辛苦的事情,经营企业也会面临大大小小的困境,辛苦面前,困境面前是知难而退还是迎刃而上,作为企业家没有退路,坚持是企业家必须面临的唯一选择,没有持之以恒的坚持精神很难成就一番事业。

执着是企业家精神的本色

英特尔总裁葛洛夫有句名言:"只有偏执狂才能生存。"这意味着在遵循摩尔定律的信息时代,只有坚持不懈持续不断地创新,以夸父追日般的执着,咬定青山不放松,才可能稳操胜券。在发生经济危机时,资本家可以用脚投票,变卖股票退出企业,劳动者亦可以退出企业,然而企业家却是唯一不能退出企业的人。正所谓"锲而不舍,金石可镂;锲而舍之,朽木不折"。

中国有句谚语:创业难,守业更难。可却偏偏有人不信"邪",凭借一股子韧劲,在一缺资金、二无背景的窘境下开始了坎坷的创业路:起初的数年间卖过沙石料、卖过建材、卖过服装,可以说足迹遍布了所有能挣钱的行当。再后来,又筹集资金组建公司干起了机械制造,并不惜零起步学习看图纸、设计配件。26年后的今天,曾经如幼苗般稚嫩的公司已成长为一棵参天大树,名叫奥瑞克电梯有限公司,而这背后的"养树人"便是总裁李洪利。

作为农民出身的苦孩子,李洪利究竟有着哪些企业经营的独门秘笈呢?与此同时,他又是如何看待中小企业融资难以及增强企业自身核心竞争力等一系列问题的呢?

从1990年、14平方米的出租屋的两张桌子到2016年,占地面积35000平方米、20000平方米的生产车间和办公设施,年产值近2亿元。

21年的时间，对于一个人的成长来说并不算短，可对于一个企业的发展而言却并不长，更何况奥瑞克电梯是从"作坊式"公司起步，一跃成为集团公司，并创造出行业内多项科技专利，发展可谓惊人。透过奥瑞克的成功，总裁李洪利的"治企良方"一时间成为不少民营企业主竞相打探的焦点。

李洪利终于揭开了民营企业由小做大、由大变强的秘密注重诚信与人才，用他的话说，一个缺失诚信、忽略人才的企业即使资金量再大、人脉再广，也很难走得长久。李洪利继而以奥瑞克为例，详细阐述了诚信之道与用人策略："首先说诚信，一个讲诚信的人会赢得别人的尊重，结交各方友人，而一个讲诚信的企业，对内能赢得员工的心，对外则能赢得市场、留住客户。譬如，企业对待员工应首先做到兑现承诺，也就是'言必行，行必果'，而不要总是随口一说不兑现。虽说短期内并不影响企业发展，但却于无形中失信于民。再譬如，对待包括供应商在内的企业合作方，也要讲求践行诺言，不仅合同中的规定要严格照章办事，而且口头上的承诺也要逐一兑现。其次再说用人，应该讲持续发展的人才是企业做大做强的力量源泉与不竭动力，他们能带来持续不断的创造力。譬如几年前，当许多企业不得不在全球金融危机波及下裁员减薪时，奥瑞克非但未减薪裁员，反而高薪聘请天下英才。当时我们的想法是，公司可以少挣点，但必须要保证人才的稳定性。而且我常对员工们说，铁打的营盘流水的兵，我们培养的人才，即使以后跳槽，我也不觉得可惜，我这不也是为社会培养人才尽了一份社会责任吗？"

从奥瑞克电梯有限公司成立那天起，流动的只是普通工人，而科技人才几乎是只进不出。可见,关心人才、相信人才的人性化管理是企业留住人才的不二法宝。"或许与其他企业不同的是,我们敢于启用新人担任重要职位,并采取'老带新'的方法,积极提拔年轻人为中高层干部。公司的综合部副部长当年刚毕业时,由于表现突出,工作不到一年就担任管理奥瑞克全国分公司的重要任务。而且在奥瑞克的员工,无论职位高低,只要在天津买房,公司都会无息借给其首付款的一半。此外,公司承担费用供员工考取资格证,考试通过的还有近万元奖金。且公司设计部每出一项发明专利,无论大小都会有相应的奖励。"正像李洪利说的那样,相信人才,用好人才,人性化的管理操作模式使奥瑞克的职工成为企业的主人。而在经营中,依靠职工、发挥职工积极性、关心职工个人生活、采纳职工建议,也使整个企业成为一部和谐运转的机器。而如此用人、为人策略不也正是其他民企学习与效仿的成功范本吗?

改革开放以来,民营经济迅猛发展,包括奥瑞克在内的不少民营小企业便是在这样的时代背景下成立并迅速发展起来的。李洪利笑着说:"跟随改革开放的大潮,现在的奥瑞克已进入天津市拟上市企业后备库,并正在努力开拓国际市场,实现电梯更为智能化的应用与普及。"

毋庸置疑,奥瑞克的成功为更多民营企业主打开了思路,令他们深知,企业发展离不开人才,更离不开决策者矢志不渝的努力。而作为企业决策者,除了讲求诚信、注重人才外,还需具备哪方面素质呢?对此,李洪利给出了四个字包容、执着。"或许这四个字说起来简单,可做起来就未必容易了。首先,管理者要包容员工的错误,不能一味地抱怨、埋怨,而应用心沟通。比如,我对设计部门员工的要求是，允许犯错，但同样的错误不能超过三次，只要在三次之内都会被原谅。这样做的目的是，让员工的才干尽情得以施展，不要让他们觉得有束缚。其次，企业管理者要执着对待每一件事，并不断激发员工热情，努力形成"把工作当事业干"的氛围。而这一切又恰恰为企业不断创新提供了有利的大环境。"

在说到"创新"二字时，李洪利刻意加重了语气，从某种程度上折射出他对创新的重视程度。在电梯智能化方面，李洪利带领他的团队先后拿下了包括电梯故障远程监控等在内的多项行业技术专利，并致力向节能环保、人性化设计方向进一步迈进。在李洪利看来，民营企业要在竞争中求得生存发展，必须依靠核心竞争力，而核心竞争力来源于技术、产品、质量、服务等的自主创新。"只有依据市场变化，通过不断创新，调整产品结构，提高技术水平，推陈出新，稳定控制产品质量，才有可能在激烈的市场竞争中立于不败之地。在这方面，苹果公司便是最好的典范。"李洪利如是说。

众所周知，资金是企业赖以生存的命脉，对于多数先天不足的中小民营企业而言更是如此。然而，融资难问题却一直困扰着中小企业主，特别是在市场环境复杂多变的当下，国家对中小企业的政策扶植尚未形成体系。李洪利坦言，在奥瑞克发展的过程中，也曾遇到过资金问题，但从走过来的经验看，他认为民营企业在深陷融资难困局时，干等不如主动想辙、找出路。与此同时，政府也应进一步加大支持力度。

从目前看，中小民营企业主要的融资渠道依旧不外乎银行、证券市场和各类基金。详细来讲，眼下包括华夏银行等在内的不少金融机构已相继设立中小企业信贷部，并根据小企业在发展过程中所处的

特定阶段及所面临的不同融资难题，分门别类地推出了针对创业、展业等不同时期的特色产品与服务，并简化贷款审批流程，提高审批速度，以帮助企业将有限的担保资产的利用效率最大化，尽可能使企业获得更多资金支持。与此同时，努力进军资本市场也是中小企业缓解融资难问题的又一途径，事实上中小板、创业板的推出便出于为中小企业提供融资服务这方面考虑。此外，近年来VC/PE资本在中国中小企业发展过程中，始终扮演着"助推器"的角色。

"只要变被动为主动，努力找寻融资渠道与方案，融资难并非困扰企业发展的难题。况且，地方政府为扶植中小企业，相继推出了一系列包括税收减免等在内的优惠政策，可以说为民营企业发展提供了肥沃的土壤。而企业主要做的就是在规范经营与科学管理的前提下，不断完善自身，增强核心竞争力，让金融机构有信心。"一路走来，李洪利始终秉承"敢闯敢干敢突破，敢作敢为敢负责"的精神，带领团队披荆斩棘，克服了一个又一个困难，书写出一个又一个传奇。

企业家需要一种执着追求的精神

每一个渴望成功的人，都要在自己的心底里扪心自问，我究竟是想成功，还是一定要成功。其实，想成功昌成功的第一步，因为你渴望成功、梦想成功；而一定要成功，则是一种强烈的要求，我一定要成功，并通过不断的努力去达成。但是很多梦想成功的人，在第一步上面就已经走到尽头，因为他只是梦想成功，而不是去努力、不是去拼搏、不是去尽一切可能地奋斗。而走上第二步的人，如果没有一种执着追求的精神，也有可能只是毫无头绪地追求成功，但是因为方法不对、合作的对象不对，而不能够真正地获得成功。因此，只有那些梦想成功、努力奋斗、不懈追求的人，才能够真正地成功。

"不管遇到什么困难，我都坚信天无绝人之路，只要永不放弃，永不退缩，就一定会找到战胜困难的方法。"在房地产、旅游和教育等领域都声名鹊起的卓达集团的当家人杨卓舒如是说。

马云为什么能取得成功？这是很多马云FANS跟对手都渴望了解的事情。当然我们都知道阿里巴巴的成功之路并不是那么顺利，其中的风险曲折，或许也只有马云最清楚。如果不是马云的坚持梦想，可以肯定绝对不会有现在的阿里巴巴。这样说吧，如果你能坚持一个梦想很长很长，如果你非要达到梦想实现为止，而且这个梦想并不是天方夜谭，愿望就肯定能够实现。马云的坚持之路走得有多累，又有多少心酸？

当马云在北京已经打开一片天地的时候，他毅然决定返回杭州，继续自己的电子商务梦。要知道这不仅是从头开始，而是一无所有。当非典时期，人人自危，马云说出"即使跪着，也要最后一个倒下，也要活下去！"当现在的经济危机来临时，马云说"冬天并不可怕"，坚持着我们的坚持，就一定可以度过寒冬。因为坚持，马云胜了，阿里巴巴也在坚持的路上迈着矫健的步伐前进，前进！

敢于担当又是企业家应具备的另一个特性。不管是为人处事还是企业管理，相信谁都不想遇到出事就推卸责任的领导。而现实中，往往越是承担责任，敢于自责的人更有人缘和说服力。问题是用来解

第六章 中国需要执著的企业家

决,而不是推卸的。马云很清楚这个原则。如果公司管理或某个方面出了问题,那一层责任推一层,问题就真的成了问题。而管理层也一样推卸责任,却丝毫不去想解决问题的方法时,这个公司就差不多面临倒闭的危险了。

正如马云坚持梦想和敢于当地并不是企业家成功的所有特性,但缺不可少一。现今的成功的企业家中都做到了这两点,才会更加成功。坚持自己的梦想,承担犯了的错,这样才会更加的努力为成功的方向前进!

2014年1月7日早上8时许,著名电影制作人、爱国人士、娱乐业大亨、慈善家与富豪邵逸夫先生去世,享年107岁。社会各界追述邵氏的精神、品质,期待以学习的方式纪念他。邵逸夫从事的是娱乐业,但事业却不是娱乐,他首先是一名成功的企业家,这也是他其他身份和地位的基础。那么,邵逸夫先生体现出来的企业家精神,或者说他的企业成功之道,才是需要我们琢磨和学习的。其实,邵逸夫的自信,或者说成功的核心,就是来自"坚持"。

当代著名管理专家吉姆·科林斯,《基业长青》和《从优秀到卓越》是他两本著名畅销书,前者主要通过对十八家基业常青公司的研究揭示共同特征,后者对前者进行了修订和补充,最后他将企业长青之道归结为"保存核心理念和刺激进步"。通过对照,我们可以发现我国许多企业只能"领风骚几年"的主要原因就在于:战略的缺失、管理的混乱、企业家心态的浮躁;崇尚"短、平、快",崇尚盲目的"多元化",缺乏坚持,投机的味道过重。

邵逸夫的座右铭是:"我喜欢不停地工作,工作是我的嗜好。我永不会退休。成功之道要努力苦干,并要对自己的工作有兴趣,运气只是其次。我深深体会到拍电影是很大的刺激，它能带给我无穷的乐趣，这正是推动我努力工作的动力。"坚持"苦干"，邵逸夫是出名了的，无论是早期"扛着电影机和影片，在烈日下长途跋涉去放露天电影"，还是一年看尽千部影片，成为世界上"看电影最多的人"，还是坚持察看邵氏影业下200家影院。

坚持做一位"造钟师"，而不是"报时人"，无论1922年上海的"笑舞台"，还是上世纪30年代的新加坡创业、抑或是香港的"邵氏影业"，还是后面的"TVB"，术业专攻，他从来没有离开过自己的主业。而且要像"造钟师"一样坚持把事情做到极致，邵逸夫曾说："我做事的态度，便是要把每件事都做好，即使是最微细的部分，也要彻底做好。一样事情不做到十全十美，我是绝对不放松的。"

"高瞻远瞩公司都有利润之上的追求，这就是他们的核心理念或价值观。"科林斯如此说。邵逸夫除了对主业的坚持，更重要的就是对他核心价值的坚持。1922年将"小舞台"改名为"笑舞台"，一字之差，已将他的价值追求一目了然：此地为娱乐大众而立。邵逸夫说："我要拍一部纯艺术的电影，我不敢肯定这套戏有多少人看。少人看的戏就少人得益，所以，我宁愿向大家都中意的娱乐片着手。"

对经营企业来说，坚持还有一个很重要的内涵就是坚持求变。邵逸夫的成功，不仅在于他坚持把娱乐当作一项生意来经营，而不是作为艺术品来打磨，不仅把娱乐当作一种赚钱的工具，而且把它作为一项事业来追求。邵逸夫将自己的经营之道比作女士选择高跟鞋，一会儿粗跟，一会儿细跟，美与丑的取舍只在于是否合时宜。所以，邵氏的娱乐帝国也在不断地求变，从剧院到影院，从影院到无线电视，从上海到南洋，从南洋到香港，包括TVB的经久不败，很重要的一个原

因，就是紧跟潮流，不断求变。

其实，邵逸夫的坚持，不仅体现在对企业的经营之上，坚持慈善也是如此，仅他向中国内地捐助的巨额慈善资金累计就达100亿元港币，以他的名字命名的校园建筑、医院遍布内地各个城市。对待婚姻也是如此，邵逸夫爱的人是他的结发妻子黄美珍，直到1987年黄美珍85岁时于美国洛杉矶病逝；爱邵逸夫的人是曾经的一代红歌星方逸华，她等了邵逸夫40多年，直到1997年，邵逸夫90岁了，妻子黄美珍逝世10年后，他们才登记结婚。

坚持之所以如此重要，一是因为坚持是一种能力，特长、专长是持久竞争力的基本，如果不坚持、不专注，精力和资源就会分散，不仅可能被不熟悉的领域吞噬，熟悉的也可能被自己放弃掉；二是因为坚持是一种品质，好的时候都很容易做，但在困难的时候，大的市场环境、市场低迷、恶劣的情况下，坚不坚持，怎么坚持，就是一个考验了。邵氏自信来自于"坚持"的企业家精神，无疑是值得我们好好学习、效仿的。

企业家应该像工匠一样执着

由北京联合出版公司出版的《董明珠：中国工匠精神杰出代表》里，我们会发现，历史就像是一个环，隔上多少年就会来一次轮回。很多年前，董明珠孤身一人来到珠海，加入格力，然后以大多数人不理解的方式开始了她的前进之路，那时候，她做的同样是各种"匪夷所思"的事情，目的就是为了将格力拉出不合理的"潜规则"中，健康发展。那时，她遇到无数的困难，但她坚持了下来，所以，格力一步步成长为了国内甚至国际上的巨头企业。那时候的她，什么也没有，只有执着与专注。如今，格力作为传统企业面临着互联网+与转型的挑战，而董明珠显然是在做着同样的事：在众多人的不理解中，一次次执着地尝试，誓要搭上国家工业升级的这趟顺风车。所以，只要明白了董明珠身上的那种"执着"精神，就不会对现下的新闻感到惊奇了。

事实上，类似这种执着的精神也正日渐得到各方的重视。2016年，有感于我们国家在工业上的大而不强，李克强总理提出了"工匠精神"这个概念。何谓工匠精神？放在企业家身上来讲，也可以称为企业家精神。具体说，执着是其底色，有胆有识，坚持不懈；敬业是其动力，全心投入，不离不弃；创新是其内核，眼光独到，走在前沿。

观董明珠在格力一直以来的言行，其实"工匠精神"就蕴藏在了其中，所以，当国家提出"工匠精神"这个词的时候，董明珠本人一定是深有共鸣的，因为工匠精神所要求的正符合她的行为观和价值观。这也就不难理解为何董明珠会在公开场合如此推崇"工匠精神"了，因为她本人就是一位杰出的"工匠精神"代表。当今社会，充斥着各种心浮气躁，许多事情都追求"短、平、快"，也就是要求投资少、周期短、见效快。诚然，这曾带给我们经济的超高速发展，但是也带来了众多的问题，那就是人们越来越看重即时利益，而忽略产品的品质。

如此心态显然是危险的。阅读董明珠的传记，相信能够给现在的很多人带去一丝思考：怎样才是真正的成功？怎样想、怎样做才能持久的成功？

"鼓励企业开展个性化定制、柔性化生产，培育精益求精的工匠精神，增品种、提品质、创品牌。"2016年政府工作报告着笔"工匠精神"，这也是总理报告首次出现"工匠精神"。2016年1月4日，李克强总理在参加一个有关钢铁煤炭行业产能过剩的座谈会时，举例说中国至今不能生产模具钢，比如圆珠笔的"圆珠"都需要进口。

总理对工匠精神的呼唤，恰恰反映了当前中国制造业的短板，同时预示了未来应该前行的方向。事实上，中国并不是没有追求工匠精神的企业，比如格力、华为等，都是具有代表性的制造业领军旗帜，只不过，在当前的氛围内，他们似乎并没有成为独树一帜的榜样，反而被浮躁的制造所淹没。

谈起工匠精神，人们很容易联想到瑞士的钟表、德国的汽车，甚至日本的寿司之王等等，但是，对于国内产品，不仅没有信心，国货甚至成为二流产品的代名词。董明珠近年来多次气愤地提到国人到日本抢购马桶盖的故事，不只是因为产品上的差距，而是产品制造的精神和气质就已经输了。

"如果没有工匠精神，马桶盖事件不可以杜绝。只有具有了工匠精神，马桶盖的事件才可能不会发生。"董明珠对中国制造业的体悟也正源于此，多年来，格力也一直在践行。工匠精神不仅造就了格力，也让格力赢得了消费者的信任，这是双赢，其实也是三赢——对于中国制造业，也是善莫大焉。

一个很有传奇色彩的例子是，格力不少的叉车工，都可以用叉车开啤酒瓶盖，用叉车穿针引线。这源于他们平时的刻苦钻研，大胆创新，更充分体现了对自己工作的执着，对所做的事情和生产的产品精益求精。

但是，只是依赖政府工作报告写入"工匠精神"，就能够轻易促成工匠精神的落地吗？显然不是。多年来，中国制造业并不是没有提，甚至没有少提工匠精神，也有不少诸如董明珠一样的企业家一直坚持呼吁，但收效甚微。

随着一系列新战略的铺开，中国制造又迎来新的契机，能否借此重塑中国制造的工匠精神，值得期待。不过，从无到有，工匠精神的培育需要各方出力，出真力，卖实劲。

一个不太恰当的比喻，当所有企业可以通过贴标签或者伪造大赚腰包的时候，还会有哪些企业劳心劳力去苦心钻研呢？这首先需要良好竞争的市场经济环境，至少不能让劣币有过多的机会驱逐良币。

比较理想的场景是，市场让具有工匠精神的企业活的更舒服，进而更有追求工匠精神的动力。此时，国家除了维护必要的市场环境外，还应该通过各种渠道和方式鼓励、推动工匠精神，让公众以及社会更明白工匠精神的价值，更愿意为工匠精神买单。"培育精益求精的工匠精神"，需要政府的诚意和决心，"不能让老实人吃亏。"话糙理不糙。一个吊诡的现象是，不少投机企业活的越来越光鲜，而执着于科技的企业反而深陷泥潭。为什么？非常值得反思。

工匠精神不仅仅局限于某个产品，而是贯穿于企业各个角落的内在核心文化。仍以格力为例，空调是格力实力的象征，在公众心目中，也是最能体现格力工匠精神的实力产品。另一个不为公众所熟悉的事实是，格力已经逐步向多元化迈进，在生活家电以及模具，智能机器人等领域，都有核心技术以及不俗的市场占有率。

格力其他产品之所以能够保持与空调一样的高质，根源还在于工匠精神对企业的塑造。正是有了工匠精神，才使得格力的产品可以保持一以贯之的气质，而这种气质，虽然难以名状，却能清晰体会到。

政府工作报告首提工匠精神，是一个积极信号，一旦国家能真正将培育工匠精神落到具体措施，这批一直执着的企业，将是最大受益者，而他们也将让中国制造成为大赢家。

执着使企业家走向成功

马云的坚持成就了他的阿里巴巴电子商务王国，何享健的坚持让美的成为一颗不老松，任正非的坚持让华为超越竞争。正所谓"锲而不舍，金石可镂；锲而舍之，朽木不折"。

1992年华为进入电信市场，在竞争激烈的电信领域，用任正非的话说是误打误撞进入这个荆棘丛生的模式领域，凭借着初生牛犊不怕虎的一腔豪情和坚持不懈奋斗拼搏，华为持续不断在研发和管理上投入巨大物力人力财力，如今华为取得的成就得益于华为多年的坚持和奋斗。

当年和华为的员工租在一栋楼，任正非每天下午五点过就到家了，华为的员工每天晚上九点才到家，人家这么努力，怎么能不成功。

正好，看到华为大当家任正非最近有话说：华为没那么伟大，华为的成功也没什么秘密！华为为什么成功，华为就是最典型的阿甘，阿甘就一个字"傻！"

这说法很新鲜，这个"傻"该怎么理解呢？阿甘精神真的是"傻"吗？

任正非说，阿甘精神就是目标坚定、专注执着、默默奉献、埋头苦干！华为就是阿甘，认准方向，朝着目标，傻干、傻付出、傻投入。

20多年前，华为人如果这么说，可能人家会说他真的"傻"，就像10多年前，人们把满嘴都是互联网的马云当"骗子"看一样。但以华为今时今日的地位说自己"傻"，这个"傻"，就"傻"得让人肃然起敬。

在电信设备商中，华为已然称王称霸，世界第一；手机卖得也很好，世界第三，仅次于三星和苹果。

由华为的业绩，我们自然就想到联想。这两家公司很像，都走国际化道路。但他们的区别在于，华为走的是自主创新这条路，每年花大量的经费搞自主研发，多少呢？每年销售收入的10%。这个比例相当高，这在中国著名企业中无人可及、无人敢及。等于说，华为人把核心技术都掌握在自己手里。我感觉联想在并购层面动静挺大，但在自主研发这方面可能弱了一点。

时间一长，就看出两者的差距来了，华为蒸蒸日上，越来越好，联想现在亏损严重，有点后继无力。所以，华为人这个坚持创新"长跑"的路数，很值得我们好好琢磨琢磨。自主研发，掌握核心技术。更关键的是，这个傻傻地坚持的劲，是不是很值得学习呢？

现在要说说"阿甘精神"了。《阿甘正传》这部电影给我最深的镜头是什么？阿甘这个人能跑，特别能跑。小时候跑得快，这样别人就没法欺负他。长大后能跑，却完全是喜欢。每天跑，每天跑，先被大家围观，七嘴八舌议论，电视台也报道，大概会说有一个"怪蜀黍"，胡子挺长，爱跑步。再后来，很多人就开始效仿这种行为，跟着他跑，影响越来越大，人越来越多，从众心理嘛，阿甘就这样成为"精神领袖"了。

数年前，任正非在经营中被骗了200万，被国企除名，求留任遭到拒绝，背负200万债务。媳妇跟他离婚，这日子过不下去了。他就一个人带着老爹老娘弟弟妹妹在深圳住棚屋，创立华为公司。没有资本、没有人脉、没有资源、没有技术、没有市场经验，看起来谁都比他强的一个人，用27年时间把华为带到通讯行业世界第一的位置，成功逆袭。

任正非说，中国缺少创新的原因是社会不尊重知识产权，不鼓励试错，不具包容精神，好不容易出了个诺贝尔奖获奖者屠呦呦，还饱受争议。这就导致谁也不愿进行原创，都热衷于抄袭。

的确，这事特别让人感慨，慢工出细活这个事儿已经快成为传说了，阿甘这样的人在我们今天这个世界里已然成为稀缺品种。整个社会风气太浮躁。原创多难啊，抄袭多容易啊，可是，这事违法不知道吗？

其实浮躁的后面，是功利。这是一个赚快钱的时代，很多人奔着钱去，功利性太强了！还没创立公司，就想着怎么快点做大，做大之后，快点上市，快点套现。的确，工业化社会，快，是一个特征，整个社会都要求效率。但我们看到，很多公司就是因为发展得太快，身子和大脑脱节，结果出现诸多后遗症。这不是真正的快，其实这是"急"，内急，哈哈。急功近利，急着发财，急于成功，甚至"急于投胎"也说不定（开个玩笑），因为中国企业的存活率，的确越来越低了。

所以，我要说，学习华为好榜样。任正非这样的人的存在，华为人的路数，给了我们很大的信心。就是可以不那么急，踏踏实实地，只需要一步一个脚印的傻傻地往前走。最终我们比拼的，不是活得快，而是活得好和活得久。

对，这像是在说乌龟。任正非的确说到乌龟，他说，华为就是一只大乌龟，二十多年来，只知爬呀爬，全然没看见路两旁的鲜花，不被所谓互联网"风口"所左右，回归商业精神的本质，坚定信心走自己的路。

这让我想到蜗牛，周杰伦有首歌《蜗牛》很有正能量：我要一步一步往上爬/等待阳光静静看着它的脸/小小的天/有大大的梦想/我有属于我的天/任风吹干/留过的泪和汗/总有一天我有属于我的天。

这么看，中国企业家都该学点"阿甘精神"，别管是爬是跑，傻傻地坚持下去最重要。

所以，做企业有非常重要的两点，首先是不怕失败，还要能够不断进取。

做企业跟做科研有点类似，失败的几率一般要比成功多。如果都能够成功的话，就没有什么企业家，更没有什么大企业家了。

做企业要想获得成功，最重要的一点是你看待失败的态度。怕失败、怕输，就永远不能成功。

王健林开始做商业地产的时候，从2002年到2004年间，由于早期万达对商业地产理解不够，前前后后经历了很多失败。

2003年，万达在沈阳市太原街投资建设了一个万达广场。那个时候王健林不太了解商业地产的门路，做了300多个商铺销售，卖了6.1个亿元。由于设计先天缺陷，商铺经营不理想，回报率很低，业主埋怨声很多。前前后后召开了若干次事情论证。最后王健林拍板，全部退款，拆除重来。万达付出比购房款高1.5倍的赔偿。万达要对消费者负责。这件事情是万达发展史上一个里程碑事件，当年海尔砸掉40多台冰箱都不能与此相比。万达付出了十几亿元的代价。

当时有222个业主在起诉王健林。万达打了222场官司。媒体也在批判万达。当时公司所有人都跟王健林讲，万达不能这么做了。但是，王健林告诉他们，万达必须坚持5年。以5年为限，如果做了5年还是这个样子，就收山回去。"城市综合体"恰恰就是到第五年才摸索出来的。

当然，王健林也得仔细想想怎么走下去。所以马上去研究怎么样重新设计、怎么提升商户人气等等。正是这样，订单越来越多。到2004年，万达做了北京、上海、广州三个城市。正是有这种不怕失败、坚持下去的精神，所以到第五年的时候，终于找到感觉了，把它做得非常成功。

为此王健林说："我们搞电影院线，由于前两年亏得一塌糊涂，也是有很多人跟我讲电影院不能做。他们认为当时全中国票房只有七、八个亿元。我进去做，即使占20%的份额，也才1个多亿元。怎么算，怎么不行。但是，我认为，文化大革命之前的票房都比现在多好几倍，现在再不行还不如过去吗？所以，我就说我们先做四五年，到时候不行再说。结果证明，我们现在做得很成功。现在这个行业热得不得了，很多人都想进来投资。"

通过这两件事情就说明了成功就不能怕失败。

万达的发展确实不错，就王健林个人而言赚了不少钱。因此十年之前，他的家人、他最好的朋友就在劝他，够了、差不多了，别再拼命了，潇洒点算了，这种话很多。王健林现在遇到最多的问题就是别人在问他，你为什么还没赚够呢？

其实，大家都理解错了。我不是没赚够，而是还有另外两个追求。

第一是做一个全球最大的华人慈善基金。目标金额是1000亿元人民币。王健林觉得，因为万达的存在，通过自己的努力能够帮助更多的人，这就是人生价值的最好体现。所以王健林就给自己定了这么一个目标、这么一个梦想。

第二个想法是，将万达做成世界500强企业。照目前这个规模和发展速度，到2012年万达就可以实现这一点，而且净资产和市场价值一定会更高。

按照这样的目标，我觉得完全有可能实现。所以我就一直坚持，不断进取！为此，王健林在一次题目为《坚持是企业家精神的核心》的演讲中说：

今天我来开讲之前，叫我确定一个题目。后来我想讲什么呢？我就定一个题目吧，叫"坚持才能成功"。我70年当兵到了部队以后，十五六岁。我是一个新兵，就是毛主席那时发了一个112次批示，毛主席批五个字："野营训练好"。当天晚上一传达就上，每个人背个粮袋背包，就拉出去训练去，负重也有二十来斤吧，两千多华里东北，那真的是林海雪原，积雪那个时候出去走基本上都没了膝盖的。野外宿营什么也没有，需要叫你自己挖个雪洞，自己进去过一晚上。

每天平均要走六十里，甚至七八十里，如果你走不了了，可以到后边坐汽车，上面写上收容车。但是可能你这一年评"先进"、评"五好战士"机会也没了，那个艰苦是现在的年轻人你们无法想像的。正常的训练，可能正常的吃饭是够的。那么一冷再加上又累，可能吃饭量就大，也吃不饱。我当时老班长说："小王，我跟你说个事儿，你首先承诺，你要坚决保密。我教你一个吃饱饭的招。"我说："保证保密。"部队那个时候是缸，这么粗这么高的大缸子。他说："你啊，上去你先盛半缸。"

他说："你再怎么吃得慢，你这半缸一定比第一缸人吃得多。然后你比别人吃得前头，再上去第二缸你来满满一下子，所以你就吃饱了。"他说，先别傻傻地先盛一满缸，很多人都有这个心态，上去先盛满，等盛满了再来没第二次了。我还真就是他这一招教我。虽然很小，这一年里行军路上基本上吃饱饭。我们这个野营训练这一路上的艰苦到什么程度，我都亲眼看到一个干部，还就在那哭，我说什么也不走了，我党员也不要了，我当干部我也不要了。很多人都是，都坚持不下来，一千多人的团队，完整走下来最后不到四百人，作为一个十几岁的小孩，我坚持走到了最后就是一种信念。我走的时候我母亲跟我讲，一定要当"五好战士"我父亲也是老军人了，说："你当兵争取超过你的父亲。"靠着这种信念和坚持所以我才能入伍的第一年就当了"五好战士"。所以这个人生做任何的事情要没有一种咬牙的精神，要没有一种一直坚持到底的这种精神，是不能成功的。

我已经讲了十几年的一个话题"坚持是企业家精神的核心"。第一个所有的创新，所有企业家的梦想都只有在坚持当中才能得到实现。

我是1988年创业的,那个时候我已经有很好的一个生活,二十多岁在部队就得到团职的职务。仕途很好的时候,因为那个年代同学们可能不了解,80年代的末期90代的初期,在中国就是创业的大潮,下海的大潮风起云涌,受到思想的影响,我也决定自己去创业,实现自己的一个梦想。我当时就选择了去做。

像王健林这样的企业家也是存在的。1998年华为投入巨资拜IBM为师,进行了伤筋动骨的变革,变革需要牺牲,变革也可能失败,面对外界的质疑和员工的"消极抵抗",任正非没有丝毫动摇,十年如一日,正是任正非的坚持华为变革取得极大的成功,如今的华为可以说是中国最具国际化特点和运营效率最高的企业。

显然,拿地炒房走天下的不是企业家精神,那种生产三聚氰胺奶的更不是企业家精神,甚至只是追求物欲的本能。笔者以为,寻找企业家精神,其实不需去翻阅那些商业畅销书,也不用品味那些段子名言,在诸如曲美家具这样的25年拼搏故事中,就可以感受企业家精神的"大同"与"小异"。

在势不可挡的市场大潮中,商海沉浮并不奇怪,但要以企业家精神论,推动行业进步,打造具有市场号召力的品牌,应该是两条最具说服力的标准。尤其是像家具这样的传统行业,进入的门槛不高,参与者众多,水平参差不齐,不能期待奇迹,只有以企业家精神坚持拼搏,方能脱颖而出,推动行业发展。有一句俗话:世上无难事,只要肯攀登。如果用25年的时间去攀登,那么再高的山峰也可以攀登上去了。笔者以为,也只有在长时间的专注中,才会展现出企业家精神的真正价值,比如海尔、华为、五粮液和曲美家具。

第六章 中国需要执著的企业家

在曲美家具走过的25年历程中，创新始终是支撑其成长的第一源动力。首创"弯曲木"工艺，首开独立品牌销售店，首开"水泥+鼠标"电子商务，整合国际资源，确立原创设计风格等。或许我们可以说曲美家具还不够大，但绝对无法忽视它的创新实力。曲美家具的创新为家具行业带来了一股清新的空气，摆脱了单纯的物理功能和排场炫耀的两个极端，以生活文化、设计美感和商业模式创新为家具行业开拓了新的价值空间。

当业内还在探讨B2C、O2O的具体操作和运营路径时，曲美家具却已推出基于互联网的定制家具，这不能不说是个行业奇迹。中国不乏老字号传奇，但真正在市场经济大潮中立足的，都以创新而立，单纯的招牌承接无法与时俱进，创新是企业家精神的重要特质。面对多元化的消费取向，从技术层面讲已是非常成熟的产业，要让其发生新的蜕变，就考验细节上的创新，需要坚韧的付出。

生活驱动创新。作为与人们生活密切相关的家具产品，时时洞悉生活变化，而非沉迷于市场捭阖或抱残守缺，满足消费者新需要才是真正的敬业精神。中国不少风光一时的大品牌迅速陨落，无论是从市场环境，还是经营策略，抑或是时势造英雄，无一例外，忽视消费者需求变化都是其失败的关键。曲美家具从事家具生产25年，以北欧风格的简约之美，开发多系列、多层次的家具产品，在追求设计之美的同时，确保产品的高品质，环保标准，完善的售后服务等，满足现代都市生活方式的需求。曲美创始人赵瑞海说："15年前，曲美就用诺贝尔胶黏剂，其实胶黏剂在家具里是很难用肉眼分辨的。如果是脲醛胶，一吨只需要一千元左右，而我们用环保的诺贝尔胶黏剂却需要一万多一吨。成本虽然增加了，但是对得起自己的良心。"以消费需求为导向,提升消费价值,完善价值链的每一个细节,这不是大智慧,却是最宝贵的敬业精神。

很多专家学者表示,在中国这个并不成熟的市场环境中,决定企业命运的往往不是做什么,而是不做什么。社会价值高于个人得失,物质财富之外还有精神财富的贡献,这就是企业家区别于"老板"的根源所在,也是提出企业家精神的论据所在。

执着让曲美走出了一条坚实而宽阔的发展道路,赵瑞海把其中的原因之一归结为自己的"诱惑点"比较高,"我从小在中关村长大,当时有很多(下海经商老板)做电子产品的,后来又做证券,变来变去。但是我一直在做曲美家具,一直坚持到今天,也取得不错的成绩。在这之间,我也有很多朋友通过地产、股票挣了很多钱,对我也有很多的诱惑,但是光能挣钱的行业对我是没有诱惑的。"对于曲美的成功,赵瑞海没有用金钱来衡量,也看轻了投机的价值。抵制诱惑,这也许就是企业家精神中最难修炼的一层。

对于企业家精神的论述有很多,创新、冒险、合作、敬业、学习、执着、诚信等都被列为企业家精神中不可或缺的特质。显然,企业家是社会群体中最优秀的群体之一,在能力才智方面固然有过人之处,但阅读曲美家具的故事我们会发现,企业家精神其实更具有普世意义,因为无论是社会群体中哪一种身份,提升人生价值无一都需要如此这般的"企业家精神",甚至可以说经营企业就是经营自己的人生。从这个意义来讲,"企业家精神"并不超凡脱俗,而是具有普世意义的正能量。

第七章
中国需要诚信的企业家

> 诚信是一个人乃至一家企业生存的根本。诚信的意义不仅在于一笔交易的成败赚赔,而在于它标志着一个企业的品质。

诚信是企业家精神的基石

"诚信",顾名思义是诚实和守信,"诚信"乃做人之原则,做企业之必需,也是社会文明程度的一个标志。不讲诚信的人,无人愿与打交道,不讲诚信的企业,没有人和组织愿意和它共事。成为孤家寡人,还做什么生意?

诚信是企业家的立身之本,企业家在修炼领导艺术的所有原则中,诚信是绝对不能摒弃的原则。市场经济是法制经济,更是信用经济、诚信经济。没有诚信的商业社会,将充满极大的道德风险,显著抬高交易成本,造成社会资源的巨大浪费。其实,凡勃伦在其名著《企业论》中早就指出:有远见的企业家非常重视包括诚信在内的商誉。诺贝尔经济学奖得主弗利曼更是明确指出:"企业家只有一个责任,就是在符合游戏规则下,运用生产资源从事利润的活动。亦即须从事公开和自由的竞争,不能有欺瞒和诈欺。"

不知什么时候,诚信成为中国社会的一种稀缺资源。就像一个司空见惯的事情,不提起来尚还罢了,提起来谁都知道这个问题有多严重。

十多年前,温州曾经是中国假冒伪劣的代名词。甚至专门有"供"人穿上一天或者一上午就坏的皮鞋。为此,杭州武林门广场放起一把火,拒绝温州货。现在,先富起来的温州人,体会到诚信与自己的利益结合得甚为紧密，也放起火烧别人的东西。

为什么中国人到前苏联及东欧等地做生意越来越困难？为什么中国企业开拓国际市场步履维艰？

道路交通上，我们经常看到不守规矩的人得益于一时。但是当道路上的车辆多起来的时候，如果大家都向前抢，想先行一步，那会是什么样的后果，道路堵死了，谁也别想动上一步。

许多国家、民族没有"加塞"这个词汇，排队就是排队。但中国有。是我们聪明，还是不文明的新标签呢？

记得上个世纪，我们花了一半的时间用于民族和国家的解放，另一半时间呢，甩掉"东亚病夫"的帽子。但是，如果一旦戴上了不讲诚信的帽子，想甩掉可不轻松。

古人讲诚信的例子很多。仅成语中就有"一诺千金"、"君子一言，驷马难追"等等。还有一个令人感动的成语故事：尾生抱柱。尾生和一个姑娘约会在桥下，姑娘未到而水涨了起来。尾生抱柱等待姑娘不肯离开，终于被水淹死。现在，我们可能要笑他迂，但我们为什么不能从中汲取点精神呢？

企业家是社会资源的组织者，财富的创造者。他们可能是诚信最大的受益者，也可能是不讲诚信最大的受害者。做企业的过程中，他们可能对于诚信问题有更深的体会。

诚信原本就是生意场上的第一原则。

对于企业家而言，不仅要求自身遵循诚信的做人做事准则，更重要的是他要带好一批人，要有把自己的组织做成一个诚实守信的道德组织的能力。

成功的企业家都知道，做企业犹如做人。

第七章 中国需要诚信的企业家

那些看起来很憨厚的人，往往很睿智；那些从不欺骗消费者的商家，往往是利益的最大获取者。商人们选择了诚实一定比选择了不诚实会得益更多；企业选择诚信也一定比选择不诚信得益更多。

这是一条颠扑不破的生意经。

因此，企业家还有一种必不可少的素质要求，那就是诚实守信的精神。

对于诚信，乔布斯有句话说得好"不要去欺骗别人，因为你能骗到的人，都是相信你的人"。无论是长远利益还是短期利益，企业家都应该重视诚信，在经营中加强自律，建立良好的信誉。

1985年，张瑞敏刚到海尔(时称青岛电冰箱总厂)。一天，一位朋友要买一台冰箱，结果挑了很多台都有毛病，最后勉强拉走一台。朋友走后，张瑞敏派人把库房里的400多台冰箱全部检查了一遍，发现共有76台存在各种各样的缺陷。

张瑞敏把职工们叫到车间，问大家怎么办？多数人提出，也不影响使用，便宜点儿处理给职工算了。

当时一台冰箱的价格800多元，相当于一名职工两年的收入。

张瑞敏说："我要是允许把这76台冰箱卖了，就等于允许你们明天再生产760台这样的冰箱。"他宣布，这些冰箱要全部砸掉，谁干的谁来砸，并抡起大锤亲手砸了第一锤！

很多职工砸冰箱时流下了眼泪。然后，张瑞敏告诉大家——有缺陷的产品就是废品。

信用是一个企业生存和发展的基础。

海尔首席执行官——张瑞敏，他带领海尔员工走上了靠信用闯天下的成功之路。海尔已成功入选世界最具影响力100强品牌。彼得·德鲁克认为:"所谓公司的核心竞争力,就是指能干别人根本不能做的事,能在逆境中求得生存和发展,能将市场、客户的价值与制造商、供应商融为一体的特殊能力。"

可见,企业核心竞争力从某种意义上讲,是企业家精神的一个反映或扩展,它体现的正是企业的创造与冒险,体现的正是企业的合作与进取。

企业家精神对企业核心竞争力的巨大作用在一些具有远见卓识和非凡的魄力与能力的企业家那里得到集中体现。

美国微软公司的软件技术及其开发能力和辉煌业绩令世人瞩目,很大程度上归功于其总裁比尔·盖茨卓越的组织领导,盖茨也理所当然地成为美国青年心目中崇拜的时代英雄。

企业家在企业中的独特地位,决定了企业的核心价值观必然受其重要影响,决定了企业的组织创新、管理创新、价值创新等冒险活动只能由企业家自身承担。

它同时也决定了企业的经营发展的兴衰成败,从而也就决定了企业核心竞争力能否形成。

因此可以说,企业家在其精神的鼓励下对企业核心竞争力起着关键性保障作用,企业家精神通过企业家自身保障了企业核心竞争力的培育与提升。

资源、能力和制度的综合运用,再加上学习和创新,产生核心竞争力,但是当一个企业在资源、能力和制度方面都没有任何优势的情况下,能够不依靠尖端技术、不依靠国际人才、不依靠国际资金实力,如何在虎狼成群的国际国内市场占据一席之地?如何战胜数倍于自己的敌人?无数企业以亲身实践论证了企业家精神对企业的重大意义，证实了企业家精神是企业核心竞争力的唯一真实来源。最典型的例子日本，这个曾经的经济强国、美国曾经最大的竞争对手，他们依靠大和民族无与伦比的钢铁意志和坚忍不拔的精神，培育出核心竞争力，成为世界的经济巨人。在步入经济低谷的逆境中，韬光养晦，等待转机。受其启发，2002年不具备技术优势的华为，在进入周期性的衰退后，总裁任正非提出"在危机重重中，活着就是最大的成功"，进行大刀阔斧的改革，在产业结构的调整后，又进行内部组织的调整，终于度过冬天迎来春天。

靠精神凝聚起来的企业人，才可能不折不扣、坚定不移的执行企业的每一个决策。

依靠企业理念与企业家精神，不但构成企业的内在发展动力，更成为企业的外部发展机遇。

企业家的执着事业心、不停息的创新精神和模范合作精神通过其传递机制，发扬光大，最终缔造出企业的核心竞争力。

诚信是企业的核心竞争力

"诚信"是企业核心竞争力的一个组成部分，是一个公司长期发展的基石，也是企业文化的一个重要体现，应该成为一个企业长期战略发展的有机组成部分。不守"诚信"，也许可"赢一时之利"，但一定会"失长久之利"。对于爱立信这样一家高科技公司，"诚信"

尤为重要，因为电信行业的特点是高新科技，高速发展，风险也特别高，因此实现自己的承诺，取得客户的信任是重中之重。

诚信是我国传统文化的精髓，也是对个人品质、企业道德和社会品格的一个普遍要求。2012年9月5日，第九届中国诚信企业家大会在北京举行。大会旨在集中宣传和表彰在诚信经营、构建和谐社会和创新型国家等方面贡献突出的诚信企业家群体，推动中国企业诚信体系建设。

没有了诚信，一个人就失去了做人的内涵，一个企业就失去了发展的动力，一个社会就失去了稳定的秩序。尽管还有许多不尽如人意的地方，但我们仍欣慰地看到，有许多企业家仍在坚守着"诚信"的阵地。"假如我不办企业，跟朋友之间、跟家里人之间，我也会是一个重承诺的人。办公司之前，在学校、在单位，有一些关系挺铁的朋友，他们也认可我的这个品质，性格使然吧。我年轻时喜欢读的是《水浒传》，现在看《水浒传》里宣扬的很多思想我是不赞成的，但是有一条我赞成：就是一诺千金。"

诚信共享是联想文化的根本。"诚实做人，注重信誉；坦诚相待，开诚布公"是联想人最基本的道德准则，诚信成为制度规范、流程透明的最佳土壤，滋养了联想宽弘刚健的文化品格。同时，作为一家"以人为本"的公司，联想集团把为员工"创造发展空间，提升员工价值，提高工作生活质量"作为企业的使命，员工也"把个人追求融入到企业的长远发展之中"。

对于傅军来说，诚信既是父亲在他身上深深烙下的思想痕迹，也是他在险恶商海游刃有余的"金如意"。

傅军一直认为，"信誉是一个人安身立命的基础。有信誉，他就

第七章 中国需要诚信的企业家

能在社会上拥有一席之地。一旦失去信誉,他就会像倒下的树一样,没有立足的土壤。"由于一向惜信誉如生命,所以,他在自己并不漫长的从商之路上写下了一首首诚信之歌。

有一回,傅军欣喜地捕捉到了一个商机:马来西亚市场上莲子奇缺,而湖南的湘莲货源充足,物美价廉。做这笔贸易,应该是稳操胜券。他当机立断,迅速联系马来西亚的经销商,谈意向,签合同,然后赶回湖南组织货源。谁知路上来回折腾的"时间差",使他美好的希望变成了泡影!收购莲子时,由于当地发大水,产量骤减导致价格飞涨。如果继续履行四柜莲子合同,这笔买卖至少要亏八、九万元。这对创业伊始,还在以小搏大的傅军来说,实在是一件大伤元气的事情。

在这节骨眼上,有人劝他寻找借口,撕毁合同。

傅军是个性情中人,决不会因一时的糊涂而自断后路。他说:"弄砸一笔买卖,就会失去一个朋友。不讲信用,没有朋友,我今后还怎么在生意场上立足?莫说八、九万元,就是亏20万元,我也不做一锤子买卖!"

生意算是狠亏了一笔,但他一诺千金的故事迅速在业内传为美谈。那位经销商深为傅军的诚信所感动,豪爽地说:"你这位朋友,我交定了!"

无独有偶,1991年,他与镇江轻工局签下2000吨木浆贸易合同。谁知市场行情突变,不但没有赚,还要赔老本。为了如期交货,他又让5万美元打了水漂!

在傅军看来,诚信决不是权宜之计,也非逢场作戏,它应是一种发自肺腑的经营之道,应是一种融入身心的企业文化。诚信的本质在于责任,诚信的意义在于责任,诚信的真谛在于责任。企业只有走出玩弄信义、血腥拼杀的权谋情结,丢弃假冒伪劣、坑蒙拐骗的低层次经营思路,才能彻底根除短期行为,把道德与诚信经营的意识真正渗入到企业的血脉之中。

正是秉承"做生意做人"的诚信理念,傅军才使经营之路越走越宽,市场蛋糕越做越大。开发北京新华联家园时,因部分楼盘未能按时交房,设计方面也有些欠缺,傅军毫不含糊,坚决履约,主动赔款。虽然企业为此损失了近200万元,但重诺守约的诚信行为在业主心中树起了良好的形象,为新华联家园的后期开盘带来了更为火爆的销售场面。

金六福的飞速崛起,也是因为傅军在自己的经营中一直贯穿着一条"先卖信誉,再卖产品"的红线。为了保证"利益共享",傅军始终让利于经销商,使他们拥有合理的利润空间,为了坚决兑现承诺,傅军因一些不法商人的倒货行为已向江苏的经销商赔款数百万元。正是这种铁一般的承诺,傅军才使金六福与数以千计的经销商结成"铁墙铜墙",创造了中国白酒销售的新神话。

傅军从不做一锤子买卖,始终追求阳光利润,对内也一向是一诺千金。不论是集团所属企业还是每一个员工,公司每年年初都要制定明晰的奖罚措施,年底依据绩效考核坚决兑现承诺。他常说:"哪怕是个金娃娃,也要让人捧回去!"即使是平时,傅军也是言必行,行必果。

因为傅军以诚为本,所以在他"实业报国"的旗帜下,汇聚了100多位党政机关和企事业处级以上的干部。因为傅军重诺守信,所以在他资金一时紧张的时候,只要他一开口,无须写条签约,朋友们就会数以百万、成千万地借给他。

为了把新华联铸造成为诚信组织，傅军不但率先垂范，严格自律，还把"诚信为魂，做生意就是做人"作为集团经营管理的核心理念。他想让企业时刻不忘自己的社会责任和使命，他想把企业的诚信经营准则转化为每一个员工的自觉行动。

虽然新华联成立十几年来营业收入每年保持20%的增长速度，已逐步发展成为一个以中国和马来西亚为主要经营基地，并拥有30余家全资、控股和合资企业的综合性现代企业集团，但傅军始终认为，自己最大的成功是做人的成功。他曾自信地说："即使新华联明天垮掉，但只要我振臂一呼，我就又可以很快崛起，干出上亿的规模！"

爱立信是个坚持"诚信"的企业，无论是发展目标，产品性能还是服务质量等等，承诺的事情一定会做到。它的价值观之一"尊爱至诚"中特别强调"诚信"；从名字的翻译上也有价值观的体现——"以爱立信、以信致远"，爱则是诚，"诚信"就是致远的根本。在内部员工的行为准则中，也将"诚信"列入其首。爱立信在其发展的100多年中，一直坚持"诚信"的信条，所以爱立信今天的成功，事实上就是"诚信"致胜的一个例证。当然，也有一些不那么重视诚信的公司在竞争的过程中为了在短期内抢占市场，做出了过度承诺，又无法实现，经过一段时间后失去了客户的信任，遭受了损失的例子。

正泰在温州"假冒伪劣"的环境中得以脱颖而出，发展壮大，并成为中国低压电器行业第一批认定的驰名商标，成为中国工业电器公认的品牌，正是坚持诚信获得的成功。至于反面例子，可说是比比皆是，这里不一一列举。

金色世纪的服务理念就是"一诺千金、尽善服务"，比如公司承诺的"双倍赔偿制度",就一直坚持做下来,尽管赔偿金额不大、不多,但会员至少是接受过赔偿服务的会员会认为金色世纪是一个讲诚信的企业。

至于不讲诚信而受损的事情我想很多,不然,今天人们怎么会如此关注这个社会问题。也许我吃过别人不讲诚信的亏,但我不想再说,因为已经过去了,不和这样的人打交道就是了。对这些不讲诚信的人来讲,不与之打交道,那他就失去了商业合作伙伴,这本身就是一个损失。

诚信会带来确实的好处

诚信是中国传统文化的精髓,我国自古以来就有,诚以为人、信以立业的坚定信念,历史上无数先辈中言出即行留下了千古美名,传承和弘扬着诚信文化。应当说诚信对于个人品质、企业道德和社会品格都是一个普遍的要求。没有了诚信,一个人就失去了做人的内涵,一个企业就失去了发展的动力,一个社会就失去了稳定的秩序。诚信是一种具有普世价值观的理念,它根植于人们朴素的内心和灵魂,承载着人们的梦想,现在的合同精神、契约精神,本质上来说都是讲究诚信,上升到了制度层面的诚信文化。

对今天而言,随着经济社会的发展,诚信这一珍贵的品质似乎正在发生着不断呈现的失信事件,动摇了很多人对诚信的信仰,有些人开始随波逐流、怀疑诚信、道德滑坡，这些问题固然存在，但中国诚信企业家大会所应该倡导的仍然是诚信所包含的价值内涵。是根本性的，充满着光明前景的，坚持诚信、恪守诚信是社会发展的必然选择。

中国民营企业难做大，之所以一批批倒下，大多是这样两个缘由：一是家族内讧，二是诚信危机。

而希望集团能从1000元做到83亿，再到分开后兄弟中仍有两人高居《中国大陆百富榜》前10名，无疑已经渡过了这两关。事实上，诚信正是刘永行所推崇的品质之一，他的公司也正是基于这一理念才能不断发展壮大！

刘永行曾经讲了这样一件事：

"在我们希望集团的基地厂——新津希望饲料厂门口有一块电子显示屏，上面标着当日我们厂收购各种相关原料的价格。在这个显示屏的下方，写着一句话：'凡由于希望集团方面的原因向客户付款逾期的，希望集团自愿每日赔偿货款的千分之一。'

"因为新津希望饲料厂是西南地区最大的粮食用户，所以这个显示屏上的价格，现在已经成为西南地区粮食价格的中准价。不过，造成这个结果的原因，当然有很大一部分来自下面的那句话。因为这句话是有一点历史的。最早的时候，这句话是被写上贴上墙的，后来变成了用油漆刷上墙，最后才是写在了电子显示屏上。我之所以知道这件事，是因为当时就是我在做这个工厂的管理。

"这件事情的来历其实也简单。首先是因为我们四兄弟在创业初期受到的致命打击就来自于别人的不诚信，那个打击几乎使我们破产，是我们自己咬紧牙关才站了起来。而后我们不破产，也就是因为我们不想在四乡八岭失去刘家四兄弟的信用。所以，诚信当然会成为我们的首选品质。

"另外，我们当时所处的经营环境也要求我们这样做，并且我们这样做得到了很大的好处。希望集团之所以在农村能发展起来，是因为中国的计划经济体制最严密的地方是在城市，在农村这种体制的控制相对要弱一些。就说我们街道饲料买原料，其实当时收购的都是农民的余粮。像一些小宗非农业原料我们要向国营企业去买就十分困难，因为我们是私营企业，国家的计划里没有安排我们的需求，而国营企业的生产都是按这些计划安排的，所以买起来真是麻烦，就是拿了现款到人家厂门口等着，人家也不卖给你。

"大宗原料要好一些，因为农民已经有了自己处理余粮的自主权。但是随着生产规模的扩大，我们所需要的原料也越来越多，周围的农民已经不能提供足够的原料了。远一点的农民当然会有余粮，麻烦的是他们不像四周的农民一样知道我们刘家四兄弟的信用，经常会担心粮食卖给像我们这样的私营企业会不会被骗。更多的时候哪怕价格比我们差一点他们也愿意卖给国有粮站。所以我们就想出了这样一个办法，解除农民的顾虑。这个办法我们一直坚持到了现在，带来了很大的好处！它帮助我们取得了农民的信任，保证了原料的供应。

"而那时候正是短缺经济时代，只要生产出来东西就不愁卖不掉。后来我们在农民中建立了信誉，农民都把原料交到厂门口，这个办法使我们省去了在买原料上花的力气，成本也省了很多。再到后来已经不仅是农民在给我供应原料了。希望的这个名声传播到了所有的供应商那里。而在很长一段时间里，欠账是厂商们共同的一个难题！凭借这个名声，希望集团在原料价格的制定上很有自主权，我们定的

第七章 中国需要诚信的企业家

价格,哪怕低一些客户也愿意接受,因为他们知道,把东西卖给希望集团就不必愁货款的问题,到时候等着收钱就是了。"

诚信为希望集团带来了有形的收益和无形的品牌。不过,希望集团也曾经经历过诚信危机。

《英才》杂志报道过这样一个故事。

刘永行1993年就到上海投入500万建了一个饲料厂,到1994年由于秉承一贯的优良品质,上海饲料厂也打出了名气,来抢运饲料的船在江面上排到几公里外,而且要1个月才能拿到饲料。这样的情况持续到1996年下半年。当时,由于市场出现疲软,上海公司经销商已经提出,因为饲料不好销,应该降低价格,但是原料价格居高不下,已经没有降价的空间!他们提出来是不是把质量做差一点,该厂总经理认为希望是名牌,好销,所以就真的把质量做差了。当时由于希望集团已经有很好的商誉,所以市场并不知道已经出现了质量滑坡。农民并不知道,经销商是故意这样做的,这样希望饲料依然卖得很火,那位经理感到很得意,因为赚了很多钱,结果中间商占了大便宜,农民遭受了损失。

春节过后,市场开始报复了。上海公司的饲料从1千万吨一下跌到1万吨。货源越来越少了!不但是这个公司,而且它还影响到附近几个公司!更为严重的是由于当时采取赊销,想走轻松的路,所以出现了拖欠,几个公司一下拖欠了1亿多元,销不掉,质量差,再加上赊销款回不来,整个希望集团陷入了危机。

商誉已经透支了!刘永行思考再三,要把不该得到的钱全部吐出来。雷厉风行,数管齐下,刘永行马上在集团内部召开了会议,提出用真实行动向农民谢罪,拿出3000万元,迅速收回所有在市场上的不合格产品,以得到顾客的谅解,赢得公众的理解和支持。他们召开新闻发布会,利用传媒,开诚布公,承认危机的原因,化解积怨,消除隔阂。

危机得到了妥善处理,但并不等于危机已经结束。为消除不良影响,重塑良好的公众形象,刘永行亲自到浙江、江苏、安徽等地,拜访客户,听取意见。他为此召开了全集团总经理会议,针对企业形象受损的内容和程度,重点开展弥补形象缺陷的活动,密切保持与公众的联络和交往,拿出质量过硬的产品和一流的服务公诸于市,以从根本上改变公众对企业的不良印象。通过半年的努力,农民重新认可了"希望"。

刘永行说:"要赢得市场,我们不能用欺骗的办法。我们要做百年老店,一定要诚信经营,多赚的钱一定要吐出去!尽管我们损失了钱,但赢得了市场,赢得了人心。"

刘一贯诚信的做人原则使得危机化为契机。

企业作为最基本、最重要的社会单位,追求商业最大化是其最主要的目标,但一个企业不讲诚信更谈不上商业利益。诚信是一个企业发展壮大、长久繁荣的一个重要的信念支撑,坚守诚信是企业的最大法宝,是现代企业基本的社会责任,企业家作为企业诚信建设的思考者、引领者、责任者,应当牢牢树立诚信的理念,让诚信成为一种内在的精神和价值信仰。一个真正的企业家不仅要拥有财富,更重要的是要拥有富足的精神,要有高尚的精神家园,要有高尚的道德和完美的人生,不仅是财富的创造者、获益者,更应该是一个社会进步的推动者,社会价值的弘扬者和社会责任的承担者。

1984年,石家庄造纸厂厂长马胜利成为中国企业家的标志性人

第七章 中国需要诚信的企业家

物,他不但4次得到邓小平的接见,还上了电影、写入课本。

那是一个对市场和现代企业管理尚且懵懂无知的时代,那是一个仅凭胆量和一点点改变冲动就能成就豪杰的时代,那是一个从国家到个人都在如饥似渴地寻求出路、但又对出路充满怀疑和畏惧的时代。正是在这样一个时代,马胜利这样的企业家被国家意志捧上神坛,又被市场力量迅速淘汰。

现在回忆起那个草创的年代,柳传志认为,能够站住脚跟,最后一路走下来的,都是那些讲信誉、重承诺的企业。

他掰着指头数下去:"王石、张瑞敏不也是84年的吗?南存辉好像也是。鲁冠球要早一些,任正非是87年的。那个年代办的企业,做统计的话,大概几千家就算很多了,最后倒的还是数量很大的。凡是能存活下来的企业,创业者能煽惑的还是少。鲁冠球是说什么就做什么的人,王石、张瑞敏也属于这种人。"

柳传志回忆起自己上世纪90年代在香港的一段经历。

1992年,联想从香港进口原器件,然后在国内组装成机器。当时是在香港的中国银行贷了港币,回到内地赚了人民币后,再从进出口商那里兑换成港币还给银行。那一年年初,联想跟进出口商谈好了换汇的汇率是1:8,可到年底的时候,人民币暴跌,一下子变成1:12,于是进出口商不肯遵守先前1:8的兑换协约。为了按时还钱,柳传志硬是按照1:12的汇率兑换了港币,按时还给中国银行。"当时我们大概亏了100多万块钱,1992和1993年的时候,100多万块钱的净利润对我们也不是小数目了。"

那一年,因为汇率变动,当时几乎没有一家企业按时还钱,于是当联想去银行还钱的时候,连银行都非常吃惊。

后来，1996年，联想出现大亏损，股票也跌得很惨，但即便如此，由于之前良好的商誉，中国银行还是照样贷款给联想，确保了联想资金链不断，正常运行。

"当然，即使什么好处都没有，你也应该讲诚信，因为你自己得跟自己说得过去，这会形成一个正向的反馈。社会上人和人之间，如果都讲诚信，生活就会多一些轻松和愉快。你知道我和太太最大的矛盾是什么？"柳老突然孩子似地提出这个问题，"就是迟到。我们家出去玩，她以前老喜欢差几分钟下去，这个我就不能容忍。她说这你有什么可着急可生气的呀？玩本来就是轻松的事嘛。我说别的都可以，但这条是底线，你不能碰！"

企业家应该推动社会诚信化

中国企业家俱乐部秘书长程虹至今对一个镜头记忆犹新：美国街头，柳传志从酒店大堂急匆匆地出来，然后向停在马路对面的大巴跑过去。

"你很难想像当时的场景，毕竟柳总已经不年轻了，而且是中国的商业领袖。"程虹说。

那一次是中国企业家俱乐部赴美交流，大巴上坐的都是企业家俱乐部成员，柳传志因为接受记者的采访，所以不能提前太长时间下楼，而企业家们乘坐的大巴车因故没能停在原定的大楼门口，而是临

时停到了几百米外的地方,他不顾身份地在大街上发足疾奔,是为了不打破自己给俱乐部立下的"不能迟到"的规矩。

然而程虹讲述这个故事并非只为感叹柳传志的诚信品质,因为其背后是涉及国家诚信的大命题。

"西方世界接受中国的信息是碎片化的,任何一个企业的负面个案都有可能被放大为中国企业的整体形象。企业家俱乐部就是为了扭转西方世界这种偏见而走出国门,向国际传递中国商业的正能量,从而也为中国企业营造一个健康的营商环境。"

柳传志就是这一行动的倡导者和组织者。程虹回忆说,俱乐部那个时候最多要在一座城市一天举办7场活动,而柳传志会认真地对待每一场活动,同时,通过出访,柳传志更希望能够把中国企业家的诚信精神带到西方,使他们能够更加深入地了解中国和中国的这个群体。

他在一次接受媒体采访时说:"我之所以提出要弘扬诚信为主的商业正气和提倡契约精神,其实是一个意思,公信力对于一个国家来说非常重要,一个没有信念,没有追求的国度是没有希望的国度,我们每一位企业家都要为此做出努力。"

柳传志认为,提升中国的社会公信力,政府和企业都是负有责任的。社会不诚信,是因为有的企业、有的官员不诚信。"影响到社会诚信,官员诚信当然是最为重要的。所谓官员的诚信就是,你在法律面前对谁都一样。然后就是企业家,企业家对外要诚信,对内要求实。我觉得现在的年轻朋友一开口,就是我将来一定能怎么怎么样。其实有些事情他没有经历过,不知道诚信也是要付代价的。我当时多付了100多万元给银行,可那时候我也不会预料将来会有回报。"

"我个人作为一个企业的创业者,跟政府都是把话谈在明处,都是清清楚楚,我觉得这样也比较好。我不做违心事,我就这么为人,所以和政府的关系也很融洽。"

一杯酒,浓缩了一个民族工业跨越世纪的征程;一杯酒,历经124年而醇厚弥香。这杯酒,就是中国最负盛名的葡萄酒品牌之一,销售收入多年雄居全国葡萄酒行业第一名的张裕葡萄酒。

作为把持着这杯酒的权利群体代表——烟台张裕葡萄酒酿酒股份公司总经理周洪江,每天面对这杯美酒时,都有着自己最真实的感受。

"不是怡然自得,而是战战兢兢如履薄冰。"周洪江寥寥数语,勾勒出了一位极具"信托责任"企业家的真实心态。而这种心态正是张裕百年来"爱国、敬业、优质、争雄"企业精神的缩影。

经过100多年的发展,张裕已经发展成为中国乃至亚洲最大的葡萄酒生产经营企业。1997年和2000年张裕B股和A股先后成功发行并上市,2002年7月,张裕被中国工业经济联合会评为"最具国际竞争力向世界名牌进军的16家民族品牌之一"。

在中国社会科学院等权威机构联合进行的2004年度企业竞争力监测中,张裕综合竞争力指数位列中国上市公司食品酿酒行业的第八名,成为进入前十强的唯一一家葡萄酒企业。

面对鲜花和掌声,周洪江异乎寻常地清醒:"我们是在拿股东的钱经营企业,来不得半点马虎。"作为上市公司的总经理,他认为自己的首要职责是关注股东利益的最大化,特别是在目前股市元气有待恢复的大背景下,更要关注流通股股东的利益,保护中小投资者的利益。

"我每天如履薄冰,谨小慎微,不敢半点大意。"谈到经营企业

第七章 中国需要诚信的企业家

的感受，周洪江和海尔的张瑞敏如出一辙。

张裕上市公司的属性要求企业每年的经营指标都要有稳健的增长，这构成了周洪江的第一层压力。

"市场竞争就像是跑马拉松，张裕虽然现在跑在前面，但后面的跟跑者追得很紧，如果自身体力不支，竞争者就会后来居上。"张裕已经在中国领跑了100多年，周洪江当然希望它在自己作为总经理的任期内继续领跑下去，而这构成了其第二层压力。

葡萄酒产业是个国际化程度较高的行业，中国葡萄酒业包括张裕在内，离世界顶尖级的葡萄酒企业在企业规模、市场观念、现代管理等方面还有相当的差距。"只要张裕稍有闪失，洋品牌就会大举进入中国。"作为中国葡萄酒产业的开拓者、守望者、发展者，张裕还肩负着在世界葡萄酒舞台上舞出中国风采的重任，这构成了周洪江的第三层压力。

此外，作为一家脱胎于国企的上市公司，完善现代企业治理结构、落实现代企业制度等等也成为周洪江必须正视的压力。

当然，张裕有着一支优秀的高层管理团队和周洪江共同承担种种压力，有优秀的企业文化和现代管理制度化解和消融这些压力。但重压之下的周洪江，自己又是如何去调整生活状态的呢？

"面对压力，我当然也有烦恼的时候。"周洪江坦承，面对种种压力，企业经营者要主动进行自我调节缓解。当烦恼来临时，周洪江就会去爬山，或是迎着大海快步行走。"这个方法很有效。"周洪江说，办法总比困难多，企业经营者如果不会减压，就会产生其他问题。

如果只用一个关键词来表达张裕，张裕最具魅力的是什么？

"张裕二字,凝炼着百年历史、中国葡萄酒工业的历史,这是张裕最具内涵的东西。"周洪江说。

"好的品牌和好的葡萄酒有太多的相似之处,年头要够长,要有丰厚的文化底蕴,要不断地创新和酝酿。张裕这个从1892年创立的百年民族品牌,是张裕集团最可贵的资产,我们不断提升张裕的品牌形象和价值,实际是在维护和创造一种文化。"

因此,如何让一个现代化的张裕葡萄酒公司在自己手中做好文化传承这篇文章,做好企业发展这篇文章,就成了周洪江工作中最大的命题。

正是因为背负着这种责任,周洪江养成了少说多做、不说就做的行事风格。"并非刻意低调,而是与张裕本身的企业文化有关。"

1892年,烟台张裕葡萄酒厂创建,但直到1914年才生产出第一桶酒,并于第二年一举在巴拿马国际博览会上夺得四块金质奖章,震惊了整个西方世界。同样,作为中国葡萄酒向国际化迈出的第一步,2002年张裕宣布与法国最大的葡萄酒企业卡斯特集团联手,投资4500万元打造专业化酒庄,生产中国最好的酒庄葡萄酒。而按照张裕的规划,酒庄三年的产量只有500吨,产值只是1个亿。

对于品质这种至高无上的关注,百年张裕一脉相承。

"质量是根,市场是魂。"在周洪江看来,企业存续的价值,就在于永无止境地满足消费者的需求。满足消费者、善待消费者、不要糊弄消费者,这是周洪江眼里一个企业最基本的生存法则。

"民族存亡,企业兴衰,非关它事,唯人而已。"——创立者的厂训,百年后成为企业经营者的座右铭。这就是文化竞争的力量,中外皆然。

让诚信成为企业的优秀品质

诚信是一种良好的品质，它既不是单纯的观念也不是严格的制度，但也需要思想观念的修养和制度上的保障。

主要还是要从思想观念抓起，一定要让员工认识并理解，"诚信"是企业的长远发展核心，是应该恪守的原则，决不能因图一时之利而损长远大计。同时也要有制度上的保证，不仅要求员工自觉意识，还要建立起监督及风险管理机制。从两个方面建立机制，在内部要监督，保证"诚信"的执行；在外部存在不讲诚信的企业，所以要建立风险管理部门。

观念是先导，制度是保证。诚信工作是一个复杂的工作，古人讲"仓廪实而知礼仪"，社会发展了，生活水平提高了，诚信也就有了做好的现实基础。此外，在企业的经营操作规范、法制建设、社会监管及舆论导向都应该常抓不懈，尤其要从娃娃抓起，从学校抓起。

诚信的坍塌造成的危害是巨大的。很多银行手握闲钱也不敢救企业，而资本市场上，上市公司频频造假也正在使他们慢慢失去融资的可能。更有经济学家指出，信用危机给中国经济发展带来了巨大的考验。

更为可恶的是，对诚信的呼吁正在变成泡沫，关于诚信的倡议宣言非常频繁地见诸报端，很多人高举诚信的旗号去骗人！崇尚诚信似乎正慢慢被推向高潮，而这一切却越来越富有象征意味。

在这个时候，听这么多《福布斯》的富豪们讲诚信是令人感动的。

而更值得人们思考的是，他们把财富归功于诚信。

当公认的"中国民营企业教父"柳传志如此呼吁之时，你知道，我们的社会确实已经摊上大事儿了。

许多人曾跟我一样，被这篇文章刷屏了：《柳传志最新演讲：有两件事我们可以做，必须做！》，还有网友发布了弹幕视频，为柳传志公开痛斥腐败拍手叫好。

这是柳传志在"诚信中国行动联盟"发布会上讲到对企业家诚信的看法，认为现代社会缺乏诚信；而企业家应该以身作则，用实际行动影响自己的员工，去做一个诚信的商人。

柳传志说上世纪80年代的小饭馆，虽然环境很脏，但是不会上地沟油，即使企业效率不好，也没有假冒伪劣。但是市场经济后，挣钱的手段越来越多，如果监管不力，就什么事都有可能发生了。他公开呼吁：

"第一，我们应大声疾呼弘扬商业正气，要把它喊出来！因为毕竟我们做企业的后面有千千万万的员工，产品、服务联系着整个社会，所以我们应该发出声来。

"第二，以身作则，做比说更重要。我在这儿保证，我的企业和我本人保证做到：一定重信誉、重承诺！不只是说，我自己一直确实是这么做的，我把名声看得比金钱重要得多。"

令人吃惊的是，这位在中国社会深具影响力的企业家，直指导致社会诚信缺乏的深层次问题，批评徐、周等大案给人们心理带来的重大消极影响，更指出，"在我们国家，法律的解释也变得非常随意化，从哪来的呢?根儿还不就是从这儿来的吗?"

柳传志并非只为企业家代言，而是不回避问题，对中国商业的正能量寄予厚望。

这年头，出来作秀公关、刷存在感的中国商人太多了，微博、微信上一抓一大把，但敢代表整个企业家群体呼唤诚信的却寥寥无几。原因很简单，你得有这个江湖地位(也就是企业体量)，还得有这个底气，就是打铁先要自身硬!

论中国民营企业代表，联想一般排第一。论中国企业家地位之高，柳传志如果称第二没其他人敢称第一。柳传志，与其他10个中科院科研人员共同创办联想，从IT、房地产、金融服务、现代服务、现代农业与食品、化工与能源材料，通过投资踏足多个实业，历经风云而屹立不倒，是老一辈最负盛名的企业家。他被视为中国改革开放的成功脚注，更被称为"企业家里的政治家"。

同样，联想集团历经产业更迭，依然不断发展。从做电脑、收购IBM的PC业务，到做手机、移动互联网、收购摩托罗拉、收购IBM服务器业务，连续成功转型。作为联想集团的母公司，联想控股已在2001年开始进入了多元化发展阶段，将自身定位为一家投资集团。目前旗下拥有十几家成员企业，新增的实业正在蓬勃发展，其中的君联资本和弘毅投资，经过十几年的发展均已成为中国最优秀的投资公司之一，新增的实业正在蓬勃发展。30年不但没衰老，似乎还一直在"生长"，不少欧美巨头都做不到。

为此，柳传志说："对内对外，我承诺的话努力做到也基本都做到了，定的规则一定自己严格遵守。"这句话就是柳传志的底气，诚信就是联想壮大的基石。说起来很简单，几十年如一日并且遇到什么困难都能坚持，真心不容易。

"中国首富"、万达集团董事长王健林先生曾公开说过一句份量很重的话："柳总最正！"

孔子说："人而无信，不知其可也。"其实，"诚信"几乎是所有优秀企业的共同价值观。

以我曾工作过的几家中国顶级企业的价值观为例。阿里巴巴"六脉神剑"：诚信、激情、敬业、团队合作、拥抱变化、客户第一。金蝶软件：诚信负责、客户第一、持续创新。几乎都把诚信放在第一位，联想、京东等其他优秀企业也都是如此。

为什么?诚信是一个企业的生命线和基石，小到个人、中到组织、大到国家，莫不如是。一个失去了诚信的企业，是很难持续具备竞争力的。林肯说过，"你可以一时欺骗所有人，也可以永远欺骗某些人，但不可能永远欺骗所有人。"

换言之，中国社会整体诚信体系的缺失，让交易和服务的链条变得很长、成本极高、体验极差。这些，都给互联网颠覆传统带来了巨大的机会。为什么?互联网能让信息变得透明，让消费者自己发声，能去渠道化直面企业!不诚信的企业越来越不好混。

这两年，中国经济进入了新常态。而在"两会"上，国务院总理李克强提出"互联网+"战略，意在推动移动互联网、云计算、大数据、物联网等与现代制造业结合，促进电子商务、工业互联网和互联网金融健康发展，引导互联网企业拓展国际市场。

简而言之,新常态要求中国商业重塑诚信,互联网+要求中国商业重塑诚信。谁再不重视这个问题,就会死无葬身之地。

务实诚信同样是企业家精神

消费者也好,投资者也好,都喜欢实在的公司。在股市投资中,公司的透明度、经营者的诚信水平同样是机构投资者调研与决策时的考量重点。如果公司想要吸引长期机构投资者,实在点好。

一般来说,登珠峰是新闻,但坐直升机登珠峰只能算是一场说走就走的旅行。

不过,假如这个坐直升机登珠峰的人是一家户外装备公司的老板,假如她还隐瞒了坐直升机的过程,只说自己和自己掌上的品牌登上了珠峰,假如她的这家公司还是上市公司,公司股价在她飞上山巅的过程中也忽而云端忽而沟底,这场旅行就有点过分了。

喜欢登山的人,往往醉心于登顶后"一览众山小"的感觉。做企业的人也一样,都想把自己的公司"做大做强",做进世界500强;做不进世界500强,也要做进中国500强;做不进中国500强,也要做成"省级知名品牌"。

按照行为经济学的研究成果,在心理上,企业家往往是不太"正常"的人,他们偏躁动、喜欢冒险、喜欢投机、面对竞争会迎头出击。他们的这种特性会帮助企业"做大做强",甚至脱胎换骨。

诺贝尔经济学奖得主罗伯特·希勒曾经举杰克·韦尔奇的例子来说明企业家的特性。这位被称为世界上最好的CEO曾经在5年内把通用电气的雇员人数从411000人减至299000人,对于这10多万被他裁掉的雇员,他并没有因此感到愧疚。

韦尔奇能够心安理得地做这样的事情,希勒认为是他的企业家精神在支持他,韦尔奇的企业家心理特征让其觉得做这样的事情天经地义。这样的精神力量用到好处,会出现韦尔奇和通用电气,用到坏处,会出现安然和庞氏骗局。

对于如何遏制企业家的精神力量方向跑偏了,希勒先生强调了市场经济中另外一个主体——第三方会计师,他认为这群重"事实和细节"、具备"批评和怀疑的态度"、喜欢"以稳定有序的方式工作"的人群,是对抗狂野西部的冷血"执法官"。

只是,对于普通投资者来说,给企业贴上撒谎的标签,并不一定要等到经营者真的做了假账。

1990-2000年间,安然的销售收入激增17倍,净利润激增4倍多,2000年股价在1年之内上升了89%,这种火箭般的发展速度让世界瞠目不已。然而,随着2001年三季度亏损财务报表的出台,安然进入了美国证券交易委员会的视野,财务造假的黑幕被一点一点地抖了出来。随着安然破产案的告揭,世通、施乐、默克、奎斯特、泰科国际等这些巨无霸也陆续陷入假账丑闻,象征着财富的圣地——华尔街被卷入诚信危机中。

无论多么严密的法制也不能完全弥补人性的缺失,欺骗本身并不创造财富,但却是猎取财富时成本最低的手段。

很多媒体曾经炒作类似美国诚信危机警示中国的话题，而实际上中国的信用危机远比美国要严重。市场交易中因信用缺失、经济秩序问题造成的无效成本已经占我国GDP的10%，仅假产品一项造成的经济损失1年就已达到2000亿元。此外，合同欺诈造成的损失每年也有50多亿元。

有这样一个已经被不少MBA培训师收录的段子。说是有一家商店，人们都说老板傻，总是会少算钱，于是不断有人抱着占便宜的想法去购物，时间长了，这家店竟然把周围的竞争对手都挤掉了。老板的心得是，假装算少了钱比直接打折效果还好。

被培训过的经理们其实已经在现实中运用这种策略了，比如说网站上突然挂出一个售价为1元的笔记本电脑，在大家疯抢一会儿后便下架，说临时工把价钱标错了，但是此前的订单统统承认。

这种玩法背后的行为经济学道理是，不管是消费者也好，投资者也好，都喜欢实在的公司，在现实中也确实如此。苹果手机只要坏了就整机换新，给公司带来的已经不是普通的客户，而是高度忠诚的粉丝。

福耀公司的董事长曹德旺认为，福耀玻璃是第一家民营上市公司。

当然，关于民营，有很多种定义，一些证券专家考证认为，第一家民营上市公司不是福耀玻璃，而是一家深圳的企业，只是现在已经不再是民营性质了。究竟是不是第一家，自然不是那么重要，不过，曹德旺和他的福耀玻璃颇负盛名。

曹德旺是起步比较早的民营企业家。他的第一桶金是他在文革期间卖树苗赚来的。从1982年起，他就在一个亏损的玻璃企业里工作，到1986年创立了自己的企业，1993年公司成功上市。

曹德旺频频见诸媒体，除了其公司业绩引人注目外，更著名的是福耀玻璃的反倾销案。这是中国加入世贸组织后的反倾销第一案——中国汽车玻璃反倾销案，经过9个月的诉讼之后，福耀玻璃终获胜利。更具社会意义的是，在加拿大案件胜诉之后不久，福耀集团联手外经贸大学WTO研究院成立了国内第一家以企业命名的"福耀反倾销研究中心"，这个非营利性质的中心以协助中国企业应诉国外反倾销调查为主要职责，并于中国入世1周年之际举办高规格的反倾销论坛。福耀反倾销研究中心的成立是福耀集团回馈社会的行动，受到了包括外贸部龙永图副部长等领导和社会各界的赞赏。

曹德旺是一个非常健谈的人，也是一个性情中人。

有记者问："在您事业的发展中，您认为您成功的个人核心素质是什么？"

曹德旺说："我认为道德品质是最重要的。"他谈到了高度的社会责任感，正确的追求，也谈到了诚信。在上市公司的诚信话题的讨论正热烈的时候，作为一个业绩不错的上市公司老总，曹德旺也谈到了上市公司对股东的诚信，他把他个人的诚信和其联系在一起。

"为人要诚实。我举个例子，当初我们公司股票上市的时候，是政府把我拿去做试验发行，后来我跟它讲，你拿我公司上市，很多人会攻击我（圈钱），我受不了。股票上市以后，我就停止募集股本了，进行以完善自我为目的的改造。我已经7年没有从股票市场拿1分钱回来了，我现在分红的钱大过于我募集的股本。福耀玻璃建立独立董事制度是1995年的事情，不是现在，中国第一家上市公司成立独立董事的就是福耀集团。我是农民，我不能成为国家的栋梁，但我也不

第七章 中国需要诚信的企业家

能成为国家的蛀虫。

"所以要完善自我，独立董事要保持独立性。国外的独立董事要求是非常严格的，要求具有独立的人格，那什么是独立的人格呢？他的生存，生活，不受任何地方的挟制，他代表小股东参加董事会，关注大股东在董事会上的行为是不是对小股东有伤害。福耀的独立董事一位来自厦门大学，另一位来自上海复旦大学，还有一位是清华大学经济学术界的知名人士。独立董事，中国现在还没有到位，他们不懂得改。建立独立董事制度，公司的章程要改。我在1995年就改了章程。我是这样定的，董事局共由13名董事组成，大股东持股超过5%的有6名董事，管理层董事有5名，代表员工、代表流通股的董事2名。任何重大事情提交股东会之前，必须通过董事会来提交决议。董事会是以董事名额分配的，一人一票，那么在这种状态下，大股东是处于相对弱势状态的，6票对7票。

"我们借鉴的是美国公司的经验，上市后自己亲自到外面调研。现在重大事情先通过董事会表决，由董事会提交到股东大会。大股东在股东大会上可以行使否决权，但是股东大会有记者、律师参加，是公开的，大股东要否决董事会决议时必须能够见得了太阳，否则就是出洋相了。股东大会跟董事会不统一，而且大股东否决要说出理由，大家都可以听有没有道理，这也会引起社会关注，会受到监督，这是一种制衡。中国现在也有很多公司建立了独立董事制度，但是我常对他们说，'你的章程要修改。'他们听不进去。"

曹德旺的诚信为他带来了收益。继两度获得"福建省最具竞争力上市公司"称号后，福耀玻璃又获得了招商银行3亿元信用贷款额度。在民营企业普遍融资困难的时候，曹德旺曾自信地说："由于诚信,许多银行纷纷争取对福耀玻璃实行优惠政策,现在公司"招标贷款",适用人民银行规定的基准利率,而且不需要任何担保,这大大降低了财务成本、提高了效率,对公司正在构建的全国战略格局势必产生如虎添翼的效果。"为其贷款的招商银行福州分行谈到为何选择福耀玻璃作为试点单位时表示,招行的定位是寻找优质客户,福耀玻璃这么多年与银行打交道,始终没有任何不良记录。主业突出、实力雄厚的优势,可能很多企业都具备,但讲不讲信用很重要。在很多上市公司陷入互相担保的怪圈时,福耀玻璃的诚信经营思想留下很多启示。"担保圈"的风险,又何尝不是银行与企业之间信用缺失而带来的风险?

曹德旺说,他的追求是为中国做一片自己的玻璃,但现在还没有做好,因为我们中国人所用的玻璃大概有总量的10%左右还要靠进口,那么现在他的梦想就是去完成这10%产品的技术问题。这个从卖树苗做起的富豪的座右铭是"发展自我,兼善天下"。

第七章 中国需要诚信的企业家

弘扬诚信厚德企业精神

诚信是契约的道德理念支撑,是契约化社会经济运行的生命所在。同仁堂药店历经300年风雨而不倒,发展为国药第一品牌,源于两个字:"诚信"。"品味虽贵,必不敢减物力;炮制虽繁,必不敢省人工",是该药店对"诚信"的诠释。在市场经济的环境中,"顾客就是上帝",市场是铁面无私的审判官。如果背叛"上帝",不诚实经营,一味走歪门邪道,其结果必然是被市场所淘汰。真诚守信是闪光的高尚品德。铁肩担公道,俯首载诚信,挺胸顶压力,方能傲立天地间。德国作家托马斯·曼曾说:"白天精心于事物,而不做有愧于良心之事,夜间就能坦然入梦。"《圣经·马太福音》中说:"你希望别人怎样对待你,你就应该怎样对待别人。"所以,烟草企业干部职工要立足社会,要获得事业发展,必须讲诚信。这种诚信是在工作中、生活中、待人接物中一点一滴逐渐形成的。烟草企业干部职工只有讲诚信,真诚对待烟农、零售户和消费者,才能真正立于天地之间,立于不败之地。

诚信之"诚",是诚心诚意、忠贞不二;诚信之"信",是说话算数、信守言诺。诚信是一种真诚无欺的态度,是一种信守言诺的品质。诚信是一个人的立身之本、处世之宝,也是廉洁之本。一部《论语》，有38处讲到"信"，其中有24处含守信、真诚的意思。宋代思想家程颢指出："学者不可以不诚，不诚无以为善，不诚无以为君子。"这里有一则有关诚信的小故事，发人深省，催人警醒：从前，有个富翁，渡河时翻了船，大喊救命，并许诺以100两金子相谢。船夫划着小船去救他，把他救上河岸后，富翁只给了船夫10两金子。船夫说："怎么才给10两？说话不算数。"富翁斥责道："你不过是个船夫，一天才能挣多少钱？现在你一下子就赚了10两金子，还不满足？再啰嗦，连这10两都没有！"船夫沉默不语，摇摇头走了。过了一个月，富翁乘船顺河而下，船撞在礁石上翻了，他又落水了。刚好船夫在岸边钓鱼，听到富翁喊救命，他动也没动。有人问船夫："你为什么不去救他？"船夫回答说："这就是那个没有信用的人。"听了船夫的话，没有一个人去救富翁，最后富翁被淹死了。可见，诚信多么重要，失去诚信则受到损失甚至丢掉性命啊。

诚信是植根于灵魂的重要价值观，是健康人格的一个重要范畴。

对企业来说，诚信不是迂腐不化，而是尊重事实，尊重他人。柳总曾经讲过一个给员工发奖金的例子，可以看作是诚信变通的例证：1987年，我们内部实行了承包制——就是根据机器销售的情况来提奖金多少。谁知道由于进的货特别好，渠道特别畅通，承包的效果就特别突出，突出到吓人的程度。怎么回事呢？就是我们承包部门的经理和他那个部门里的十几个人，平均奖金高达6000多元。按照当时国家的规定，奖金如果说要是超过了3个月的工资的话，3个月工资100块，你奖金超过300块，超过的部分要缴奖金税300%。怎么办？三条出路：第一是把钱发下去，把税缴给国家，拿到工资，钱也没了，公司关门；第二条路，就是跟得奖金的同志说，"咱们来年再发。"我们想了想，也不行。那么只有走第三条路，就是拿支票换现金，把奖金发了。我们做的结果是，群众的积极性大为高涨，但是两年以后东窗事发，发奖金的事出了毛病，追查起来，一直追到联想，我们企业赔了9万多块钱。但是这9万块钱已不在话下了，用两个月时间就把劲缓过来了。

格力空调董事长董明珠在谈到工匠精神时说："我觉得必须要有诚信。我们就是因为不诚信，所以做出来的一些东西消费者不认可。如马桶盖，你说技术有多深奥，可能不见得。但你选择的材料、设计的理念，一定要以消费者想要的感受，作为设计的目标和标准，才会有更多人去买你。"

格力的工匠精神，我认为就是做好每个细节，给消费者带去最满意的产品。再进一步，就是对自己的挑战，要不断给自己挑刺，找自己的麻烦，对产品要追求完美，甚至达到与消费者的无缝对接。

一个人心胸有多大，就能做多大的事情，你心里装着有什么，你就会做出什么样的事情。

在董明珠看来，诚信是最基本的，你如果都没有诚信，还会有工匠精神吗？还会愿意给自己挑刺吗？我想肯定是蒙混过关，怎么把人家的钱骗过来就好了。为此她说："我认为很多企业诚信是不够的。有的你根本做不到，怎么能说是先进技术？用这个来欺骗市场，欺骗消费者，让人怎么能认同你的工匠精神，怎么能认同你的产品。"

美国爱默生说："人生最美丽的补偿之一，就是人们真诚地帮助别人之后，同时也帮助了自己。"真诚面对世界，不欺骗人，才能长久。吕坤指出："肯替别人想，是第一等学问。"吕坤认为，在人际关系中，"诚信"具有非常重要的价值，主张"实言、实行、实心"

待人。美国总统罗斯福·富兰克林说:"诚实与勤勉应该成为你永久的伙伴。"曾担任美国微软公司全球副总裁的李开复是比尔·盖茨的七个高层智囊之一,是一位事业有成的人,他在《做最好的自己》一书中说:"成功源于诚信。"一项对美国130位成功人士的调查也显示,没有一个人认为其成就来自才华,多数人认为,"成功的秘诀在于诚实,有自我约束力。"

第八章
中国需要责任感强的企业家

responsibility是企业家的使命。企业家既要担负经济责任,也要担负社会责任。做企业,首先必须创造效益,没有效益就没有企业,没有效益也就没有企业家。同时,企业家要有强烈的社会责任感,为改善民生作贡献。一个有责任感、有担当和风险承担能力的企业家,才是一个合格的企业家,才能得到社会的认可和支持。

第八章 中国需要责任感强的企业家

企业的社会责任

企业履行社会责任是理所当然的。企业是在社会中成长起来的，大的社会环境，包括人文环境、自然环境、社会的诚信环境，都是企业成长的基础，所以作为企业,应该回报社会。

另外，企业履行社会责任也是明智的。美国一家调查组织曾对400多家公司履行社会责任所获得的回报作了深入调查,结果发现：75%的企业形象得到了明显改善，2%的企业员工积极性得到了提高，20%的企业与客户关系得到了改进，7.2%的企业产品销量得到了增加。这表明，企业履行社会责任，实际上也提升了自身价值，符合企业自身利益。

那么，企业的社会责任是什么？第一就是赚钱。赚不了钱，社会责任如慈善捐赠等都免谈，因为不能持久。

当然钱要赚得恰当，起码手段要合情合法，不能做不道德的事，在挣扎求存时如此，赚了钱之后更要洁身自爱，因为有了钱就能够做自己想做的事，既包括有益于社会的事，也包括坏事。今天不少女孩子想嫁给有钱的男人，其实这是很危险的。没有钱要包二奶也不容易，有钱人拈花惹草就方便多了。有钱真是很危险的事！

赚钱的同时还必须尊重员工,要有社会良知,不做毒奶粉之类的事,还要尽可能不破坏生态环境。如此种种,都是企业起码该做的事。

谈到社会责任,柳传志甚至表示,作为企业家,让自己的员工过得幸福就是社会责任。

但柳传志注定不是把目光拘于一家一室的人。2014年,在进入到70岁这一年,柳传志应邀到成都参加一个活动,他讲演的主题是《我的70年与未来》。他对人生、对社会、对历史进行总结与展望。在讲演中,他着重提出对当前社会治理的思考:"一是建设法治社会。法治社会,公平公正公开执法是最重要的,特别强调这一点,否则把法律定得那么严,但执法时却有选择性,所有的人都会感到不安全,而且会把思想弄得很混乱。二是公平公正和效率要两条腿前进。两极分化以后怎么办?比如通过税收合理的使用,让弱势群体得益,要改善中国,更高的目标主要是解决弱势群体,但是不把前面的生产力解放,就解决不了。所以先解决做饼的问题,再解决分饼的问题。"言之切切,足显心之拳拳。

我们回到2007年那封信的结尾,柳传志问了百年后中国人两个问题:"我现在最放心不下的问题有两个:第一个问题,这100年间会不会有巨大的自然灾害或战争给中国甚至是世界以毁灭性的打击?如果没有,那就是第二个问题,中国在2107年是不是世界强国?排第几?"

100年后,会有人来回答这位老企业家充满忧虑和期盼的两个问题吗?

第八章 中国需要责任感强的企业家

企业最大的社会责任就是把企业做好，只有健康、良性运转，才有能力履行包括安置就业、孵化税源等一系列的社会责任。企业承担社会责任，是企业实现其社会性的组织作用的需要；是企业保持和发展与各种利益相关者之间的契约关系的一种需要；是企业自身伦理道德的要求；也是和国际经济接轨的需要。从长远来看，承担更多的社会责任，是企业提高自身竞争力的需要。企业主动积极地承担社会责任，可以为企业赢得良好的社会声誉，有助于企业吸引顾客、投资者、潜在员工和合作伙伴，从而增强企业的可持续竞争力。

企业家的社会责任

2007年，柳传志应邀动笔写了一封信，收信人是100年后的中国人：

"我是一个企业家，是一个叫联想的企业的主要创始人。联想1984年初始的时候只有20万元的资本，到了2007年，我们已有600多亿元的总资产，旗下公司的总营业额1400亿元，有3万多名员工。我之所以说明这一点是因为企业大到了一定的程度，企业家就必须除了关心自己的业务，关心自己的员工以外，还应关心政治、关心经济、关心社会，除了关心中国的，还要关心国际的。"

在联想控股的会议室里，悬挂着一幅书法字，上面写着这家公司的愿景，其中第一句就是"以产业报国为己任"。这种企业的责任感对于柳传志这代企业家来说是真实而坚硬的,这来自于他们对国家历史磨难的切身体会和实现振兴的长期渴望。

柳传志的女儿柳青在上中学的时候,曾经写一篇老师布置的作文,作文的题目是《做大树还是做小草》。柳传志偶然看到了题目,就说:应该做大树。女儿反驳说:老师的意思是让我们做小草。柳传志想了想说:还是应该做大树。

多年后柳传志再次为记者讲到这个故事,他解释说,做大树,是因为这个世界是靠大树支撑的。什么是大树?什么是小草?能够给很多人带来价值的事业就是大树,如果只给自己创造财富,即便积累再多财富,也只是做小草的事。

柳传志的人生抱负,由此可见一斑。

柳传志出生在长江边上的镇江。沿江东去500里,便是南通。上世纪初,弃官从商的张謇在南通办企业、建社区、搞公益,推动国家的立宪运动。不仅在当时,即便百年之后,学者仍将其尊为中国企业家的典范。

对于清末民初的企业家事迹,柳传志耳熟能详。但他认为张謇身上带有太多官府背景,不能算真正的企业家,中国真正的企业家出现在民国之后。

对于卢作孚,他的感受是:极应受尊敬,实际很凄惨。

卢作孚在民国时期开创了中国最大的民营企业之一——民生公司,同时开展"北碚",用企业的利润去建学校、建体育馆、建图书馆。抗战时将整个公司的运力都投入到抢救国家资产的行动中。解放后从香港回到内地,却在1952年的"三反"运动中含冤自杀。

柳传志敬佩张謇、卢作孚对社会、对国家的贡献,但他同时认

为,企业家是个有担当的社会群体,这个担当,首先是对企业的担当,进而才能谈到对社会的担当,否则"皮之不存,毛将焉附"?

"你不能不想着,你一个人出事了,会对企业造成多大影响。企业家应该是一个国家生产力发展中的代表性人物,应该肩挑起更大的社会责任。但他们应该先做好自己的企业,才能完成其他使命。我不会做对企业不利的事,不会说对企业不利的话,但我也不会做违心事、说违心话,这是我的底线。"

2011年,中国企业家俱乐部理事大会在青岛召开,大约有40多位民营企业家参加。作为理事长,柳传志特别提出了"探讨这个组织的核心任务"这一话题,其中最重要的一条就是要明确中国企业的社会责任如何体现?企业行使社会责任的底线又在哪里?

据当时参会的企业家俱乐部秘书长程虹女士回忆:当时与会企业家讨论的非常充分,最后得到的共识也相当统一,几乎全票通过,即俱乐部应该以"弘扬商业正气,以推动企业家精神社会化、推动经济及社会的可持续发展"为机构使命。

在程虹眼里,柳传志所力行的社会责任分为三个层面:第一是发展好自己的企业,努力创造社会财富,用商业的方法去解决社会问题。第二是利用公众平台,帮助更多企业在商业理念和方法论上取得进步。第三是通过国际交流,消除认识障碍,为中国企业争取良好的国际营商环境。

"通过自身的践行和努力,积极倡导良好的商业道德风尚,湿润社会空气。"这段写在联想控股官网上的话也许是对企业社会责任的准确注解。

作为一个企业家,除了为公司赚钱,为社会创造财富之外,企业家的另一个社会责任乃是，要树立正面的社会形象，做一个被人尊敬的企业家。中国社会在未来的十数年里，若能产生一大批受人敬重的企业家，那么国家的前景就是秀丽的。反过来说，若然生意人都是被社会唾弃的，那么社会矛盾必定日深，政府被迫插手，最终对国家不好，对自己也不利。因为社会失去了和谐，老百姓充满了怨气，暴力之事就容易出现；失去了合宜的营商环境，商人成了社会公敌，企业就难以持续发展，有钱人还要为自己的生命财产担忧，那就相当可怕。

因此，就是为了自身利益，企业家也必须尽力成为被人尊敬的人。这样，钱有了，社会声誉也有了，自然就活得比较快乐，也能使社会更加和谐。如此一个较平顺的社会，也就为企业继续创富提供了最好的环境，实在是多赢的局面。也就是说，做被人尊敬的人不只是企业家在社会上立身处世所必须的，对自身利益而言也是如意算盘。

正如西谚所言，别人对你的尊敬是需要自己努力赢得的，不是要求别人就有的（Respect is earned andnot demanded）。有不少事企业家要自发地去做，才能够取得广大群众的支持与尊敬。在行业外，要叫人知道你是有思想的，大至全球小至社区的某些重要议题，你都是有识之士，是有见地的人，并且是有社会良知，对社会有责任心的；在行业内，不只能赚钱，并且是有创新性的，能够处于龙头地位，就更具有影响力。

无可否认，有些行业是比较容易被人尊敬的，就如商业银行家（不是投资银行家），大制造业首脑等，从事高科技的也不错。一般来说，做服务性行业的较不容易被人敬重。这关乎公众对行业的认知与观感，是比较难以说清的问题。除了少数例外（就如1997年之前的香港），做房地产的在全球各地都是较不受尊重的。为此，若然房地产商能够做到被众人尊敬，那个社会就是相当进步的了！

还有一点是非常明确的，那就是企业家还该用赚来的钱回馈社会，多做造福人群的事。你叫它慈善事业也好，公益事业也可以。但在这方面，有一些原则是社会应该明白的。我个人认为，社会上对企业捐献不能有过高要求。如上文所言，企业的目的与责任都是赚钱，为股东谋最大金钱利益。无论私人企业还是上市公司，生意的拥有权都是属于股东的，赚来的钱也是股东们的，我们必须尊重私有产权。社会所期望的，应该是任何模式的企业之拥有者，也就是股东，在慈善与公益事业上多多捐献。

一般来说，上市公司的管理层运用公司的资源投入公益事业时，只该做对企业发展，包括对公司形象有好处的公益活动，捐献数字相对企业规模也不能太大，做得足够合宜就可以了。

也就是说，公益事业不是企业的社会责任，而是企业家的社会责任。今日中国经济发展还算是初阶，除了私人企业之外，不少上市公司还有一位或是数位主要股东，在公众眼中，捐钱成了所有股东，特别是上市公司大股东，应该自己选择的社会责任。

企业与企业家的社会责任

在中国历史上,商人是不被社会尊敬的,仕、农、工、商,生意人被放在社会的最低层。成功的还好,反正有了钱;失败的,就钱也没有,别人的尊敬也没有。

商人不被敬重,自有其原因。虽不能说"无商不奸",但是商人中品性差的确是不少。嘴脸一般不好看——见官逢迎,看不起穷人。通常还给人没有社会责任感的印象,不知民间疾苦,与大多数老百姓脱节。

中国"儒商"一词,在褒扬读过一点书、有点儒雅之气的商人的同时,其实也意指大多数商人都没有什么学问,充满铜臭味。为此,我十分不喜欢别人称我为"儒商",因为这样就等于把多数商人定性为没有学问没有思想、只知道赚钱的俗人。

在如何看待商人这一点上,西方也经历了演变的过程。在近代历史里,由于商业社会的发展较早,更完备一些,商人正面形象的树立和社会对商人的正面认可比我们先行了一步。就拿美国来说,19世纪末、20世纪初,美国大企业家也曾被称为"贼商"(robberbarons)。然而,随着经济和社会的进步,社会主义的一些概念渐渐被美国人接受,就如上世纪30年代美国罗斯福总统实行的新政,同时,不少大企业家也能够发财立品,多做善事,在社会上的名声也就有所改变。

到二次世界大战时期,工商业对赢得反法西斯战争胜利所作出的贡献更是赢得了社会的肯定。二战初期,民营制造业迅速朝军用器材生产转化,适时满足了战争的需要。若然当时没有这一批商业机构,美国恐怕就不能那么快地与德、日在军事上竞争并最终得胜。

在美国这样一个相对重商的社会里,有钱本来就比较有发言权,加上商人们用财富所施的善行以及他们为社会带来的贡献,慢慢扭转了人们对商家的看法。更何况在一个机会相对平等的社会,人人都有营商及赚钱的自由,商人与其他社会阶层和社会成员之间,并没有不可逾越的鸿沟,也就意味着普通人与工商业者之间的关系并不是完全对立的。

二战之后,东南亚各地不少华人企业家崛起,作为当地社会的少数族裔,有了钱才较有安全感,加上社会上拜金主义盛行,财富成为社会地位的象征,商人成了别人羡慕的对象,商人因此变得比较容易受社会尊重。

以往30多年里,中国内地实行改革开放。邓小平先生提倡让一部分人先富起来;他又说发家致富是光荣的。这使得中国社会对商业和商人的观念与态度产生了根本的变化。到了现在,虽然社会上仇富情绪不是没有,但是中国几千年来对商业和商人的轻视已从根本上得到扭转,大家都不能否认一个事实,就是工商企业与工商业者对经济发展极其重要,也唯有经济起飞拥有充足的财富之后,政府才能推动社会各方面的进步。

要做一个社区合格的公民,关注环境的保护,量力而行,奉献爱心,回报社会,积极参与一切与人有关的社会公益事业。我国一些有远见的民营企业家提出,企业的增长不等于发展,企业不仅要通过竞争的胜利获得增长,还必须在竞争中与社会协调发展;必须从企业内部、市场、社会三个方面来调整企业的竞争观念,企业绝不是丛林动物。

回报社会不应看作是义务,而是一种责任,因为财富来自社会,理应回报社会。这是值得称道的。

李嘉诚先生成为富豪级企业家后,做了无数慈善事业,特别有口皆碑的是捐献巨资办学。

因为,每一个真正慈善的企业家所体现出的奉献精神,都是从心灵深处归航的诺亚方舟!

享有中国"首善"之称的企业家陈光标,5·12汶川地震发生后,带领120名操作手和60台大型机械组成救援队千里救灾,救回131条生命,其中他亲自抱、背、抬出200多人,救活14人,还向地震灾区捐赠款物过亿元。温家宝总理称赞他是"有良知、有灵魂、有道德、有感情、心系灾区的企业家",并向他表示致敬。

2009年,陈光标又捐资1亿多元在南京建设成立了"黄埔防灾减灾培训中心",免费向公众提供服务。因在经济建设和慈善公益事业方面的杰出贡献,陈光标被中共中央、国务院、中央军委联合授予"全国抗震救灾英雄模范"称号,被中华全国总工会授予"全国五一劳动奖章",连续四年荣获"中华慈善奖"。陈光标靠着自身的努力拼搏,成为中国有名的企业家,更是一位大众皆知的慈善家。

陈光标还公开宣布将在死后捐出自己的所有财产,成为中国富豪"裸捐"第一人。

第八章 中国需要责任感强的企业家

陈光标的获奖不是因为他财富的多少,而是因为他多年不懈地奔走在社会责任与奉献的舞台。

对任何企业来说,唯利是图,逃避责任,都是目光短浅之举,终将难成大器;过度解读,好大喜功,则会使企业负担沉重,难以为继。唯有全面理解,辩证分析,才能有效履行企业社会责任。对此,笔者有着自己深刻的理解。

我理解的企业社会责任,包含三个层次:第一个层次是企业奉公守法,正常经营,如提供充分就业、按时交纳税款等;第二个层次是勇于付出,敢于承担,如扶贫济困,进行社会捐助等;第三个层次则是促进企业与社会、环境的全面协调可持续发展。

始终牢记搞好企业是企业最基本的社会责任。现代管理学之父的彼得·德鲁克有句名言:企业首先得做好,然后才是做好事。一个企业,如果连生存和发展都成问题,何谈社会责任?只有努力提高企业效益,才能为社会创造更多财富,吸纳更多劳动力就业,腾出财力物力扶贫济困、回报社会。

企业家的社会责任感

企业家的社会责任感应是企业家精神中的境界。

企业对社会承担的责任,通常认为只要企业能盈利、纳税就是尽到了责任,或者仅仅把企业的社会责任等同于社会公益事业,而忽略了企业社会责任的重要方面,如生产安全、职业健康、劳动者合法权益以及环境保护等。民营企业作为社会群体的组成部分，和其他社会群体发生紧密的联系，如银行、供应商、政府、顾客等。借此平台，可获得广泛而低价位的新闻效益，开拓社会资源。企业和非营利机构联手做公益，利用希望工程已经拥有的社会认同和嘉许，社会影响大为扩展，为企业形象增添了社会公益的价值，达到了双赢的效果。

企业关注社会群体的责任是全球化背景下参与国际竞争的必然要求，正确的企业价值观支配企业的规范行为。例如向社会提供符合法规要求和顾客需要的产品或服务、向银行诚信借贷、与供应商共同创造双赢或多赢的局面、坚决摒弃为谋私利不择手段的竞争行为，避免给环境造成污染或损害其他相关方的利益等。获得媒体宣传、政府关系资源的开发等增值效应。现代经济社会竞争日趋激烈，谁赢得了人心谁就赢得了市场，谁就是胜利者。企业的公益做秀是值得推崇的。企业通过公益活动扩大自身的影响力，是益公、益私的双赢行为，公益性、志愿性、非政府性等特点成为公益事业的主要力量。加强与非盈利组织的合作，聚焦社会热点，设计合理项目，制定良好的执行计划，可获得专业化公益服务。

一个有责任感的企业家就更应当是一个优秀的公民。中国现在不缺乏会赚钱的生意人，但却缺乏一批有社会责任感、像好公民般的企业家。

和西方国家数百年成熟商业经验的企业家群体相比，中国的企业家群体还很"年轻"，时常表现出"年轻人"特有的浮躁、虚荣、做事简单化等毛病。然而，在中国经济高速发展的30多年里，西方和国内媒体对中国企业家的关注，大多集中在了他们的财富故事上。长松管理智慧：各种"富豪榜单"迭出，人们感慨于中国企业家财富积累速度之快,却对这个新兴群体是否有足够社会责任感没有给予应有的关注。

不能否定,企业家们为中国硬实力崛起创造并积累了大量财富,构成了民族复兴最基础的内容。但坦白地说,企业家们对中国软实力崛起的贡献,与他们的财富贡献远远不匹配。可能正是这个原因,我们会发觉不少看似很难理解的社会现象,比如号称捐钱最多的"中国首善"陈光标,连其企业所在地南京市一个区的"首富"都不是;在全国小学牵头推动"免费午餐"的不是企业家,而是一个叫邓飞的记者;创立"壹基金"、"嫣然基金"的也不是企业家,而是娱乐明星。长松管理智慧:对于任何一个值得尊重的财富国度而言,企业家都不应当只是财富的创造者,而应是社会责任的领头羊,因为他们拥有比其他人更能发挥作用的财富资源。

其次,一个优秀的、有责任感的企业家,必须要有浓烈的家国意识。看看美国、日本的历史就会发现,那些在和平年代为国家实力走向世界做出卓越贡献的,往往都是企业家;为其国家形象增光添彩的,也都是企业家。

第三,一个好的企业家,必须有敢于"亮剑"的无畏气魄。现在各种灾难频发、地区发展不平衡、两极分化严重,政府的力量有限。社会的力量首先应当来自于那些负责任的企业家们。在这方面,政府应当不断通过减税、国家荣誉、媒体报道等方式鼓励企业家的负责任甚至高调之举。好企业家是鼓励出来的,就像好公民也是表扬出来的一样。

民营企业在完成原始资本积累并经历高速发展后,已初具规模化并进入平稳的发展期。企业再上台阶时,往往就出现了发展瓶颈;

特别是民企老板，会遭遇许多心灵的困惑。温州某电器集团，在资产逾亿抢滩上海时，公司老总同我们分享他的困惑历程：在企业规模近百万以前，赚钱为主要目标；当资产上千万逾亿后，物质需求早已满足，但他仍然投资发展、超负荷工作，这是为什么呢？他的答案是源自社会责任感。

深圳万科企业股份有限公司董事长王石在深圳市南山区深圳书城出席签名售书活动时说，万科会在北京、天津等其他城市建立面向城市中低收入阶层的廉价屋。所谓的"低收入"有两种情况，一种是"长期低收入"，比如生产线上的打工仔、打工妹；另一种是"暂时低收入"，如刚参加工作的大学生。他表示，万科在没有政府补贴的情况下，也会开发面向后者的产品；但是针对"长期低收入"这一群体，如果没有政府补贴只能做一些试探性的东西，希望以此起到一个带动示范的作用。

看到这一消息，笔者心头一阵涌动，而不仅仅是自己较为敬重的企业家王石先生的这一举措，与其说是一个非常出色的商人，它从战略高度捕捉了政治责任感，积极推出不同档位的商品，满足了人们的需求。不如说最起码看到了构建和谐社会中作为十大暴利产业的地产界率先作出的义举，让我们看到地产界标杆企业的思维和视野，看到一个企业的社会责任感。

我国改革进入攻坚阶段，有可能带来"不和谐问题"。我国改革开放走的是"先易后难"的道路。这种路径虽然开始走起来容易，但是它将难题和"硬骨头"留在后面，如果后期不能将传统体制和改革前期积累的矛盾顺利消化，就有可能带来诸多不和谐问题：一方面，将导致一定程度的社会失范和腐败问题；另一方面，将导致收入差距的不断扩大和社会阶层的分化。

万科不愧是万科，作为企业、企业产品、企业家三为容为一体的品牌，在全国人民都在思考过程中，再次用实践体现了企业的社会责任。什么是企业的社会责任？世界银行把企业社会责任定义为：企业与关键利益相关者的关系、价值观、遵纪守法以及尊重人、社区和环境有关的政策和实践的集合。它是企业为改善利益相关者的生活质量而贡献于可持续发展的一种承诺。

由此看出，社会责任的理念使企业的关注重点超越了经济利润，包括了社会和环境的关切。在完全市场经济国家，企业追求社会责任的动力被凸现放大到相当高的程度，并与是否拥有竞争力相联系。而我们中国许多企业考虑更多的是如何节约成本，包括污水处理、环境保护的成本，追求利润最大化，而不考虑企业的可持续发展。

我始终认为，只知道赚钱只能是老板，而把企业做大做强才可以叫企业家。社会责任是中国企业做大做强、营造竞争优势的基本功。现代管理大师德鲁克说，企业唯一目的是创造顾客。万科在上世纪90年代中期面对深圳房地产业普遍认为利润率低于40%不做的局面，却提出"高于25%"不做。正是这种稳健的心态，使万科从1984年5月创建到现在创立了地产界品牌，并以出色的物业管理领导行业潮流。今天，在房地产行业仍然上演暴利的今天，万科做出为民安得广厦千万间的设想，无疑又表现了企业的强烈社会责任感。

作为一个企业，能否做大做强，实现可持续发展，其中一个重要因素就是取决于这个企业是否具有社会责任感。社会责任不仅是投入，而且能产生无形和有形的经济效益，有了高度的社会责任感，而且意味着企业收入更高，运营风险和成本则更低。

我们的企业天天在这块土地上生存和发展，应该义不容辞地担当起保护这块土地的责任，成为这块土地的保护者；你在这个环境中生活，就要义不容辞地担当起保护这个环境的责任。记住，你保护了这块土地，这块土地就会哺育你长大。

尽管社会责任感是企业决策者对企业性质、目标、经营方式的取向所做出的选择，并为员工所接受的共同观念。笔者认为，民营企业价值观的修炼，一位有责任感的企业家应该致力于企业的可持续发展和基业长青，不再仅仅为满足自身的需要，而更多地体现对企业员工和社会群体的责任，提高产业化发展水平，为国家谋求利益。优秀的现代民企都十分注重企业文化建设、企业道德建设、企业形象建设浅显而言就是企业的价值观取向。

企业家精神的顶峰是实现理想与社会责任

企业家应该积极承担社会责任，关于这一点，社会上讨论很多。

我认为把企业发展好，这是企业家首要的、最大的社会责任。万达集团发展到现在资产规模已超过2000亿元，年销售额1000亿元，我们向国家年纳税80亿元，在全国企业不分所有制排序可以进前30名。

其次要善待员工。万达在多年前就实现了带薪休假，而且高管接近200人都有股票。除此之外，万达推出工龄工资制度，随着工龄待遇逐年增加，鼓励基层员工更好地发展。此外，还推出一个新制度，每年评选200名优秀员工，赠予万达全国各地的五星级酒店居住权限，并报销往返机票，支持员工免费度假。

第三要推动形成慈善文化。万达把"共创财富，公益社会"作为企业使命。每年的财务计划都安排一定额度的资金用于慈善捐助。在1990年万达就有了第一次捐助，并且一直坚持到现在，已经形成慈善文化。汶川地震中，万达员工捐款平均6800元钱，在全国排第一。万达集团在五届中华慈善奖中曾经四次获奖，是全国唯一一家四届都获奖的企业。我们现在已经有17亿元的捐助。

下面，我以王石为案例来阐释企业家精神的"责任"。如果每个企业家努力做到这一点，尤其是发挥了创造力，也许你就会成功，成为在这条路上千万个奋斗者之中成功一员。

王石是万科集团的董事长，他在工作中经常讲的第一点就是"高"。而这个也就是王石常说的"M"形人生，其实包括三个低点和两个高点。M的第一个点是低的，要爬上去才是高点。

王石1968年当兵，比那个年代大多数下乡的人要略微好一点，但现实并不如愿，因为他有一些科技能力，想当无线兵，但部队分配他开汽车，做驾驶员。他的梦想是做巴顿将军，但在部队最大也就是做到班长。部队复员，回到铁道部门分配工作，他挑的工作是锅炉工，因为那时候锅炉工的口粮标准高一点。

那时候出现了一个工农兵上大学的机会。所有大学停课，但后来恢复了一些理工科大学的课。王石赶上了这个机会，上了工农兵大学，低点开始有点往上走了。但现实依然不如愿：他想学医、学法律，但最后安排他学的是给排水工程，当然这他跟后来做房地产是有些关系的。所以大家不要认为王石一开始就是登了顶的，他一开始跟我们所有人差不多——有想法，好像没机会，或对落在身上的机会不满意，这跟任何时代的年轻人都差不多。所以大家一定要看他从第一个低点到登顶，一步一步是怎么走上去的。

王石在《激情与梦想》这本书里有一句话："就是出于一种莫名状态，想干事，干什么不知道，对现状不满意，要怎么满意？不知道。"说到企业家，什么是企业家精神？怎么定性？讲来讲去就是有一股劲，超乎常人。我们为什么要搞宏观调控？就是因为人们有些行为的动机并非基于清楚的计算，所以投资才会过量，高峰时会更高峰，低谷时会更低谷，所以才需要货币政策、财政政策。

人类的确有这股劲，但是多数人不大研究如何去利用。比如当处在不满意的精神状态下时，你会如何表现？天天发牢骚也可以，跟自己过不去也可以，但是你看总有那么一些人，就是不放弃。

王石刚到广州时被分到了外贸局，那个年代他已经在广州城骑着摩托去进行涉外业务的谈判了。即使拿北京作为参照，我觉得他当时的境况也挺好的了，北京城那时候谁骑摩托啊？不得了的。但是他还是不满意。为什么？因为外贸局是国营的外贸机构，厅长下面有副厅长，副厅长下面有处长，处长下面有科长，一定要在这个层级中规规矩矩。你们看王石，觉得他是那种人吗？所以即使骑摩托他也不高兴，不善罢甘休。

当然这也带来一个难题：这个劲儿能不能通过教育获得？我也没有很好的答案。中国有一句老话叫见贤思齐，这种力量是伟大的。

每个人心里多多少少都有点企业家精神，但是这个存量有大有小，有的被按住了，有的被激发了。即使有些人精神受到鼓舞，但被周围的生活一逼迫，这个劲儿可能慢慢又下去了。这个劲可以是天生的，也有在社会互动中形成的。这个劲儿对于企业家而言，尤其是对于影响国家经济社会走向的伟大的企业家而言，是最重要的品质。

当王石处于M的低点时，深圳开放有了机会，他就请缨跑到深圳。第一次做的业务是从东北进玉米饲料，他说如果当年一直做饲料的话，现在就是饲料大王了。饲料要运输、要车皮，关键是能不能让管车皮的主管部门批一个条，行规是送两条烟。王石就是在那件事情上给自己定下了一条线，他不肯干这个事。他先派手下的人找车辆管理的人去办，结果被打回来了，王石说那我亲自去。到了那边，管理人员说："你知不知道这个行情？一个车皮两条烟，一看就是没行过贿，你不懂行情。"之后他说了一句："你要车皮我给你。"王石觉得很奇怪，你怎么就把车皮给我了？那个管理人员说："这个车站我天天在看，身为经理还能跟工人一起扛包的就你一个，你这个人看起来是做事的人。"就这一条，把官员打动了。所以王石觉得，不管社会有多少潜规则，总会有一个地方，有一个环节，有某一个面是公平的。这是王石最早形成的一种行为方式：流行的事我不做，但是我遵循我的志向，做道德水准之上值得做的事情。我把那些做好，同样可以获得这个社会某种程度上的承认。

中国社会是转型社会，今天流行的东西过几年可能就不流行了，甚至还有可能成了毛病，成为历史上的伤残部位。包括今天高级干部的腐败，很多人叫他们"老寒腿"：不是今天犯的事，而是早就犯了，当年也不知道今天能当这么大的官，早知道的话当年就不干了，现在已经来不及了。王石曾说，他在国营单位当小头目的时候，到会计师事务所给他的公司做审计。事务所说，国营单位都是内审的，没有让第三方审的，是不是出什么事了？王石当时就知道要找一个独立的第三方界定，否则很多事不能干。中国是这样的：没事的时候，很多行为看起来都是可以的，一旦等到出事的时候，你就知道谁能过得去、谁过不去。所以心志远大不要只放在嘴上说，是要有行为的。

还有就是个人的努力跟国家的变化要交织到一起。王石在广东、深圳，最后是怎么从经营饲料和录像机的贸易公司进入地产业的？1987年的时候国家在土地领域进行了一次变革，那时他的主要业务并不是搞房地产，但是当看到土地划拨的时候，他敏感地意识到这是一个机会：一些稀缺要素使不可得变成可得，可以满足社会的需求。所以个人的努力、公司的努力要和国家的变化有机地结合起来。这种结合刚开始可能还不自觉，后来就越来越自觉，因为已经开启了机会。

王石原来只是国有企业的员工，但他的例子说明，在国有企业里也是有可为的，只要有精神，以及给自己的行为明确几条边界。当年中国很多地方想搞国有企业股份制改革，谈不通，但是王石他们在深圳谈通了。当时他找搞股份制改革的副市长谈，对方说这1300万怎么分配股份？王石说五五开，国家拿五，员工拿五。副市长说，开玩笑，四六分吧。王石问，我们六你们四？副市长说我们六，你们四。王石的底线是你七我三，但即使是你八我二也干，为什么？因为有了这样清楚的产权平台，企业家们可以干点事。国营体制坏在什么地方？一旦上下级想法不同，一个电话就找人把你给替了。

这个四六分的时候是大问题，很多企业到了这一步就死了。因为当时深圳股改怕引起风波，规定员工这40%的股只能拿出十分之一落到员工名下，剩下十分之九是集体所有。分这个十分之一的时候经常会出现矛盾，有的改革胎死腹中，甚至把改革者改到牢里去了，因为资产已经形成，贡献是整体的，所有要素都对1300万的资产有贡献，

谁贡献大？谁贡献少？很难决断。为什么王石的改革改成了？因为王石说，我一股也不要，全部分给你们。最后他那个股份制变成公共募集，小股东可以买股，王石当选第一任董事长，一个新的制度架构就这么形成了。

很多国企老总，确实在改革开放期间把企业做大了，但是分股权的时候就体现出了差别——他是想马上过把钱瘾还是真的想做事？这会影响整条M线能不能登顶。当年柳传志也改成功了，他的要求也很低，而且早年创业的团队互相推让，都在争少要一点。有了这个基础，1990年又有股票市场，做事情的平台就广阔得多了，M线就可以继续一步步往上走了。

王石在一开始的时候，M线的低点是很低的。人生不可能一掉在你手里就是让你非常满意的，不可能一开始就让你登顶，你从底下往上爬到的那个顶才是重要的。

王石的毅力远强于普通人，他在逐步登顶的过程中跟很多人拉远了，之后市场无数的选择成就了万科，也成就了王石。其实王石就是在改革开放中基础打得非常好，机会来的时候也抓得非常好，当然中间也不是顺顺当当的，M形中间会掉下来，会有低点，这个低点有时甚至会威胁到身家性命。

这股登顶的精神我们笼统地把它叫做企业家精神。它不是一种官僚精神，不是讲级别的，而是生活在这个时代，看到一点近代以来少有的希望，想要试一把，搏一把，拼一把。这个劲儿再加上划下的那几条线，剩下的部分就水到渠成了。

早年在多元化方面，万科做过很多事情，最后收敛到居民住宅，成为了我国最大的人口住宅建设公司。王石一开始划了一条线，超过

25%以上的利润不做。那做什么？要做好的牌子，要让中国居民的生活方式发生改变，树立环保意识、邻居意识、互动意识。

万科在杭州有一个社区，所有进入社区的人不能按喇叭，民营公司不能强制人家，但他们找到一条方法：同意进社区不按喇叭的就发一块牌，有了这块牌子在很多地方可以自由停车，一旦在社区范围内按过喇叭被投诉，这个牌就被收回。那个社区现在有很多人去参观。

现在老龄化越来越严重，万科在海南做了项目，动员在海南养老的人参加社区管理，参加的就把物业费降下来。他们还派去了一批老人教练，领着老人种草、种花、搞垃圾分类，社区里一直有活动，都是60岁以上的老人，他们觉得很有意思，觉得自己对社会还有用。所以王石追求的不单单是一个货币可以度量的利润目标，还有理想、梦想。如果很多年轻人和公司都能按着这条路线去发展，那么这种力量能够一步一步变成现实，对中国未来一定会产生影响。

第九章
中国企业家的社会价值

　　社会价值在现阶段的中国是一个融合了经济学、社会学以及重大现实关切的综合的概念，企业家的社会价值首先体现在他们作为冒险家、市场调节人、生产要素的最佳组合者等方面，同时也体现了他们能够在适应市场的变化、调节供求矛盾、促进社会资源配置等方面，民营企业家与其所处时代之间微妙复杂的关系，以社会价值作为核心衡量的标准，展现了中国民营企业家的形象和表现，背后折射出的是整个社会的观念及价值取向。

企业家的价值体现

人类最高级的需求是自我价值的实现,而单独个体在实现自我价值的同时,必然会从客观上促进组织的发展。企业家价值的自我实现是企业持续稳定发展的动力之源。企业家在进行各种经济活动时,不断完善自我,不断创造新的成就,从而也就实现了最大的人生价值。

2013年12月1日,"2013中国民营企业领袖社会价值榜"揭晓。万达集团股份有限公司王健林、恒大集团许家印、百度李彦宏、阿里巴巴马云、腾讯马化腾位列"2013年中国民营企业领袖社会价值榜"综合排名前5名。其中万达集团董事长王健林连续三年登顶这一榜单。

"2013年中国民营企业领袖社会价值榜"发布的同时,北京大学民营经济研究院还发布了《2013年中国民营企业家社会价值评估报告》,对这项调查的评价标准、评价结果和企业家案例进行了阐述与分析。

"中国民营企业领袖社会价值榜"是由北京大学民营经济研究院主办、以全面衡量民营企业家社会价值为旨归的大型调查评价活动,是我国首个以"社会价值"作为核心衡量标准的民营企业家社会价值报告。这项大型调查活动已连续举办三届。北京大学民营经济研究院以多年来研究民营企业发展的成果与数据做依托,在2011年、2012年两个年度调查评价的基础上,为此次活动设计、完善了专项调查评价标准,这一评价标准由民营企业家的经济价值、纳税和就业贡献、公益价值、社会影响力和美誉度等5项一级指标和15个二级指标、22个三级指标构成,并配合以专家评审团的评审与投票,得出最终调查结果,并发布"2103中国民营企业领袖社会价值百强榜"。

"2013年中国民营企业领袖社会价值榜"调查活动在上届调查评选的基础上,进一步完善了评价体系和数据收集、分析和指标考量的方法,以使调查结果更加客观、公正,更具公信力和权威性。

北京大学民营经济研究院常务副院长单忠东在谈及这项调查意义时表示:"希望这个已持续3年的专项调查,能使得社会对企业家社会价值的认识更为全面、深刻,评价方式更加公正、客观,也让更多的公众关注民营企业家,同时引导更多民营企业家注重社会价值的创造与积累,构建一种社会转型时期更为先进、更为新型的个人品牌塑造和组织治理结构,并引导更多的公众关注民营企业家,为他们树立更为多元、更为丰满的公众形象。"

2011年,此一榜单首次评选时,就在当年的"中国民营企业家社会价值评估报告"中提出:"社会价值"在现阶段的中国,是一个融合了经济学、社会学以及重大现实关切的综合概念。企业家的社会价值,首先体现在他们作为冒险家、市场调节人、生产要素的最佳组合者等所体现出来的价值,在于他们能够适应市场变化,调节供求矛盾,促进社会资源的优化配置;在于他们是创新活动的倡导者、实行者和推广者;在于他们能够使工作具有生产性,使职工具有成就感。与此同时,中国的民营企业家也通过独有的带动和辐射效应,越来越深刻地影响着现代社会行动和意识的建构——畅通和谐的横向交往、民主自治的社会契约、互相信任的心理认同、互学共进的双赢心态,

第九章 中国企业家的社会价值

凡此种种，都可以找到中国民营企业家智慧的影响。

2011年的调查评选中，万达集团股份有限公司王健林、联想控股集团公司柳传志、杭州娃哈哈集团有限公司宗庆后、阿里巴巴马云和苏宁电器集团张近东位列"2011年中国民营企业领袖社会价值百强榜"综合排名前5名。

1年后，2012年的调查评选中，万达集团股份有限公司王健林、联想控股集团公司柳传志、苏宁电器集团张近东、华为技术有限公司任正非、杭州娃哈哈集团有限公司宗庆后位列"2012年中国民营企业领袖社会价值榜"综合排名前5名。

万达集团王健林连续三届位居名民营企业家领袖社会价值榜榜单第一名，反映出万达集团良好的发展势头。

在2011年、2012年调查的基础上，以2012年中国民营企业500强作为基本样本，从经济价值、社会贡献、公益价值、社会影响和美誉度等五个方面进行了考量。经过设计评价标准、数据的收集、专家的评审等多个环节，最终形成了2013年中国民营企业家社会价值榜和一份分析报告。上榜企业基本集中在广东、北京、江苏、浙江、福建等地区，行业主要涉及制造业、房地产、采矿业等。

中国的现实层面和观念层面都在经历前所未有的巨变，人们的沟通方式、生活方式乃至思维方式的变化，企业家的发展及自我价值在不断提升，具有多元路径，民营企业榜上的名字也在不断调整，北京大学民营经济研究院这份报告可以引导更多民营企业家注重社会价值的创造与积累，构建更先进、更新型的个人品牌塑造和组织治理的结构。

希望这一榜单的调查，能使人们对民营企业家社会价值的认识更为深刻，评价更为公正、更加客观，也让更多的公众注视中国民营企业的发展。

企业家社会价值与通常人们熟知的慈善，可从三个维度进行比较。第一个维度是从外界范围的大小，看它是对他人还是对整个社会。第二个维度就是看它是从物质还是从精神，第三个维度是看它是一个责任还是一个贡献。慈善主要是对社会物质方面的回馈，但是社会价值不仅仅如此，还包括精神方面的回馈。

社会价值的概念包括五个方面的要素——经济价值、公益价值、社会贡献、社会影响力以及美誉。基于考察这5个要素，经过3年的时间，我们不断反复研究，确定了21个指标。这些指标相对来讲比较全面，不单有一些是企业层面的指标，也有一些是个人层面的指标，有一些是通过专家打分、媒体得来的数据，还有一些关于企业的客观数据。有一些是"定性"的，比如这个企业家是不是政协委员，有没有担任一些社会职务，还有一些是"定量"的指标，比如企业的利润、企业的资产额。

怎样把不同的指标整合成最终能够进行排名的一个结果呢？我们是依托北京大学学术研究方面的力量，主要采用三个步骤。

先对不同的指标原始数据重新编码，编码的方法是七级Lihert量表，不同的指标需要整合起来，面临一个问题是怎么样确定这个指标的权重，我们用的是因子分析的方法，确定了各个指标的权重。有了因子分析，我们就可以把不同的指标加权成为每一个分项的排名，各个分项加权平均，得到最终总得分的排名。这是我们指标的计算方法。

现代经济的发展逻辑让人们越来越认识到，企业家是社会的精英队伍和国家的宝贵财富，是我国经济发展的源泉，是推动现代文明和社会进步的重要力量。发达国家的经验告诉我们：要想提高综合国力，实现经济腾飞，必须有一大批足智多谋、胆略过人的企业家，经营一大批实力雄厚的企业集团。而中国近代史的发展过程也同样告诉我们，企业要发展，社会主义市场经济要成功，也必须培养具有新时代企业家精神的企业家。中国必须为企业家们提供能够充分发挥他们能力的舞台，通过他们把人、财、物与市场资源进行有效组合，进而提高企业的综合竞争力，为社会创造更大的价值。

三十余年改革开放的进程告诉我们，中国并不缺乏才华横溢的企业经营者，但是我们始终面临着两个困惑：为什么企业家仍然是我国市场的稀缺资源？为什么几十年来中国已经获得了巨大的经济建设成就，却无法诞生世界级的企业家？

首先，中国缺乏有利于工商业发展的文化基因。中国延续几千年的传统经济模式是国家土地所有制之下的小农经济，与之相匹配的是"士农工商"体系，而"工商"在这个体系中是排在后面的。

其次，在一个官本位的社会里，缺乏尊重企业家的氛围，很难产生优秀的企业家，更产生不了世界级的企业家。如今在经营环境恶化、盈利机会减少之际，很多企业家放弃了理想，有的移民了，有的转向投资产业，就连大学毕业生们都纷纷涌向政府部门。当人们的聪明才智、时间和精力转向再分配而不是价值再造，中国将失去创新力，中国的经济将逐渐衰退，社会将趋向寄生和停滞。

再者，我国社会数千年来形成的沉旧思想仍在作怪，"枪打出头鸟"等惯性思维对于企业家精神的束缚也十分明显。企业家精神本身就要求企业家不断寻找新的商业机会，不断开拓新的商业模式。但是这些新的尝试和探索，被旧观念者认为是对于既定秩序的一种冒犯，他们对于创新者轻则打压，重则入刑。于是，企业家精神尚未完全培育塑造成型便开始衰落。

实际上，企业家承担了一般人难以承受的压力和风险，企业家的创新给社会带来了巨大的效益，满足了社会需求，为社会创造了价值，而市场和社会给予企业家丰厚的回报，这才是一个合理与公平的安排。

作为大连万达集团股份有限公司的董事长，王健林具备优秀企业家独特的精神，同时又是专业的慈善家，在履行社会责任方面做出突出贡献。

王健林提出企业家精神最重要的标准：一是创新或者叫做敢闯、敢试。二是坚持精神。他拒绝模仿，大胆创新，是名副其实的行动派。万达的每一次创新，都在房地产行业引起巨大轰动。对于万达的敢于创新，王健林总结说："万达关键是走了4步棋：搞旧改、跨区域、创模式、搞文化。"

王健林具有国际化战略思想、敏锐的市场感知力和现代经营管理理念。2012年5月下旬，万达集团与全球第二大院线集团（AMC）签署并购协议，标志着万达集团同时拥有全球排名第二的AMC院线和亚洲排名第一的万达院线，从而一举成为全球规模最大的电影院线运营商。同年9月，完成对AMC的收购，12月在北京成立万达文化产业集团。此外，由万达集团牵头，联合5家中国民营企业，在长白山、西双版纳、大连金石等地打造国际一流水准的旅游度假区，总投资超过1000亿元。这是迄今为止中国旅游投资项目的最大手笔。2013年6月，万达集团宣布投资3.2亿英镑并购英国圣汐游艇公司，投资近7亿英镑在伦敦核心区建设超五星级万达酒店。王健林追求"国际万达 百年企业",力图把万达打造成为世界一流企业,追求基业常青和长远利益。

王健林经营业绩优异,在承担企业社会责任方面的表现亦十分突出,在创造就业、缴纳税收、绿色低碳、慈善捐赠、义工服务等方面,都向社会交出了一份优秀的社会责任答卷。王健林向以热衷公益著称,活跃于公益事业,是专业慈善家。在1997年万达开始大规模跨区域发展后,王健林逐渐把回报社会、承担社会责任作为一项重要工作。万达集团以"共创财富,公益社会"为企业使命,成立以来,捐助社会慈善事业的现金累计超过40亿元人民币,是中国民营企业中慈善捐赠额最大的企业之一。

当前我国正处于改革发展的重要阶段,经济转型的关键时期,此时,最重要的是鼓励企业家创业,培育塑造以创新为核心,以敬业、责任感和实现自我价值为内涵的企业家精神。当然,这需要在政府的扶持下创造相应的制度环境和文化环境,同时还要不断完善企业家成长的政策环境、舆论环境、法制环境和市场环境。

企业家精神作为现代企业持续发展的动力源泉,不但能够促进创业与创新精神的高涨,培育开放、健康的市场环境,创造大量就业机会,增强市场经济活力,促进经济社会可持续健康发展,更重要的是,还可以激发一个民族的创新活力,推动现代商业文明的建设和整个社会进步。

对企业家精神的定义,一直以来在管理学界均有探索,也有大量实业家提出观点。比如中航工业董事长林左鸣所著《用企业家精神点燃时代引擎》里提到的进取精神、创新精神、契约精神、诚信精神、敬业精神、奉献精神和民族精神；发明了特斯拉电动汽车并发射了火箭的钢铁侠马斯克说，自己创建公司不是单纯想当老板，而是想参与人类的未来；在中国目前最为成功的电商当家人马云的眼中，企业家精神，也即对一个企业负责人来说，坚定的、必胜的信念最重要；而万达地产巨头王健林早年说过，企业家最核心的精神品质是创造力、坚持和责任。

同时，在我国经济转型期间，也有相当部分的企业在精神和路径上因为利益的诱惑等原因扭曲了，迷茫了，比如最近被监管机构揭露的非法融资企业e租宝，号称中国版的"华尔街之狼"，其80后创始人在聚敛财富和消费上表现的奢靡之风的确是现在少部分企业家追求境界的缩影，而前一段时期，百度也出现了虚假贴吧信息，让老百姓的正常寻医问药渠道变成了商家广告阵地，虽然后者更可能属于职业经理人道德范畴，但我们对企业公关危机时出现的战术层面问题，不会再去问责具体职业经理人层面，而的确第一反应是这个企业怎么了，或者这个企业的当家人的价值观出了什么问题。

因此，企业家精神的问题最能代表企业实体的精气神。俗语说人的健康得看精气神，那么企业的健康也跟企业家精神不无相关。探索企业家精神的意义有以下几点：第一，为企业管理研究者，挖掘企业家类群的通用品质，用以研究企业家基因，继而是企业基因，提炼企业基业常青的企业家要素；第二，为目前创业中的企业家们提供企业家能力素质模型，用以参照作为改进方向；第三，为拟创业的准企业家们提供一个标准模型，看看自身是否符合标准的特征和趋势。

第九章 中国企业家的社会价值

企业家的独特地位

一个多世纪以来，中国企业家的命运随着国运大势的变化而经历了一波三折。他们在进行各种经济活动的同时，也对中国的经济发展和社会进步做出了重大贡献。

19世纪末20世纪初，大批有识之士兴办实业，为城市带来了新生产方式、新技术和新市场，促进了社会生产力的迅速发展，开创了中国民间资本历史上的一个黄金时代。他们还承担起一定的社会责任，通过成立城市自治团体，积极参与社会公共事务，推动了城市社会的近代化。

1937至1949年，在国民党官僚资本和日本殖民资本统治之下，中国的民族企业家们在逆境中用坚韧的经商之道和坚定的爱国行动，奠基了中国的现代工业，也留下了实业救国的精神。

1949至1978年，民族资本及企业家队伍走上了社会主义道路。虽然在传统计划经济体制下，国有企业经营者的职责是完成政府主管部门下达的各种指令性计划，还没有完全意义上的市场竞争属性，但是企业家的光荣与梦想已经开始了缓慢而坚定的建设进程。

1979年，中国经济体制发生了重大改革，中国成为转型经济大国，多种所有制经济开始同台竞技，各领风骚。在经济建设的大潮中，涌现出了一批为中国的企业改革做出突出贡献的杰出人物，他们解放思想、锐意改革、艰苦创业、大胆实践，成为突破旧有体制、建立社会主义市场经济体制的中坚力量。国有企业经营者开始具有独立企业家的身份和地位，在"实践是检验真理的唯一标准"思想的指导下，通过制度创新，勇敢而巧妙地突破约束，实现了企业的跨越式成长。在丰富的创业机会面前，民营企业家的创业激情、创业能力也被激发出来，他们"摸着石头过河"，也在不同行业取得了令人瞩目的成就。

可以说，中国企业家是中国市场经济的探路者、拓荒者、倡导者、先行者、实践者，为中国市场经济的建立和完善做出了不可磨灭的贡献。

21世纪，社会主义市场经济体制的日益完善可以预期，中国的企业家群体将在下一轮的经济增长中发挥更大的作用，中国经济的发展也将进入真正的企业家时代。

每个时代都有其独特的精神引领。中国企业家群体在市场化改革的进程中孕育和茁壮成长，已经逐渐走向成熟，形成了具有中国特色的企业家精神。企业家精神的巨大作用在市场活动中随处可见：企业的盛衰，关键在于有无出色的企业家执掌帅印；企业的发展壮大，带动的是整个产业链的规模扩张与升级；企业的效益提高，则有可能带动整个城市甚至地区的经济发展速度？

土地、劳动者、资本等要素，只有在具有企业家精神的人手中，才能在复杂多变的竞争环境中实现整合和价值最大化，进而真正壮大成为财富的源泉。从某种意义上来讲，企业家是企业的灵魂，企业的成绩就是企业家的成绩,企业家精神就是企业核心竞争力的最重要来源。

企业家精神中的"企业家"不是指具体的个人。无论是企业的决策层,还是战略管理者,当他们在识别和完成新的资源整合时,他们的行为就反映出企业家应具备的特质,反映出企业家精神。18世纪后期的重农学派经济学家魁奈和鲍杜把从事农业生产,以土地作为社会产品来源的农业家称为企业家,创新和承担风险是他们的两大特质;萨伊《政治经济学说》和《政治经济学精义》两书中指出企业家要成功,必须有果断的判断力、坚韧的毅力和全面的知识,有监督、管理的才能,务实和能动的特质;熊彼特在他出版的《经济发展理论》和《资本主义、社会主义和民主主义》两书中把企业家的根本特质定义为"革新",强调"革新"和"创新"是企业家的准则。从以上表述中我们可以体会出企业家精神是一种正面的表述,其内涵是非常丰富的,其表现多种多样,之间并非相互平行的。概括来说,企业家精神主要体现在创新精神、敬业精神、学习精神和合作精神,其中创新精神是企业家精神的核心。

企业家精神最核心的本质是创造价值,但创造价值有几个必要条件:首先是他所领导的是一个组织,而不是一个个体。领导组织的发展,就需要有格局、有远见和包容心,做企业家要耐得住寂寞,要扛得住压力,要有团队精神,这样才能当好一个带头人,团队才会有凝聚力。要赢得身边人的尊重,就要懂得吃亏是福,要学会付出。很多人当老板,都是以自我为中心,把兄弟朋友当打工仔,舍不得放权。

其次,做一个企业家,还要有坚韧不拔的意志。运作企业是一个复杂的过程,有成功也会有失败,但一定要百折不挠,才能取得成绩。很多家族企业都有这样的通病，创业容易守业难，原因就是内部关系处理不顺。这只能靠两点来解决：一是时间的积累，二是细节操作的持续性，如果朝令夕改，那就前功尽弃了。

第三是要勇于担当，勇于承担风险。一个没有担当和风险承担能力的企业家，不是一个合格的企业家，不会得到社会的认可和支持。我创业当初的一些决定，经常得不到周围人的理解，有分歧也是常有的事，但在我的坚持下，他们慢慢才体会到了我的用心并齐心协力。

核心竞争力又称核心能力，是由两位美国著名学者普拉哈拉德和哈默尔于1990年提出来的。其定义为："组织中的积累性学识，特别是关于如何协调各种生产技能和整合各种技术流的能力。"根据普拉哈拉德和哈默尔关于核心竞争力的定义，核心竞争力的内涵包括知识、技能和技术。核心竞争力是企业获得长期稳定的竞争优势的基础。世界大企业的成长过程表明，核心竞争力是引导企业成功的关键要素。企业拥有的竞争优势要成为核心竞争力，须具备以下几个条件：价值优越性、异质性、不易模仿性、难以替代性和不可交易性。于是，我们可以将核心竞争力表述为企业在长期经营过程中形成的，蕴涵于企业内部的、独特的、不易被竞争对手效仿的，能为企业和顾客带来持续价值的能力。

企业家在企业中的独特地位，决定了企业的核心价值观必然受其重要影响，决定了企业的组织创新、管理创新、价值创新等冒险活动只能由企业家自身承担。它同时也决定了企业的经营发展的兴衰成败，从而也就决定了企业核心竞争力能否形成。因此可以说，企业家在其精神的鼓励下对企业核心竞争力起着关键性保障作用，企业家精神通过企业家自身保障了企业核心竞争力的培育与提升。

第九章 中国企业家的社会价值

锻造企业核心竞争力需要各种资源。然而，有一种资源是难以在市场上买到的：它是存在于锻造者身上的"企业家精神"。企业家在建立企业核心竞争力的整个过程中起着至关重要的作用。普拉哈拉德和哈默尔指出：企业高层领导在引入核心竞争力概念和推动以核心竞争力方式思考公司本身和公司战略时是关键的。著名管理学大师彼得·德鲁克认为："企业家就是赋予资源以生产财富的能力的人。"企业家在构建企业核心竞争力的过程中所起到的关键作用是以企业家精神为依托的，是对企业家精神的最好诠释。在所有具有核心能力的成功企业中，无不显示出卓越的企业家精神。

企业家的创新精神使企业打破旧的、过时的东西，产生企业的核心技术专长；企业家的敬业精神使企业树立远大目标，进行艰苦创业和不懈的努力奋斗，员工保持高昂的斗志和旺盛的工作热情；企业家的学习精神在知识成为企业发展的重要甚至决定性资源的今天，使企业持续的拥有竞争优势；企业家的合作精神，使企业被有效地组织起来，形成强有力的团队。美国经济学家熊彼特认为19世纪末出现的企业家精神是影响经济增长的最重要的非经济因素，并指出企业家为什么会起作用的原因在于他们所奉行的独特的价值观。卓越的企业文化是企业家精神的综合反映，而企业文化是企业核心竞争力的源泉。企业家的上述精神文化现象直接关系和影响着企业文化的塑造和企业的兴衰。因此，企业家精神成为企业核心竞争力形成的基础，是企业核心竞争力的内核，它起到熔铸核心竞争力的关键的原模作用。

1.进一步理顺企业家成长的环境，实现政企真正分开和认真转变政府职能

当前，国有企业的干部人事制度仍在束缚着企业家们的手脚，不

少企业领导包括董事长和总经理仍受命于上级行政部门。一方面，这不利于企业家精神和个人才能的发挥；另一方面，这种人事制度本来就可能不利于真正的企业家的出现。在不少股份制企业中，董事会、监事会、总经理不能有效地各尽其职和实行权利制衡，一切遵从上级主管和政府的旨意，以维护同这些要员的密切关系与利益为重，企业实际仍处于行政机制之下。企业家理应享受对自己企业充分负责的真正自主决策权，而不受任何外界因素的干扰。

2.企业家应注重加强个人修养

企业家的个人修养决非个人的小事，而是关系到企业家精神能否正常发扬的大事。为什么我国一些企业家不能巩固既有的成就，或把事业做得更大更好？一个很重要的原因是，企业家的个人修养未能跟上去。他们或者因为文化水平低，不注意加强学习，个人视野狭窄，又无能人智士辅佐，忙于琐事，疏于战略，迷失前进方向，因而被市场无情淘汰。企业家的修身养性已经成为一个不容忽视的重要问题。必须通过某种制度环节的改进、建立弘扬企业家精神的社会文化氛围、树立优秀企业家的榜样等，不断增强企业家的自觉性。

3.完善促进企业家不断进步并能充分发扬企业家精神的机制

进一步完善企业制度，发挥董事会、监事会、经理以及股东大会的职能作用，积极推进企业改革和创新，使企业家永葆前进动力。通过组织创新，建立扁平式组织，可以促进上下级交流与沟通，并能促进学习精神和团队精神；净化社会空气，改善文化环境，使企业家有健康的生存土壤和发扬企业家精神的良好空间。创立有利于企业家成长和企业家精神发扬的特殊产业集中环境，我国既应加强硅谷式的高新技术产业聚集发展的特殊环境建设，也应借鉴日本战后经济复兴过

第九章 中国企业家的社会价值

程中不同产业的互补与相关产业的网络发展经验，企业家的群聚效应需要重视。

缔造企业核心竞争力

在市场竞争中，企业的核心竞争力是企业与众不同的战略优势与实力，没有战略优势和实力就很难获得成功。

彼得·德鲁克认为："所谓公司的核心竞争力，就是指能干别人根本不能做的事，能在逆境中求得生存和发展，能将市场、客户的价值与制造商、供应商融为一体的特殊能力。"可见，企业核心竞争力从某种意义上讲，是企业家精神的一个反映或扩展，它体现的正是企业的创造与冒险，体现的正是企业的合作与进取。企业家精神对企业核心竞争力的巨大作用在一些具有远见卓识和非凡的魄力与能力的企业家那里得到集中体现。美国微软公司的软件技术及其开发能力和辉煌业绩令世人瞩目，很大程度上归功于其前总裁比尔·盖茨卓越的组织领导，盖茨也理所当然地成为美国青年心目中崇拜的时代英雄。

在当今市场竞争节奏快速化的环境中，战略优势愈来愈重要，没有战略优势的企业，将面临着被市场竞争淘汰的风险。因此，创建战略优势，创建以优势资源为核心的战略优势，才能超越竞争对手而使企业长盛不衰。

近年来，不少曾经堪称优秀的企业，体会到了竞争失败的滋味。导致企业失败的原因繁多，但其中一个最重要的原因，是这些企业大都只着力于单一战略优势的创建，势单力薄，当然难敌整合战略优势的进攻。以企业核心竞争力为核心的战略是一种整合优势的战略格局设计。

企业核心竞争力（Core Capability of Enterprise），又称"企业核心（竞争）能力"、"企业核心竞争优势"，是一个企业（人才，国家或者参与竞争的个体）能够长期获得竞争优势的能力，是企业所特有的、能够经得起时间考验的、具有延展性，并且是竞争对手难以模仿的为顾客创造价值的技术或能力。

企业核心能力至少具有三个方面的特征：

（1）企业核心能力是特别有助于实现顾客所看重的价值的能力；

（2）企业核心能力是企业所特有的、竞争对手难以模仿和替代的，故而能取得竞争优势的能力；

（3）企业核心能力具有持久性，它一方面维持企业竞争优势的持续性，另一方面又使核心能力具有一定的刚性。

1990年，美国密西根大学商学院教授普拉哈拉德(C.K.Prahalad)和伦敦商学院教授哈默尔(G.Hamel)，在《哈佛商业评论》上发表的论文《企业核心竞争力》中，正式提出了企业核心竞争力的概念。他们认为："核心能力是组织中的积累性学识，特别是如何协调不同的生产、管理技能和有机结合多种方法的学识能力。"

在中国管理界，流传最广的企业核心竞争力定义要算张氏定义。这就是北京大学光华管理学院教授张维迎博士的定义。

他认为企业核心竞争力具有"偷不去，买不来，拆不开，带不走，溜不掉"的特点。

偷不去，是指别人模仿你很困难，如你拥有的自主知识产权——品牌、文化。

买不来，是指这些资源不能从市场上获得。人们认为人才是企业的核心竞争力，这通常指的是团队，一般情况下单个的人才不能算作核心竞争力。

拆不开，是指企业的资源、能力有互补性，分开就不值钱，合起来才值钱。

带不走，是指资源的组织性。个人的技术、才能是可以带走的，因此，拥有身价高的人才也不意味着有核心竞争力。

溜不掉，是指需要不断提高企业的持久竞争力。今天拆不开、偷不走的资源，明天就可能被拆开、偷走。

企业的环境就是空前激烈的竞争市场。如何在竞争中求生存、求发展，是每个企业都在思考的课题。根据"竞争战略之父"迈克尔·波特教授的竞争战略理论，企业的利润将取决于5个因素：即同行内的竞争、本行业与替代行业的竞争、供应方与客户方的讨价还价能力以及潜在竞争者的作用。

竞争战略（Competitive Strategy）就是一个企业在同一使用价值的竞争上采取的进攻或防守对策。竞争战略属于企业竞争力概念的范畴。最流行的战略是降价。这种做法既打击对方，也损害自己，引起恶性循环。正确的竞争战略应当包括三种：

1.总成本领先战略（Overall cost leadership）；

2.差异化战略（Differentiation）；

3.专一化战略（Focus）。

下面让我们看一个典型的案例。

1989年，Intuit和微软直接碰撞。力量对比是：Intuit公司拥有50名雇员，年销售额1900万美元；微软公司拥有4000名雇员，同期收益8亿美元。挑起争端的原因是微软公司提出的兼并提议被Intuit否决后，微软执意进入Intuit赖以生存的财务软件市场，意图获取"领导性竞争地位"。对抗的结果是：直到1993年，Intuit仍然保有60％的市场占有率而令微软束手无策。

Intuit的胜利似乎是不可思议的。因为从资金实力上看，微软放在银行里的现金储备就足够买下4个以上的Intuit（1994年，该公司的市价仅为10亿美元）；从智力储备上看，微软用诱人的股票期权网罗了世界上很多顶尖的软件开发人员，在人员素质以及人员数量上都占有压倒性的优势；对Intuit更为不利的是，从时效性上看，其开发的Quicken的Windows版也不如微软参与竞争的产品"Money"。

但在这样的强弱对抗中，"小小的Intuit迫使强大的巨人哭着乞讨怜悯"。Intuit的胜利昭示了一点：在企业的竞争中，强与弱并不是绝对的，一个有效的竞争战略以及与之相适应的核心竞争力，加上公司资源的合理配置和使用，往往起到决定性的作用，因为巨人也并非无懈可击。

微软没有最先认识到专业财务软件潜在的商机，这给予了Intuit生存的机会。该公司把自身定位在为顾客提供解决财务难题方法的公司，除帮助他们开支票、结算支票簿和支付账单以外，还提供特别票据和表格等非软件形式的服务。

在分析Intuit案例时，专家认为，Intuit之所以能够成功，是因为它在客观上拥有其他许多软件公司所没有的优势：在发展初期，公司从事的领域与微软并无竞争，处于相互独立的态势；而这种优势并不是偶得的，而是来自于公司在制定局部优势战略过程中对市场的深刻分析和把握。

我们总结一下，Intuit获得成功的重要原因有两点。第一，采用差异化和专一化的竞争战略，寻找差异化的客户需求和市场空间，并走专一化的道路；第二，使自己的专业能力难以被竞争对手模仿和替代，并持续性的为顾客创造价值。因而使有效的竞争战略成为了企业的一种核心竞争力。

可见，核心竞争力，是组织实现目标并获胜的法宝。这是一条亘古不变的真理。在战争中，组织的核心竞争力显然就是枪杆子，胜利的标志就是取得政权。那么，在现在的企业里，核心竞争力是创造顾客和获得顾客认可的实力，胜利的标志就是获得稳定的市场份额。

所以说，企业核心竞争力从某种意义上讲，是企业家精神的一个反映或扩展，它体现的正是企业的创造与冒险，体现的正是企业的合作与进取。企业家精神对企业核心竞争力的巨大作用在一些具有远见卓识和非凡的魄力与能力的企业家那里得到集中体现。

纽约的洛克菲勒中心门前，有一个阿特拉斯的雕像。这座雕像落成于1937年，当时，企业家精神这个概念在西方也是刚提出不久。托起天堂的巨神阿特拉斯，是纽约的企业家们的自我期许——我们就是承载美国经济与社会的巨人。从安·兰德开始，美国社会建构起一套有关企业家的英雄叙事，这套思想的源头来自于熊彼得：企业家精神的创造性破坏才是创新的来源。而创新才是经济发展的根本动力。正是因为这种英雄叙事和道德勇气，才使得美国的企业家们勇于承担社会责任，积极投身到各种公益事业中去，并赢得社会尊重。

有这样的自信，有这样的自我期许。企业家才能对社会形成更大的影响力：企业家们不仅仅为社会提供就业与财富，企业家精神更是社会进步的动力。这种道德勇气意味着更多的付出与努力，更意味着在许多我们不熟悉的领域发挥企业家精神：去促使那些我们认为有价值的改变发生。

资源、能力和制度的综合运用，再加上学习和创新，产生核心竞争力，但是当一个企业在资源、能力和制度方面都没有任何优势的情况下，能够不依靠尖端技术、不依靠国际人才、不依靠国际资金实力，如何在虎狼成群的国际国内市场占据一席之地？如何战胜数倍于自己的敌人？无数企业以亲身实践论证了企业家精神对企业的重大意义。证实了企业家精神是企业核心竞争力的唯一真实来源。最典型的例子日本，这个曾经的经济强国、美国曾经最大的竞争对手，他们依靠大和民族无与伦比的钢铁意志和坚忍不拔的精神，培育出核心竞争力，成为世界的经济巨人。

在步入经济低谷的逆境中，韬光养晦，等待转机。受其启发，2002年不具备技术优势的华为，在进入周期性的衰退后，总裁任正非提出"在危机重重中，活着就是最大的成功"，进行大刀阔斧的改革，在产业结构的调整后，又进行内部组织的调整，终于度过冬天迎来春天。

靠精神凝聚起来的企业人，才可能不折不扣、坚定不移的执行企业的每一个决策。依靠企业理念与企业家精神，不但构成企业的内在发展动力，更成为企业的外部发展机遇。企业家的执着事业心、不停息的创新精神和模范合作精神通过其传递机制，发扬光大，最终缔造出企业的核心竞争力。

第九章 中国企业家的社会价值

中国缺乏真正的企业家

企业作为获利性组织，它的一切出发点是在应当以获取利润为基础的，现代企业也大多以实现股东权益最大化为目标。所以，企业价值观应首先建立在满足自身需要的基础上，为社会和国家不断创造和积累财富。事实上，一个企业家学历高低、出生背景、个人阅历、处事方法、管理作风都不重要，最重要的只有一个东西是否具有一种良好的道德观念、正确的价值观念和最基本的诚信原则。该阶段的民营企业家大部分都有着很多时髦的思想和超前的观念，但最最缺乏的恰恰就是这个最基本的道德观念。民营企业家的精神气质中更多的是那种绿林豪杰气质，而缺少现代企业家身上的那种理性、严谨、条理和逻辑性取向的精神气质。

一些人稍微赚了点小钱，便自称或被人称为"企业家"，这些人也乐于自称或被人称作"企业家"。正因为如此，有些商业会议常常被冠以"企业家"会议的名称。但在我看来，我国能够称得上企业家的人太少。我把当今商人简单地划分为生意人、经理人和企业家三个类别。这种划分有其现实意义。首先，厘清他们之间的差异有助于人们给予企业家正确的判断和评价；其次，在明确了企业家的真实内涵之后有利于推动社会真正地发扬企业家精神。

生意人是商人最原始的形态。商朝的商业十分繁荣，有"商葩翼翼，四方之极"之称。由于商民善于买卖货物，后世就将买卖货物的人称为商人。生意人，最开始指的就是进行货物买卖的人。随着社会的发展，一些从事制造业、加工业，甚至现代农业的人，也被列入生意人之列。生意人也是有眼光的，他们善于辨贵贱、调余缺、度远近。但这些人尚不能被视为"企业家"。

我国当下绝大多数商人，都是生意人。改革开放后，最开始成功的生意人是依靠当时的价格双轨制，倒卖差价的一批人；接着是抓住了地区价差从事贸易活动的一批人；再接着便是赶上时代潮流进行来料加工的一批人。随着时代的发展，生意人的文化层次不断地提高，大学生甚至研究生也加入了生意人的行列；他们所从事的领域也大大拓展，涉及到家电、互联网甚至文化产业。不少生意人赚了钱，甚至成了巨富，但他们赚钱的手段却千差万别，包括利用各种社会关系、利用信息不对称、利用法律漏洞和政策的不完善性等等。当然，也不乏合法、诚信赚钱的生意人。最近，一些赚了钱的商人到处以各种方式炫耀自己或金钱。在世界各地的高档商场中，一掷千金、不计成本的是中国人；在赌场中挥金如土、豪赌成瘾的也是中国人。在博客和微博上，经常看到一些商人出口粗言，甚至隔空对骂，可窥其素质之低。然而，就因为他们曾经赚了一些钱，这些人也往往自称或被称为"企业家"，但这些人一定不是那种追求事业、报效社会的企业家，他们不过是因一时运气而赚了钱的暴发户罢了！

经理人或称职业经理人，是改革开放后产生的一个新兴阶层。关于经理人的定义，众说纷纭。有的把经理人定义为"对其他人的工作负有责任的人"；有的则定义为："一个以个人方式做出贡献的专业人员"；还有的定义为"管理者"并依级别的高低分为"初级管理者、管理者、高级管理者、公司管理者"。

从职业的长期性和稳定性方面着手,应该将经理人定义为:"在一个固定的较长时间内,以企业管理工作作为职业并以其作为主要收入来源的人。"虽然经理人在其工作中也要发挥创意和主动性,但整体上讲,他们仍然是执行层面的工作人员,仍然不能被称为企业家。

在本书的开头我们已经说过"企业家"一词源于法语的"entrepreneur",其原意是指"冒险事业的经营者或组织者"。英语字典对这个词的解释是:"someone who organizes a business venture and assumes the risk for it." 意思是说:"组织商业冒险并为此承担风险的人。"

从词源和英语的解释可以看出,"企业家"的核心内容是"冒险"和"承担"这两个词。为此,法国经济学家萨伊甚至干脆把企业家定性为冒险家,是与土地、劳动、资本联系在一起的第四个生产要素。萨伊认为,企业家自创业之初,就会考虑到可能会承担破产的风险。美国经济学家德鲁克也认为,企业家就是要勇于承担风险。

商场如战场。市场变化风云莫测的特征,决定了企业家必须具备冒险和敢于担当的精神和素质。著名的管理学家彼得·德鲁克认为:"企业管理的核心内容,就是企业家在经济上的冒险行为,企业就是企业家工作的组织。"可见,赚钱多少、成功与否并不是判断企业家的主要标准。政界和商界曾流行这么一句话:做官须看《曾国藩》,为商必读《胡雪岩》。胡雪岩虽然事业破产并客死他乡,但仍不碍其被世人视为伟大的企业家。赖昌星之辈虽然赚了很多钱,但却不配称作企业家,因为:不仅他们赚钱的手段违法,而且,事发后他们畏罪潜逃,不敢承担应负的责任。

总体而言，我国缺乏企业家。股市、期货这些商业工具均由西方企业家发明并兴盛于西方，而非中国。现代中国商人的智慧甚至还不如自己的祖先。陶朱公范蠡"论其（商品）有余和不足，则知（价格）贵贱"、"旱则资舟，涝则资车"；商祖白圭"时贱而买，时贵而卖"；商理家计然"薄利多销，无敢居贵"。然而，今天的中国商人大多复制西方、抄袭古人，但却并没有学到位，以至于"毒米"、"三聚氰胺"、"瘦肉精"等投毒于民众，严重违背商业伦理道德的事件屡屡发生。

企业家的重要性是不容置疑的。"哥伦布发现了新大陆，但J.P.摩根重组了新大陆"这句话，道出了企业家对整个社会发展的推动作用。企业家的价值，不亚于政治家甚至科学家。飞机、冰箱、空调、电视、计算机、手机等改变现代生活，提升生活品质的产品，没有企业家冒险投资并适时投入市场就不可能得以逐步普及；许多其它产品，甚至还是企业家根据市场的需要投入巨资进行研发后才得以发明、创造和生产的。

当今中国社会，急功近利、金钱至上、人心浮躁。这种环境导致了我国企业人创新思想退化、冒险意识淡薄、担当精神缺失。而且，无论是制度层面，还是政策层面，中国企业家生存和发展的环境都不宽松。企业人一旦出名便有各种事端接踵而至；当其身陷困境时，不但没人出来支持，相反，幸灾乐祸者有之、落井下石者也不少。因此，企业家在中国成为了一种愈来愈稀缺的资源。

"十年树木，百年树人"，企业家在中国的培育任重而道远。我们必须构建健康开放的商业环境、为企业家的成长提供良好的土壤、文化和氛围。

第九章 中国企业家的社会价值

首先，要尊重企业家。我国自古宣扬"学而优则仕"、"万般皆下品，惟有读书高"的思想，在长达两千年的封建社会中都倡导和实施"重农抑商"的政策，商人地位始终处于较低层级。表面上看来，中国的商人地位今天已经有所提升。但实际上，人们尊重的并非商人或企业家，而是在信奉"拜金主义"。"傍大款"就是这种现象的形象写照。当今中国，仕贵商贱的思想可以随处可见，比如：几千名学生报考一个公务员职位；国有企业领导人的地位就要明显地高于私有企业领导人，因为国有企业领导人带有"官"位；而在国有企业之中，央企领导人的地位又高于地方国有企业领导人，因为央企本身的"官"阶高于地方企业；甚至连艺人的地位也远远高于企业领导人，如演员姚晨的微博粉丝近九百万，是知名企业家史玉柱微博粉丝的三倍，尽管后者微博的内容更有价值。只有当我们像尊重官员和诺贝尔奖获得者那样尊重企业家时，我们才可能产生真正的企业家，也只有当中国企业家哪一天对挂任"代表"或"委员"没有兴趣时，那一天才是中国企业家真正成长的时期。

其次，要容许失败。企业家注重的是长期利益，而非急功近利。由于所从事的工作带有冒险性，失败难以完全避免；而且，有时为了成就更大的事业必须冒着失败的风险，正所谓"不入虎穴焉得虎子"、"为了发现王子，你必须和无数个青蛙接吻"。对于企业家而言，任何失败都能被其内化为可观的精神财富，并进而为他人提供经验或教训。对于身处逆境仍坚忍不拔的企业家来说，今天的失败，往往就是明天成功的前奏。古今中外不乏这样的例子："商圣"范蠡、"巨人"史玉柱、"股神"巴菲特、"金融天才"索罗斯等人，无一不在经历了失败之后，通过自己的不懈努力才成就了显赫的商业传奇。一个社会怎样对待商人的失败,决定了它能否产生真正的大企业家。比如,同是小岛,为什么香港可以成就李嘉诚、台湾可以产生王永庆,而新加坡却一直没有类似的企业家呢?除了政治家族垄断政治与经济资源外,最重要的一点便是,新加坡当局怕输、不允许失败,甚至对失败者落井下石!这就严重地阻碍了新加坡企业家的产生与成长。因此,我们对成功的企业家心怀敬意的同时,对一时失败的企业家也要给予大度和宽容。社会的宽容与大度,是企业家成长的重要条件。

中国发展离不开企业家精神

世界著名的管理咨询公司埃森哲,曾在26个国家和地区与几十万名企业家交谈。其中79%的企业领导认为,企业家精神对于企业的成功非常重要。该公司的研究报告也指出,在全球高级主管心目中,企业家精神是企业组织健康长寿的基因和要穴。企业家精神是企业乃至整个社会经济发展的动力,可以适用于各行各业。企业家精神造就了二战后日本经济的奇迹;主导了20余年美国新经济的兴起;我国的改革开放也与企业家精神有关。如果企业家精神能在全社会得以推广与发扬,毫无疑问将推动全社会的创新与进步,进而对整个国家产生深远而积极的影响。根据我国当前的实际情况,我们在弘扬企业家精神时,要在全社会提倡敬业、踏实与诚信的良好风气。

无数企业以亲身实践论证了企业家精神对企业的重大意义，证实了企业家精神是企业核心竞争力的唯一真实来源。

靠精神凝聚起来的企业人，才可能不折不扣、坚定不移的执行企业的每一个决策。依靠企业理念与企业家精神，不但构成企业的内在发展动力，更成为企业的外部发展机遇。企业家的执着事业心、不停息的创新精神和模范合作精神通过其传递机制，发扬光大，最终缔造出企业的核心竞争力。

企业家精神是企业核心竞争力的唯一真实来源，一个活跃的市场，土地、劳动者、资本等要素只有在具有企业家精神的人手中，才能在复杂多变的竞争环境中发展壮大起来，才会真正成为财富的源泉。企业家精神产生巨大作用在我们身上随处可见：一个企业带动了一个城市的发展，一个经理人员的更换使得企业避免倒闭的命运。在我国，浙商的成功就是一个典型例子。著名经济学家吴敬琏称道：浙江是一个具有炽烈企业家精神的地方。浙商的创业欲望和创业能力，就是一种资源和竞争力。他们每到一地，带去的是实干聪明的企业家精神，留下的是为当地创造的就业和税收，更重要的是他们的观念和思路，是一颗启蒙的种子，这是浙商对全国人民的贡献。

然而，我国枪打出头鸟的文化却从根本上构成了对于企业家精神的束缚，企业家精神本身就要求企业的经营者不断寻找新的商业机会，不断开拓新的商业模式，这些在旧有观念的人眼中，就是一份不安份，是对于既定秩序的一种冒犯，于是轻则予以卡压，而重则将其投入牢笼，或者进行妖魔化，先在精神中予以彻底否定。

第十章
中国企业家的精神文化

　　真正的企业家是一群有目的地寻找创新的源泉、始终与时俱进，并能把握机会进行开拓的人；他们以发现价值、实现价值和创造价值为使命。更高境界的企业家则志存高远，终其一生追求伟大的事业，努力谋求立功、立德、立言。企业家的价值观和目标层次远远超于生意人和经理人。而企业家精神，是一种冒险和担当精神，是敢为天下先、敢于第一个吃螃蟹的精神。"创新、冒险、执着和担当"是企业家精神的灵魂。

第十章 中国企业家的精神文化

企业家的团队精神是企业长盛不衰的保证

在企业的创业期，企业家主要体现为个人，或者是少数几个创业者。但到了发展期，企业家更多的含义是一个团队，尤其是企业的经营和管理团队，要使管理团队的每个成员都起到企业家的作用。处于成熟期的企业，企业家的团队思想主要体现为重剑无锋的企业家精神。它要求在企业员工的行为中，普遍体现出积极进取的意识，创业的行为，只有这样，企业才能持续生存及发展。我们可以看到，一些长寿的公司，如西门子、飞利浦，人们已经不关心它们的企业家是谁，而关心它们还能不能不断创业和创新，可以说，正是这种精神推动这些公司能够长盛不衰。

翻开英语字典中，团队精神的翻译是Team Spirit，简单来说就是整体意识(Integral Consciousness)、大局意识(Ideas of Overall Situation)、协作精神(Cooperation spirit)和服务精神(Spirit of service)的集中体现。拿整体意识来说，在我看来这是一个思维引导的过程，就是说你心里有整体，有布局，你做什么、你要做什么，对这个整体能有什么结果、能带来什么结果。当我们一个团队有一个大case，团队负责人就会分派任务，让大家各司其责，而每个团队成员在做这些事的时候就是要有整体意识，不能计较个人得失。你想如果今天你做多了，肯定其他人就做少了，这样斤斤计较，势必就会影响这个团队的运作。还有每个团队成员能力是不同的，不能有这种想法，领导太偏心了，明明我也会的，为什么让他去做呢，那么这时候从自身多多找原因，是什么造成领导不信任你的原因。总之，从自身做起，努力提升自身能力。

从大局意识来说，经常会听到这样的话，从大局出发，这件事应该……这其实再说要懂得取舍。大局是大的方向，有了这个方向我们才能成功，如果你觉得什么事情都是最重要的，那么我们就会眉毛胡子一把抓，本末倒置，最后忙得要死，却给不出结果。这就是取舍的重要性，团队负责人会告诉你什么事请是最需要你去做的，什么事情是最重要的，那么根据实际情况，做好它，给他们结果。然后总结经验，做好下一次的工作。

再来看协作精神，协作指的是目标实施过程中，部门与部门之间、个人与个人之间的协调与配合。协作精神的精髓是沟通，只有沟通良好，你才能知道你要什么，他们怎么配合你，才能更好的完成这个目标。前期准备也是很重要的事情，你没有做足功课，就没法跟需要配合你们的部门、个人好好沟通，影响目标进程的效率。

最后再来看服务精神，服务精神是指为某种事业、集体、他人工作的思想意识和心理状态。具有服务精神的人有帮助或服务客户的愿望以满足他们的要求，即专注于如何发现并满足客户的需求。我们能不能为自己服务，因为你现在所做的工作都是有偿的，你能为别人做多少，而他们就会为你们付出多少，所以满足他人的需求。

团队精神的基础是尊重个人的兴趣和成就。核心是协同合作，最高境界是全体成员的向心力、凝聚力，反映的是个体利益和整体利益

第十章 中国企业家的精神文化

的统一,并进而保证组织的高效率运转。团队精神的形成并不要求团队成员牺牲自我,相反,挥洒个性、表现特长保证了成员共同完成任务目标,而明确的协作意愿和协作方式则产生了真正的内心动力。团队精神是组织文化的一部分,良好的管理可以通过合适的组织形态将每个人安排至合适的岗位,充分发挥集体的潜能。如果没有正确的管理文化,没有良好的从业心态和奉献精神,就不会有团队精神。

团队精神心得 团结、协作是和美华文化的灵魂,团结就是力量,人心齐泰山移,团队精神心得体会。无数的个人精神,凝聚成一种团队精神,企业才能兴旺发达,基业长青。团队精神是看不见的堡垒。大海航船,难免会遭到激流与逆风的袭击。在激烈的市场竞争中,公司运营同样会有不测的风云,比如国家政策的变化,公司骨干力量的突然出走……都会给企业重重的一击。基于此,每个公司都在进行着各种各样的建设,以增强公司的抵抗力,保持公司可持续发展。在这当中,公司团队精神的培养是至关重要的。 什么是团队精神,可谓是众说纷纭,但我觉得,团队精神就是公司上下目标一致、协同共进,就如航行于大海中的舰队,有智慧舰长的统一指挥,有勇敢船员的群策群力,在这艘船上,每一个人都发挥着重要的作用,所有人都缺一不可。因此,优秀的企业家都深深地懂得团队精神的重要,任何一个成功的企业都有一个与企业文化一脉相承、卓尔不凡的团队精神。

小溪只能泛起美丽的浪花,它甚至颠覆不了我们儿时纸叠的小船。海纳百川而不嫌其细流,惊涛拍岸,卷起千堆雪,形成波涛汹涌的壮观和摧枯拉朽的神奇。个人与团体的关系就如小溪与大海的关系,只有当无数个人的力量凝聚在一起时,才能确立海一样的目标,敞开海一样的胸怀,迸发出海一样的力量。因此,个人的发展离不开团队精神心得。

企业的发展，每个员工要将个人的追求与企业的追求紧密结合起来，并树立与企业一起风雨同舟的信念。只有这样，企业和员工才能真正得到发展。

做为一个团队，不论是哪一领域的优秀团队，都不会靠一个人去实现企业的成功与发展，而一个成功的企业都会有智囊团——优秀的团队。而在这个团队中，我们应该建立优秀的激励体制和竞争机制，它能保证我们成员在工作的过程中始终保持着高昂的士气和忘我舍我的精神，使团队中每个人的精力、兴奋、热情、努力、活力、开支等都毫无保留地激发，为我们整个团队的发展做出各自应有的贡献。对你团队中的每一个人都怀有感激之情，不管他多么微不足道，让每个员工感到自身的重要性。员工们会不折不扣从管理层对待他们的方式来对待顾客，当一个公司真正遇到麻烦，原因都在管理层的失误，在于我们没有倾听员工的心声，没有与员工进行良好的沟通。例如：我们的经理不虚心听取意见，对下属缺乏应有的宽宏大量，他不与员工沟通，不与他们共患难，那么公司一定会有麻烦。要让员工在团队中产生责任感和参与感。沟通要注重倾听、耐心倾听，多角度地逐步了解下属，不发表没有根据和无贡献的言论。

要确保所有团队成员对该组织、其目标和其结构有一个基本的认识。团队成员如果不具备关于组织的基本知识，自然难以认识到一个决议对其他团队和整个公司会带来的潜在影响。团队成员接受的全局观点越强，他们在做决策时对整个工作的考虑就会越多，就更能克服近视倾向。在执行一项会对另一团队或部门具有直接影响的决议之前，该决议应当重新检查，来自受影响部门的反馈应当得到考虑。通

第十章 中国企业家的精神文化

常，新的观点将会出现，这将大大改变最初的决议在沟通的过程中，要让所有的员工"都应把自己看成是管理人员"，以期能在整个经营环境中看待自己的工作，管理人员必须学习去配合所做的工作，而非以员工作为自己升迁的牺牲。麦克阿瑟将军在他每次召开幕僚会议时，都会先介绍军衔最低的军官，他不许其他事情妨碍这道程序，因为他知道建立军官的信心，是很重要的一件事，他想要而且也需要这种信心。

作为一个团队的领袖要有决断力，不能把一件事悬而不决，即使是错误的，我们也要作出决策，不要说"让我们考虑一下"这样的话。如果一个团队正在做出一些负面影响其他团队的决议时，你应当马上向其成员提供坦诚而直接的反馈。问题制造人可能会是组织中最后一批认识到他们的作品所具有消极影响的人。有效的方法就是站在所有关联方的角度描述这个决议。这种方法有助于揭示一个对一方似乎有利的决议对另一方可能是彻头彻尾的灾难。通过详细描述不同的观点，团队成员会懂得欣赏和理解存在于组织内部的相互依存性以及在决策过程中考虑这种依存性的重要性。

21世纪是知识经济时代，也就是在这个新时代里越来越要有团队合作精神。时代需要英雄，更需要伟大的团队，一个人就算浑身是铁也捻不了几颗钉，而一个团队就能组成一个钢铁长城。一个人好比一滴水，一个团队应能点滴汇聚成大海。一个优秀的团队具有专长很强的凝聚力、战斗力和竞争力，如何打造一个具有学习型、合作型、创新型、竞争型的团队，是每名企业管理者的祈求。

本人感触最深的是团队建设，本单位团队由于历史原因综合素质一直比较差，组织纪律一直表现不好因为没有人有各自的目标，团队精神和团队建设一直不理想。现在企业承包竞争愈来愈激烈，稍有不慎就可能被淘汰。要想立于不败之地，就必须有个高素质高效率绵团队，而团队合作的核心在于无私奉献。作为企业的管理干部有责任带动企业的前进与发展，引导广大干部职工群众大力宏扬无私奉献精神。大雁精神就是团队精神的一个典范。有着正确的合作观念，有协作、有合作、讲奉献、要改变、要创新、要忠诚、多沟通、多学习。

下面通过大雁事实与经验和精神来提高自己。

1.大雁在飞行时会产生一股上升气流，大雁排成V字型飞行时，比一只单独飞行的距离长71%。

经验表明：有着共同的目标的人们可能会更快和更简单地实现目标，因为他们可以沿着别人的足迹前进。

2.当一只大雁掉队时它立刻就会感到单独飞行时的困难和阻力，因此它会立即赶上群雁，再次获得集体飞行的优势。

经验表明：如果我们能体会到大雁的感受，我们就会留在队形中，到我们要去的地方。我们将会乐于接受别人的帮助，并且慷慨地给予别人帮助。

3.当头雁感到疲惫的时候，它就会自动退到队伍的后面，由其他大雁接替头雁的位置。

经验表明：轮流从事比较艰苦的工作和轮流担任领导职务都是较有绩效的做法。与大雁类似，人们彼此依赖于其他人的技能、技术以及独特的天赋与资源。

4.大雁组队一边鸣叫一边飞行，可以鼓励前面的大雁保持速度。

经验表明：我们必须明确一点，彼此之间的鼓励是必要的，志员之间经常彼此鼓励的集体的产出要高于其他类型的集体（鼓励是人们发自内心的，对于价值的肯定，会深入到其他人的内心中去）。这就是我们所追求的"雁鸣增长"。

5.当一只大雁生病、受伤、被击落的时候，就会有两只大雁离开队伍去帮助和保护它。它们直到它死去或者重新飞翔的时候才会离开或者加入其他雁群、或者追赶原来的队伍。

经验表明：如果我们能够体会大雁的感受，那么我们无论患难与顺利都会留在团队中。

只要我们在团队中充分发挥各自才能，尽职尽责、尽心尽力、患难与共、风雨同舟，就一定能够到达胜利的彼岸，就一定能铸就辉煌业绩。

独特个性是企业独树一帜的法宝

我经常讲我们技术在变化，客户在变化，竞争对手在变化，围绕三个变化，还要讲我们自己也在变化。欧洲最好的工商管理学院院长讲，21世纪企业领袖，应该是基于对未来的感知，对未来的一种知觉的感知，不是讲学习得来的，知觉的感知，和对自我的认识。榜样确实重要。但我自己也经常讲，没有榜样可以，但不可以丢掉你的独特个性和内涵。你在选择一个新的业务方向时，先看你有没有这方面的感觉，如果有，你就朝这个方向走，如果没有，你觉得不行，肯定做不成，因为你完全后天拥有，从这个意义上来讲，我觉得确实是做经营做很多东西，机遇和你个人的条件要结合在一起。

企业家是需要个性的。如果讲中国企业家有什么优势，我想我们的后发优势是第一点，这和中国人的天性有关。后发优势是我们可以借鉴、学习别人的经验教训。即使借鉴了我们还得自己搞。但是我们现在确实可以从别人一切经验教训、一切骗局中吸取教训，使企业家有更大的空间。在这方面，我倒觉得我们作为一个后进的，刚刚开始搞市场经济的国家，确实在国际上学习上要及时，使大家有效地竞争，使好的东西更快地发展，使我们的成功率更高一些。我们曾经崇拜韩国、日本、美国企业，现在我们要广泛地向他们学习，从他们成功的经验、失败的教训，市场的混乱中的教训获取我们的营养，就会使我们成熟得更快。中国人本身就有经商的天性，加上我们擅于学习。我们通过更多地学习，更多地掌握现在的东西和更有效的体制。

2012年，《福布斯》杂志刊登了一篇文章，充分讨论了成功企业早期阶段的特点，但是今天我要对成功企业家的性格优点进行详细分析。我经常在思考，是不是某些人格类型比其他人更适合创业。我的结论是非常肯定的"是"。

盖洛普公司（Gallup）董事长兼首席执行官吉姆·克利夫顿（Jim Clifton）的书《未来的工作战争》（The Coming JobsWar）对企业家精神进行了描述——他称之为"世界上最稀缺、最宝贵、最难寻觅的精力和天赋。"2011年10月，《福布斯》杂志撰稿人丹·施瓦贝尔（Dan Schwabel）采访了吉姆·克利夫顿。克里夫顿认为，除了年龄、教育背景和前任公司的数量，成功企业家应该学会或者培养一系列特定的个性。

遗憾的是，很少有教育机构认可这些心理因素，也不知道如何开

第十章 中国企业家的精神文化

展这些重要的培训,而这些特点在企业家领导公司成功方面发挥了不可或缺的作用。

按照克里夫顿书中的定义,以及《盖洛普商业杂志》(Gallup Business Journal)的报道,下面就是每位企业家应该具备的实用技能:

1.了解你的个人品牌。成功的企业家非常了解自己,还能够准确地感知他人。他们有高度的自我认知和自我反思的能力,这些能力让他们准确地认识到自己的长处和短处,更能接受积极变化的前景。

这种天赋有助于企业家采用最理想的方式与员工、客户、供应商和投资者交流,从而获得最积极的业务成果。

2.迎接挑战。创办企业本身就存在风险。企业家做出艰难决定的同时,通常并不完全了解影响他们业务的各种因素。他们必须应对资源稀缺、高度不确定性和模糊性带来的挑战。

在这方面拥有强大天赋的企业家会受到长期挑战的激励,而不会感到身心俱疲。他们愿意面对恐惧,承担风险,在必要的时候进行尝试。他们经常对风险(甚至是故障)抱有非常乐观的看法。他们愿意接受挑战,勇于面对企业创立和发展的风险。

3.全面考虑可能性和可行性。企业家必须不断锻炼自己摆脱桎梏的能力。成功的企业家能够根据现有的想法和产品,用全新的眼光进行改造,设计出更好的产品。

4.推广企业。成功的企业家是他们自己最好的代言人。他们拥有强大的沟通能力,能够吸引和激励他人。这些特点在企业的各个发展阶段都显得至关重要。

5.专注于业务成果。无需多言,这是企业家最重要的特点之一。然而令人惊讶的是,许多管理者在如何保持专注方面并不成功,或者成果不大。对于成功企业家来说，盈利方向应该是他们每时每刻的自发心理活动。

的确，在企业经营方面，企业家还有其他极具价值的特点，比如自我实现，实现个人成长，能够向他人灌输理念，能够推出卓越的解决方案，有利于本公司客户乃至整个世界。但是在不专注于业务成果的情况下，其他价值观都不能完全持续下去。

要当心，不要说出这样的话，例如"是的，我们错过了我们的目标，但是我们实现了更高的目标，"有或者是"收入并不重要"。的确，收入并不重要，但是成功的企业家会从本质上认识到，没有稳定的收入模式，公司经营的所有崇高目标都没有意义。

6.干到老学到老。成功企业家都有终身学习的习惯，他们寻求得到更多的知识，学习更多帮助他们企业发展的技能。有些企业家认为自己通晓一切，比其他人更了解如何实现自己的业务目标，他们注定会表现平平，或者最终一败涂地。随着企业的发展，这个特点变得越来越重要。

7.自力更生。企业家通常会担任多个角色，来解决初创企业的各种需求。不成功的企业家会讨厌这个事实，无法得体地处理这些情况。但是，成功的企业家随时准备做任何帮助企业成功的事情。

在企业创立初期，企业家的责任感和能力水平显得至关重要。然而，随着企业的发展，企业家不能从自力更生转向授权他人，实际上可能会阻碍他们创立企业日后的发展。

8.积极主动。创立企业和发展企业都需要很长的工作时间、充沛的精力和体力。成功的企业家热衷于主动完成任务。他们表现出很高的积极性，在任何时候都有持久的紧迫感。他们看到机会，而别人只能看到障碍。有人会说，"我从来没有受过合适的训练"，或者在缺乏详细指令和时间紧迫的情况下表现出退缩，这种人永远不会成为成功的企业家。

9.分身有术。随着企业的发展，企业家早期单独决策的作风必须转变，把权力委派给多个代理人，自己转而担任团队经理的角色。

10.建立关系。企业家可能会产生一个想法，但是几乎同时，他必须和别人互动来确保资源，联系潜在客户和供应商，雇用和管理员工。在企业发展的每个阶段，企业家能够建立良好的关系都显得至关重要。《盖洛普商业杂志》称，"成功的企业家善于建立人际关系。他们有强烈的社交意识，能够吸引和维持支持者。"这种建立良好关系的热情和积极性能够让他们更好地和别人互动。这些企业家也有个人行为的崇高标准，容易得到别人的信任，其他人易于主动和他们建立关系。这种能力在企业发展的每个阶段都至关重要。

就个人而言，我同意盖洛普公司提出的这些特点。根据我的经验，企业家的这些能力和特点至少会对公司成功、产品服务和经济状况做出更多的贡献，也是决定公司成功机会的要素。你自己在这些要素方面有什么体会？你会想到其他的重要特点吗？

前不久，我和一位创业公司的创始人聊天，他表示并不确定自己是否具有成为成功企业家的个性。这样的思考对创业者来说非常重要，我当时的第一反应就是，如果你对专家提的建议，团队和顾客的意见感到恼怒，而不是受到激励，那么你的确不适合成为一名创业者。

事实上，衡量一个人是否具有成为企业家的个性要复杂得多。我这十年来一直和企业家们打交道，根据这么多年的经验，我已经创造了一套"雷达"规则，它能快速辨别那些备受投资者、员工和顾客青睐的企业家身上所具备的个性。这套规则包括以下几点，创业者可以结合自身看看自己是否具有成为一名优秀企业家的个性。

1.富有远见，乐在其中。如果你能很好地预见自己的公司所在领域在很多年后的样子，这能保证你在该领域取得长久的发展。很多人能在商业领域取得成功并不是因为他们彻底的废旧立新，而是因为他们乘风破浪，能在现有的基础上有所改进和创新。

2.创造力和逻辑思维能力，二者缺一不可。成功的企业家只具有创新理念是不够的，他们还需要具有将理念转化为价值和效益的能力。这就需要左脑和右脑协同工作，并运用逻辑思维能力寻求二者的平衡。

3.具有冒险精神，将风险视为一种激励。要想真的在商业世界叱咤风云，你必须有承受巨大压力和挑战的能力，适应非舒适区，具有冒险精神。创业公司的旅途从来就不是一帆风顺的。公司发展过程中会遇到很多意想不到的挑战，这需要你具有良好的临时应变能力。

4.善于主动倾听他人的意见。不要混淆了公事和私事的界限，更不能感情用事，你越早做到这点，你取得的成就就会越大。你要知道，无论你推出的产品或服务多么棒，总会有人出来批评你，你要知道这些批评不是针对你个人的，要学着妥善应对。

5.目的明确，沉着耐心。在创办一家公司之前，你应该具有这样的心态，坚信这是你这一生愿意为之奋斗的事业。很多人想实现财富上的成功，但往往又急于求成，欲速则不达。大多数成功的企业家都明白这样一个道理：成功不是一蹴而就的，它需要年复一年的努力。

6.你不必在每个方面都很精通，但你必须是万事通。如果你创办

第十章 中国企业家的精神文化

了一家公司，你需要做各种各样的事。虽然你不必精通你所做的每一件事，但是你必须保证能做好你需要做的每一件事。你要知道什么事自己可以变通处理，什么事需要寻求帮助。如果你只能专门从事某一件事，那么创办公司并不适合你。

最后，要保证你所做的事是你真正喜欢的，这一点一定要牢记。生命太短暂，如果每天做着自己不喜欢的工作，那就太不值了。我相信，成功是一种心态，它源自自信，自尊和追求。

合作是企业家精神的精华

忠诚、信任与合作对企业的经营业绩和效率有着极为重要的影响，企业与成员之间以及企业成员之间的忠诚、信任与合作的程度越高，企业的效率往往也越高。

由于在企业内，雇主无法全部掌握员工的所有努力程度变量，其中总有一部分是掌握在员工手中的，因此，雇主就不能保证员工所追求的利益与企业的利益总是完全一致的。在这种情况下，企业的生产率就成了一个典型的对策论问题。莱本斯坦将努力水平或生产率水平看成是一局博弈的结果，他用囚徒的两难困境来分析这种双方共同决策的问题。在对当事人的各种可能策略进行分析之后得出的结论是，企业和员工任何一方只追求自己的利益极大化必然会导致企业的生产率低下、工资报酬和工作条件极差，而从双方长期利益来讲，共同采取合作策略更符合双方的需要。所谓合作策略，就是双方均按照同业集体标准行事，员工遵守某种公认努力习惯或规范，企业则按照"做一天公平工作，支付一天公平工资"的原则给员工支付报酬。这种合作解是既符合"效率"标准，又满足"公平"要求的均衡解。

因此，从总体上来说，应当努力在企业和员工之间建立起一种长期性的相互信任和相互依赖的关系，即以外部劳动力市场为依托，强调对员工个人能力的培养与开发，重视客观公正的绩效考核，注意保持报酬水平和报酬差别的公平合理性，尤其是强化企业与员工之间的互利合作意识以及一般员工的参与意识。

正如艾伯特·赫希曼所言：企业家在重大决策中实行集体行为而非个人行为。尽管伟大的企业家表面上常常是一个人的表演（One-ManShow），但真正的企业家其实是擅长合作的，而且这种合作精神需要扩展到企业的每个员工。企业家既不可能也没有必要成为一个超人（superman），但企业家应努力成为蜘蛛人（spiderman），要有非常强的"结网"的能力和意识。西门子是一个例证，这家公司秉承员工为"企业内部的企业家"的理念，开发员工的潜质。在这个过程中，经理人充当教练角色，让员工进行合作，并为其合理的目标定位实施引导，同时给予足够的施展空间，并及时予以鼓励。西门子公司因此获得令人羡慕的产品创新记录和成长记录。

2015年的中国O2O市场哀鸿遍野，在资本寒冬的影响下无数曾经的对手握手言和，上演了"打则惊天动地，合则恩爱到底"的诗篇。滴滴快的如此、58同城和赶集网如此、美团大众点评如此、携程和去哪儿网也是如此。

第一对走向合并的正是滴滴快的。经历了腾讯和阿里等资本主导的2014年约租车市场烧钱大战,2015年年初,滴滴打车和快的打车两家出人意料地走向了合并,为一年持续烧钱20亿元的惨烈竞争画上了句号。

滴滴快的合并或许只是未来互联网世界中的沧海一粟,但滴滴快的合并带来的示范意义却是独具价值。这为无数在烧钱苦海中苦苦挣扎的O2O企业指明了方向,也揭示了中国互联网大格局中何为"永恒的朋友与永恒的利益"。

合并后不到一年时间内,滴滴快的在快车、专车、公务用车等领域持续发力。虽然面临着"共享经济始祖"Uber的威胁,但滴滴快的在与国际巨头的竞争中依旧不落下风。

覆盖全国600多个城市,用户接近3亿,手握3亿人的出行大数据,和美国Lyft等国际公司建立合作关系,这样一个出行市场的巨无霸正在逐步构建网络出行的大平台,曾经的营销驱动型公司正在朝技术驱动公司转变,一个全球最大的移动出行"超级大脑"呼之欲出。从单一的打车市场到覆盖全面的出行市场,滴滴快的用合作创新的理念向世界昭示了"中国式出行"的梦想。

2016年1月9日,美团与大众点评共同成立的新公司完成首次融资33亿美元,融资后新公司估值超过180亿美元。此次融资不但创下中国互联网行业私募融资单笔金额最高纪录,同时也成为全球范围内最大的O2O领域融资。

一对冤家结束多年抗战纵情向前,事件之突然令世人瞠目结舌。美团挺过了尸横遍野、血流成河的千团大战,王兴素来桀骜不驯,不愿向巨头妥协。大众点评则是稳健地走过了12年创业历程,掌舵者张涛行事稳健,在和美团的长期博弈中虽说一直绵柔但却始终有力。在

2015年10月8日，美团和大众点评毫无征兆地正式宣布合并，令业内震惊。更令人惊讶的是，美团和大众点评合并后的整合速度如快刀斩乱麻，仅仅一个月时间之后，美团和大众点评就正式公布了新公司的组织架构，王兴、张涛各司其职、各谋其政。

如果仅仅执掌一个四面受敌的美团，王兴的巨头梦几乎一定会夭折。如果仅仅只是掌握一个保守的大众点评，张涛可能也将永远屈居一隅。但今天拥有"新美大"帝国，王兴离自己的最初的梦想又进了一步，张涛多年的夙愿也显得更加清晰。"新美大"如双头鹰一般，成为如今的BAT主导的互联网格局中的棋眼。

美团、大众点评合并后被称作是"新美大"，英文名为"China Internet Plus Group"，译成中文则是"中国互联网+"，虽说口气很大，但这也从侧面证明，当今的互联网行业的进步其实是和传统产业、传统企业结合的一个过程，双方之间必须要相互促进，实现所谓全产业的"互联网+"。新美大的合作创新或许正是中国经济通过O2O的方式走向连接、提升效率的一次伟大尝试。

百度和荣耀在人工智能与硬件终端领域的合作则是前沿技术在人众消费品上的一次普及。

荣耀2015年在荣耀7手机上首次推出的智能语音交互系统，统深度整合了百度的人工智能和机器人助理"度秘"。长按荣耀7上独创的智灵键，便可快速、高效地直达百度提供的各项互联网资源与O2O服务。而在业内人士看来，荣耀7智灵键联合百度度秘，可以让消费者能够彻底解放双手，一键快速开启丰富的互联网生活。也将构建起全球领先移动互联网人工智能服务体系，连接3600行，实现服务品类全覆盖，通过硬件与软件技术的深度整合，最终完成线上和线下两个生态的高度融合。

其实荣耀的这一做法恰恰契合了如今世界互联网巨头在软硬件上的大趋势。无论是苹果和微软,都在将人工智能、语音助理与自家硬件产品进行紧密地结合。苹果的Siri在iOS 9之后,越来越注重语言直达服务这一层面的探索。而微软则是继续深耕自家的Cortana,让其在Windows Phone中发挥独特的语音助理作用。

相比苹果和微软而言,荣耀的做法更加适合中国消费者和中国市场的现状,依靠百度这样的流量入口和技术先驱,荣耀可以尽情利用百度全面的服务,更加专注于硬件和交互。

其实这样的合作形式成为了软件厂商和硬件厂商之间合作的典范。让更专注的人做更专注的事,未来荣耀的硬件产品针对生活全场景来展开,提供手机、路由、盒子、电视、手环、手表等多元产品,而其他软件厂商参与其中寻求载体,双方可以一起为用户提供全场景的极致产品体验。

这种开放的模式与苹果、微软、谷歌等寻求封闭闭环的做法相比更为大度,也是中国互联网这一竞争激烈的环境中最为经济和实用的做法。相信未来这样的合作形式将在软硬件产品之间有着更多的尝试。

罗辑思维创始人罗振宇在2015年跨年演讲"时间的朋友"上说,"乐视到底是什么?看着像骗子。也不知是乐视为干事忙着圈钱不够干事了又回来圈,还是乐视为圈钱假装干事事不足圈钱了又找个事?"

就是这样一个看着像骗子的公司,通过一系列高超的资本运作手段成为了2015年中国A股市场上的一支"妖股"。的确,乐视是新物种,不能用传统的是非来看待。乐视的一半是产业,一半是资本。乐视与法拉第合作造车的消息虽是1月6日才刚刚发布,但在2015年却早已提上日程。

虽说乐视和法拉第的车在此次CES2016上仅仅展示了自动驾驶、无人驾驶、手势控制等前沿的汽车科技,与实际运用还有一段距离,但乐视互联网造车的理念从传统造车延伸到互联网生态系统,这正是互联网思维在传统产业的一次革命性的运用。

和百度牵手荣耀一样,这是互联网企业与硬件企业的紧密合作。但与百度牵手荣耀又大不相同,因为乐视在与达拉第的合作中更多是使用资本进行驱动,少了几分类似荣耀的踏踏实实的精神。

很难说乐视的造车之旅能否成功,但可以肯定的是,新物种就这样到来了,我们要学会接受它的存在。乐视这样一个新物种正在以其独特的资本策略驱动实体产业,这种看似"虚浮"的做法已经成为当今中国互联网经济的一个典型代表。"乐视们"的的确确在改变当今中国的经济环境,虽说很难看懂,但正如马云所说的——你刚开始看不见,看见了看不懂,看懂了来不及了。

不同于滴滴快的、新美大的模式创新,也不同于荣耀和百度的软件创新,华为和英特尔之间的合作则是技术流对技术流的一场"硬碰硬"的创新。

2015年,华为首次公开了自己在物联网领域的"1+2+1"战略,其中第一个"1"是指一个平台,华为要建立一个物联网的平台,集中收集、管理、处理数据后向合作伙伴、行业开放,基于该平台行业伙伴可以开发应用。"2"则代表网络接入,包括有线接入和无线接入。而最后一个"1"则是华为要推出物联网操作系统LiteOS。

有标准还不够，更需要硬件厂商进行落地。英特尔则成为了华为的合作伙伴，为协助华完善了"云管端"的物联网连接功能，英特尔全面释放计算威力不断扩充物联网产品系列，让更多样的解决方案变得触手可及。英特尔技术通过华为FusionShpere技术提供高性价比的云服务，同时通过其卓越的性能为客户提供更多样的解决方案。

随着5G Wifi技术的逐渐成熟，华为和英特尔两家企业在物联网未来的布局中还将有着更为紧密的合作。

互联网金融兴起后，业内频频出现过"颠覆论"、"替代说"等声音，其实这也是中国互联网行业一贯以来的一个误区——互联网沙文主义。互联网沙文主义迷信互联网可以取代一切，互联网可以颠覆一切。在当前的经济环境中，很难脱离线上谈线下，也很难脱离线下谈线上。尤其是在2015年，传统的线下价值正在不断被市场重新审视并放大。

即使是马云也不得不承认，互联网公司的机会未来30年一定在线下，因为互联网经济不是虚拟经济，而是虚实结合。传统企业或者线下企业的希望一定是在线上，双方在未来30年必须融合。"互联网+"这一概念指的也正是传统产业、传统企业结合的一个过程，双方之间必须要相互促进，实现所谓全产业的"互联网+"。

互联网金融行业也是如此，蚂蚁金服这样的互联网金融企业与兴业银行这样的传统金融企业有着诸多合作的空间。中国的市场足够大，蚂蚁金服很难吃下整个市场，而银行在线下获客、风险控制、产品设计等方面有积淀多年的经验。当蚂蚁金服和传统银行结合时，双方之间的优势互补和资源共享将更多多元化的需求，双方各自的竞争力也会进一步增强。

其实这种合作创新的过程正是传统银行业的升维改造过程，正如业内人士所说的，互联网金融企业和银行应该抛弃各自的门户之见，双方优势互补，寻求融合，这样才能使互联网金融真正成为生活的一部分。

做个永葆激情的企业家

企业家需要担负"三大使命"，需要为员工搭建一个创业的平台，需要不断激发员工的创业意识和敬业精神。

企业家的"三大使命"之一，就是为员工谋求福利。对员工来说，最大的"福利"，就是员工的成长，包括能力的进步、收入的提高、幸福感的增强。但这些"成长"似乎并没有引起企业家的重视，结果导致员工的敬业精神不尽人意。

企业家精神要求带动职业经理人精神，带动员工敬业精神，带动人本管理精神。近年给一些资源能源型企业做过咨询，即便是一些涉及民生的垄断型企业，随着行业的生产与供应关系逐渐由垄断型转变为竞争型，这些企业对科技人才、管理人才的需求均有了进一步提升，企业负责人均在推行新的人才管理体系，也即围绕员工自身的核心竞争力和个性化特质，结合企业短期需要及未来需要，为其量身定做个性化职业发展规划，或者为员工设置创新创业的平台。正如前述,"企业家"的任务是发现和培养人才,最终实现企业家精神向职业经理人精神,向核心员工精神,向每一刻普通螺丝钉精神的转化,这不仅仅依靠企业家感性情怀,或者换位思考的情商,而且需要和人力资源管理体系的系统结合,将感性的情怀、精神、理念向现代化企业人力资源管理渗透,使得公司上下同欲,众志成城,最终实现企业的做大做强。

美国管理大师卡耐基曾说过:"带走我的工厂,把我的员工留下,不久我又会有更好的工厂。"现代企业的发展离不开"以人为本"的管理理念,民营企业则更能切身体会到人才对企业发展的重要性。高薪聘请、人才持股、充分授权、居住专家楼、带薪休假等激励政策相继出台,提供人才施展的舞台,激发人才的积极性。在温州民企中,大多体现了以人为本、关爱员工的管理理念,重视人才的引进和培养工作。

只有当企业价值观与员工个人的价值观相一致,与企业精神相统一时,才会产生强大的动力,激励企业每一位员工为个人利益和企业价值观的实现而努力拼搏、奋斗。民企的价值观是建立群体目标的核心,是组成企业经营道德的重要内容,会无形地渗透到经营管理的每一个环节中去,体现在企业的各项工作中,成为企业道德建设的重要组成部分。企业的凝聚力起始于员工对企业文化的认同。

现代人强烈的自主决策、体现自我的意识是这种参与感产生的基础。绝大多数人希望用自己的头脑思考事情,希望有发表意见的机会。一部分中国企业正在考虑或正在实施让更多的员工持股的计划。自然,员工持股有着财富分配的意义。但是,更为重要的意义则是员工拥有了更多的参与责任与权力。员工责任已经成为企业人格化的一种根本体现；就如同一个人生存于世就一定会有他的人生信条和做人原则一样。

自然，企业也无法期待一个没有灵魂的企业会产生强大的凝聚力。

对许多企业家而言，压力和挑战是他们验证存在感的重要途径。财富积累已经成为一种游戏，一种瘾，也可能是一种病。对事业的专注可能同时意味着放弃除财富以外的一切，包括家庭、爱好和朋友。事业激情真能让企业家们长生不老？

一位管理一家上市公司的朋友曾收到一封来信，信中写道："亲爱的先生，我正在考虑出售旗下企业，不知您是否有兴趣买下它？我今年已经95岁了。"

这封信透露了一个有趣的信息——尽管这位企业家已年逾九旬，但他的思维仍处于工作状态。不久前以95岁高龄谢世的亿万富翁约翰·克鲁格(John Kluge)显然秉持同样的理念。克鲁格的大部分财富来自电视、广播事业，但同时也投资于餐饮、移动电话和广告业。他不停地投资，直至生命尽头——"我热爱这样的工作，因为它考验我的大脑。数年前我本可以拿出几百万美元加入乡村俱乐部，然后过上整天抱怨世界和税法的生活。"但他最终无法离开"谈判然后交易"的生活。

退休的说法对许多企业家都不太适用。他们是不安分的野兽，需要压力和挑战来验证存在感。他们往往喜欢以适当的赌注来做事，哪怕是年事已高。正如克鲁格所说："如果不冒点风险，我就感觉不舒服。"当然，对于上了年纪的超级富人而言，财富积累已是一种游戏、一种瘾，也可能是一种病。

第十章 中国企业家的精神文化

为什么柯克·科克莱恩(Kirk Kerko-rian)、萨姆纳·雷石东(Sumner Redstone)和沃伦·巴菲特(Warren Buffett)这些大富之人执著于事业上的追求？在我看来，他们所建立的王国成了自我的映射，掌控这些王国给了他们一个每天早上起床的理由。一旦这个理由缺失，也许就失去了活下去的欲望。

问题是，项目的进展并不总是按计划进行，并可能带来麻烦——对拥有青春活力之人而言，这是比较容易处理的。迈克尔·科尔(Michael Cohl)是一位成功的摇滚乐推动者。然而，已年逾六旬的他却成为史上最贵的百老汇音乐剧《蜘蛛侠》(Spider-Man)的主办人——该剧制作成本高达6000万美元。科尔对戏剧梦想的投入已经大大超过了预算，他的职业生涯中第一次做起了噩梦。正如他自己所说："我在做什么？我本可以在佛罗里达的海滩上休假。"但他显然不能控制自己——成就一番事业的激情力量实在太大了。

或许，成就非凡的企业家私下认为自己是永生不朽的，他们很有可能认为，尽管工作带来了心理压力，但却对健康有益。在我看来，不少靠自身努力成功的男人(通常这样的人物都是男性)生来就很执着，这意味着他们可以忽视自己的家庭、爱好、朋友和几乎所有其他事情——财富除外。因此，到最后，财富可能成了他们身后遗留下的唯一和所有。

保罗·雷蒙德(Paul Raymond)就是一个经典的例子。雷蒙德是伦敦苏豪区的成人娱乐和地产巨头。据一本最新出版的传记记载，当雷蒙德在偏执和孤独中死于顶楼套房时，他还在为女儿因毒品过量死亡而哀伤。他在数十年间对房产和出版帝国的不懈专注成就了巨大的财富，也导致了个人生活的孤寂。

当然，在他们的晚年，富人们通常都会担心继承人的问题。有些人努力维持自己的王国；比尔·盖茨等人似乎更乐于将财富捐献给慈善事业；而另一些人则在很长时间内都舍不得放手，让下一代管理者士气大泄。

悲惨的情况是，一些大亨在晚年时疲于应付贪婪继承人之间的财产争夺。例如，拥有包括凯悦(Hyatt)连锁酒店等庞大资产的普利兹克家族(Pritzker)就经历了一场痛苦的法律大战，最终导致家族资产分崩离析。

但是，积极经营一家企业和单纯拥有所有权有着天壤之别。后者可能是被动的介入，但身为老板就需要积极参与——这需要持续消耗体力和脑力。对于那些年逾七旬、八旬甚至九旬但仍在领导公司的人，我向他们致敬；但愿他们和他们的亲属所付出的情感代价不至于太过巨大。